Gestão da qualidade hospitalar

www.editorasaraiva.com.br

SÉRIE
GESTÃO ESTRATÉGICA
DE SAÚDE

Haino Burmester

Gestão da qualidade hospitalar

saraiva uni

ISBN 978-85-02-20188-0

CIP-BRASIL. CATALOGAÇÃO NA FONTE
SINDICATO NACIONAL DOS EDITORES DE LIVROS, RJ.

B975g

Burmester, Haino

Gestão da qualidade hospitalar / Haino Burmester. - 1. ed. - São Paulo: Saraiva, 2013.

(Gestão estratégica de saúde ; 2)

ISBN 978-85-02-20188-0

1. Hospitais - Administração. 2. Serviços de saúde - Administração. 3. Gestão da qualidade total. I. Título. II. Série.

13-00517 CDD: 362.11
CDU: 614.2

saraiva EDUCAÇÃO | saraiva uni

Av. Doutora Ruth Cardoso, 7221, 1º Andar
Pinheiros – São Paulo – SP – CEP: 05425-902

SAC | Dúvidas referente a conteúdo editorial, material de apoio e reclamações:
sac.sets@somoseducacao.com.br

Direção executiva Flávia Alves Bravin
Direção editorial Renata Pascual Müller
Gerência editorial Rita de Cássia S. Puoço
Coordenação editorial Fernando Alves
Edição Ana Laura Valerio
Neto Bach
Thiago Fraga
Produção editorial Daniela Nogueira Secondo
Serviços editoriais Juliana Bojczuk Fermino

Arte e produção ERJ Composição Editorial
Capa Guilherme P. Pinto
Adaptação da 3ª tiragem Daniela Nogueira Secondo
Impressão e acabamento Log&Print Gráfica e Logística S.A.

1ª edição
1ª tiragem: 2013
2ª tiragem: 2017
3ª tiragem: 2019

ERP 304.254.001.003

COD. OBRA 8499 CL 650210 CAE 584759

Sobre o autor

Haino Burmester ▪

Haino Burmester é médico formado na Universidade Federal do Paraná (UFPR), administrador de empresas pela Universidade do Pacífico na Califórnia e *Master of Science in Community Medicine* pela University of London.

Dedica-se, desde 1976, à gestão de serviços de saúde como executivo, professor e consultor. Foi superintendente geral do Hospital do SEPACO, chefe de gabinete da superintendência do Hospital das Clínicas da Faculdade de Medicina da Universidade de São Paulo, diretor médico do Hospital Sírio-Libanês de São Paulo, diretor do PROAHSA/HCFMUSP, consultor da Organização Mundial da Saúde na África e da Organização Panamericana da Saúde na Colômbia e em Trinidad e Tobago. Atualmente é coordenador de Recursos Humanos da Secretaria Estadual de Saúde de São Paulo e professor do Departamento de Administração da Escola de Administração de Empresas de São Paulo da Fundação Getulio Vargas.

Lecionou em cursos de gestão e qualidade em saúde na Colômbia, Angola, Equador, Trinidad e Tobago e na maioria dos estados brasileiros. É presidente da Sociedade Médica Paulista de Administração em Saúde e vice-presidente da Associação Brasileira de Medicina Preventiva e Administração em Saúde (ABRAMPAS). Foi coordenador do Comitê Saúde da Fundação Prêmio Nacional de Qualidade (FPNQ). É editor do Boletim PROAHSA de Indicadores e membro do Conselho Editorial da Revista de Administração em Saúde (RAS). Fundador e coordenador voluntário do Núcleo Técnico do programa Compromisso com a Qualidade Hospitalar (CQH), mantido pela Associação Paulista de Medicina e pelo Conselho Regional de Medicina do Estado de São Paulo. Foi membro indicado pelo governo brasileiro para participar do Projeto Brasil-França para a melhoria da gestão hospitalar no Brasil e *Fellow* do Programa Humphrey-Fulbright na Universidade Johns Hopkins, em Baltimore, Maryland.

Apresentação

Este livro discute a qualidade nos serviços hospitalares sob a ótica da gestão, principalmente o ponto em que gestão e assistência se encontram e procuram prestar aos clientes o melhor que se possa desejar e merecer. É importante que os gestores de instituições hospitalares entendam essa interseção das duas vertentes de poder dentro de um hospital: a clínica e a administrativa.

Com frequência, representantes destas duas alas manifestam seu descontentamento, velada ou abertamente, um contra o outro, como se ambas não fizessem parte de um todo e, portanto, com interesses comuns e não conflitantes. A qualidade virá da interação harmônica entre estas duas tendências dentro do hospital. O objetivo deste livro é buscar um entendimento de como e onde estas duas visões se encontram para produzir assistência com qualidade. Entender que a assistência não é um ente isolado dentro do hospital que também demanda ações gerenciais para a realização de suas atividades com sucesso. Daí o destaque dado aos capítulos que tratam dos modelos gerencial e assistencial como eixos norteadores da ação hospitalar, tendo mais ou menos qualidade como consequência da melhor ou pior harmonia e equilíbrio nas suas práticas.

Há, aproximadamente, 20 anos, a Agência Americana para o Desenvolvimento Internacional (AADI) publicou uma monografia,[1] como parte da série *Quality Assurance Project*, conduzida pela Faculdade de Saúde Pública da Universidade Johns Hopkins e pela Academia Americana para o Desenvolvimento Educacional, com financiamento do escritório de saúde da AADI, para aprimorar metodologias de garantia da qualidade em instituições de saúde. Essa monografia defendia, como abordagem para conseguir garantir qualidade em instituições de saúde:

- Foco no cliente;
- Foco nos processos e sistemas gerenciais;
- Decisões baseadas em informações;
- Foco na participação e no trabalho em equipe para atingir qualidade.

---

[1] FRANCO, L. M. et al. *Achieving quality through problem-solving and process improvement.* Bethesda, MD: Quality Assurance Project, 1992 (Quality Assurance Methodology Refinement Series).

Enfatizava ainda que a qualidade seria alcançada seguindo os seguintes passos:

1. Desenho:
   - Planejamento;
   - Definição de padrões;
   - Comunicação dos padrões.
2. Monitoramento:
   - Monitoramento da qualidade.
3. Resolução de problemas:
   - Identificação dos problemas e seleção de opções de melhoria;
   - Definição operacional do problema;
   - Identificação de quem tem de trabalhar no problema;
   - Análise do problema para identificar suas causas;
   - Desenvolvimento de soluções e ações de melhoria da qualidade;
   - Implementação e avaliação dos esforços de melhoria da qualidade.

Essa monografia, abrangente e impactante na época, de certa forma sintetizava o que vinha se fazendo nos Estados Unidos nos anos anteriores à sua publicação, na busca por melhoria da qualidade em instituições de saúde naquele país.

Ao analisar as metodologias utilizadas hoje para esse esforço, ver-se-á que elas pouco diferem daquelas, constituindo meros rearranjos das mesmas propostas, às vezes apresentadas de maneira diferente ou com o linguajar mais rebuscado e presunçoso da modernidade. Ou seja, há tempos se busca, talvez em lugares errados, como alcançar qualidade na assistência à saúde, quando a resposta para essa busca talvez esteja bem diante de todos, sem chamar a atenção, dada a sua falta de atrativos glamorosos ou justificativa para demonstrações eruditas. Será nas velhas e boas práticas gerenciais e assistenciais que se encontrará a qualidade. Trata-se daquilo a que os autores de língua inglesa se referem como *back to basics*.[2]

Esta afirmação não constitui uma demonstração de saudosismo ou não aceitação da inovação, muito menos de cabotinismo ou versão conservadora, do tipo "dono da verdade". Está baseada no fato de que gestores de todas as esferas do setor saúde estão empenhados em procurar a fonte da sabedoria que lhes conduzirá ao paraíso; não existe tal fonte em nenhuma das propostas inovadoras e modernas que pretendem fornecer a fórmula mágica para a felicidade. Às vezes, a pirotecnia da "moderna administração" serve principalmente como esforços mercadológicos e de promoção pessoal ou organizacional mais do que para resolver os problemas de qualidade nas organizações de saúde.

Não são soluções pontuais e momentâneas que trarão a qualidade certificada ou acreditada. Às vezes essas pretensas soluções dão a impressão de que algo está sendo

---

[2] ZIMMERMAN, R. et al. Aiming for zero preventable deaths: using death review to improve care and reduce harm, *Healthcare Quarterly*, 13 (Sp) 2010: 81-87.

feito para melhorar a qualidade quando não se está fazendo o que deve ser feito. O problema é que talvez se esteja desviando a atenção das reais necessidades, mascarando-as com ações de efeito tênue e passageiro sem ir ao âmago da questão, e isso atrasa a evolução em direção à real qualidade dos serviços.

A verdade é uma só: o caminho para a qualidade é cheio de obstáculos e dificuldades, que serão vencidos com trabalho árduo e persistente na busca incessante por melhoria dos processos de atendimento e de gestão. Não será atuando apenas na resolução dos problemas após sua ocorrência, nem baseando propostas no conjunto de soluções encontradas para resolver os problemas acontecidos mas se antecipando a eles.

Isto só se consegue com uma proposta integrada, sistêmica e coerente de um modelo que harmonize gestão e assistência mediante práticas configuradas dentro de uma proposta que entenda a organização como um todo que deve ser gerenciado tecnicamente. Esta proposta se antecipa aos problemas; é pró-ativa e busca criar condições para que, se possível, os problemas não ocorram. É este caminho que este livro pretende trilhar.

O livro está alinhado com a tese de que a qualidade virá como consequência de uma ação gerencial integrada, sistêmica e coerente. Ações gerenciais praticadas dentro de modelos de gestão e de assistência definidos e claros. O livro advoga que a gestão é uma técnica que se aprende e se exercita como todas as demais ciências que permeiam a atividade humana. Trata-se de uma ciência e de uma técnica baseadas em princípios, desenvolvidos por diferentes escolas de pensamento e que são necessárias para ordenar a atividade de qualquer grupo humano que se reúna para realizar alguma coisa junto. O conteúdo do livro pretende detalhar a forma de aplicação dessa técnica.

É importante destacar que o livro não aborda temas como organização do sistema de saúde, hoje em dia considerado uma das grandes variáveis condicionantes da qualidade do atendimento, desde que o governo canadense assim o assimilou como política pública naquele país.[3] Não trata de estratégias como "a saúde da família" ou sobre o impacto da atenção primária com ações de promoção da saúde e prevenção de doenças na qualidade do atendimento e da saúde das populações. O texto cinge-se ao aspecto micro do atendimento, ou seja, aquele prestado nas unidades, como hospitais, clínicas ou ambulatórios. Não se está, portanto, descartando o papel que a organização do sistema tenha sobre a qualidade, mas apenas que o enfoque são as unidades prestadoras de assistência e a forma de alcançar qualidade nelas; é disso, apenas, que trata o livro.

Embora o título faça menção à qualidade hospitalar, ao longo do texto aparecem citadas, às vezes, organizações de saúde com o mesmo significado. É importante também que se faça a leitura contemplando a proposta integral do livro como sugestão para alcançar a qualidade em cada unidade hospitalar; ou seja, o leitor, mais do que se prender aos detalhes de cada capítulo, deverá, principalmente, entender o conjunto da obra como uma proposta para que cada organização busque atingir a excelência.

[3] LALONDE, Marc. *A new perspective on the health of Canadians.* May 1974, Library and Archives Canada, Acc. nº 1993-169-348.

- Espera-se que a leitura do livro ensine os passos para implantar nas organizações de saúde uma cultura organizacional que busque a excelência.

Muito do que se encontra neste livro foi captado em mais de 20 anos de convivência com o programa Compromisso com a Qualidade Hospitalar (CQH), mantido pela Associação Paulista de Medicina e pelo Conselho Regional de Medicina do Estado de São Paulo. Esse programa difunde pelo Brasil de diferentes maneiras os conceitos apresentados a seguir, visando contribuir com a melhoria contínua das organizações de saúde do país.

Aos voluntários do programa e aos representantes dos hospitais que dele têm participado nesses anos todos fica um agradecimento muito especial por emprestarem seu labor irrestrito para uma causa cidadã, a qual lhes permitiu penetrar na prática e nos detalhes da administração hospitalar brasileira; nesse trabalho muito da gestão desses hospitais ficou exposto e teve impacto na elaboração deste livro. São frutos dessa convivência os conteúdos que ora se oferecem ao leitor interessado em perscrutar diferentes caminhos do que seja a busca da excelência em gestão hospitalar. A um grupo desses voluntários se deve um agradecimento especial: Dr. Ivomar Gomes Duarte, editor, bem como a Mirian Hisayo Nagai, Nancy Val y Val Peres da Mota, Olimpio J. Nogueira V. Bittar e Yasuko Yamaguchi Nishikuni, que, com o apoio de Adriana Magalhães, Deborah Pimenta Ferreira, Elisa Aparecida Alves Reis e Ivana Mara Rodrigues da Silva, elaboraram os Cadernos CQH de Indicadores e permitiram a inclusão do conteúdo modificado do "Terceiro Caderno de Indicadores - CQH 2009" que aparece no Capítulo 9.

Para a elaboração deste livro, um agradecimento também deve ser feito às sucessivas gerações de alunos do Curso de Especialização em Administração Hospitalar e de Sistemas de Saúde do Programa de Estudos Avançados em Administração Hospitalar e de Sistemas de Saúde (PROAHSA) da Escola de Administração de Empresas de São Paulo da Fundação Getulio Vargas (EAESP-FGV) e do Hospital das Clínicas da Faculdade de Medicina da Universidade de São Paulo (HCFMUSP); a eles o autor submeteu, durante suas aulas, muitas das ideias discutidas neste livro e deles recebeu inúmeras observações, contribuições, críticas e sugestões que ajudaram a melhorá-lo. De certa forma, eles foram os primeiros a avaliar este conteúdo. Isso não deve eximir o autor de culpa por quaisquer erros, omissões ou imprecisões aqui encontradas.

Incluem-se também nestes agradecimentos os servidores do Hospital das Clínicas da Faculdade de Medicina da Universidade de São Paulo, com os quais o autor teve oportunidade de interagir em diferentes situações organizacionais e com quem muito aprendeu lições de vida e comprometimento com objetivos maiores de uma organização; eles são os responsáveis pela grandiosidade dessa instituição e pelo respeito que ela granjeou do povo brasileiro.

A Fundação Nacional da Qualidade (FNQ) também deve ser lembrada nestes agradecimentos pela parceria com o programa Compromisso com a Qualidade Hospitalar (CQH), que permite o uso da metodologia aqui exposta aplicada à qualidade nas instituições de saúde; o CQH faz parte da rede nacional de prêmios, sendo responsável pelo setor saúde da FNQ com o Prêmio Nacional de Gestão em Saúde (PNGS). Agradecimentos também a todas as equipes presentes e passadas do Hospital SEPACO de São Paulo, onde muitas das práticas mencionadas neste livro foram usadas quando o autor foi seu superintendente e muitas das quais são ainda hoje continuadas pela parceria com o CQH. Agradecimentos especiais também à Editora FGV que permitiu a inclusão de parte do material já publicado no livro *Manual de gestão hospitalar*.

Sumário

1 Introdução

É importante, logo de início, abordar o que se quer significar com qualidade hospitalar:

- Atendimento mais barato?
- O mais correto científica e tecnologicamente?
- Curar todos os que procurem o hospital?
- Oferecer mais conforto e acolhimento?
- Oferecer mais segurança?
- Causar menos dor e sofrimento?
- Deixar pacientes, acompanhantes e familiares satisfeitos?
- Ser rentável para sócios ou proprietários de hospitais particulares?

Teoricamente, assistência de qualidade deveria atender a todos esses requisitos das diferentes partes interessadas e, talvez, outros mais, no seu produto final.

O que se advoga neste livro é que, diante da miríade de interesses envolvidos na assistência hospitalar e das inúmeras possibilidades de manipulações emocionais, comerciais, científicas e de outras naturezas, o mais correto, na busca por qualidade, parece ser a busca do equilíbrio entre as ações desencadeadas pelo modelo assistencial e pelo modelo gerencial da organização, sem que considerações de outras naturezas possam interferir no melhor para pacientes, familiares, prestadores e para a comunidade como um todo. Sem atentar para filigranas periféricas à essência do atendimento, concentrar-se na sua substância com racionalidade, ética, sentimentos humanos, capacidade técnica e obstinação por fazer o melhor dentro dos limites da razoabilidade e da tecnologia disponível, sem dramaticidade nem heroísmos infrutíferos, nem buscando autopromoção, remunerações indevidas ou outros benefícios espúrios.

Para isso devem-se deixar de lado modismos passageiros e pirotecnias mercadológicas, buscando nas velhas e boas práticas da gestão e da assistência a resposta para os desafios que se apresentam. Isto não significa uma atitude passiva diante dos avanços e inovações da medicina e da gestão, mas a boa assistência hospitalar tem de estar solidamente baseada em conceitos e valores claros e definidos e não ser sublevada pelas marés do momento ou pelos "sábios" de ocasião; só assim ela poderá obter o máximo benefício disponível pela incorporação da tecnologia hoje existente.

Falar de qualidade em hospitais hoje, portanto, significa falar em algo que possa englobar todos os requisitos apresentados numa abordagem sistêmica, integrada e coerente; em outras palavras, em um modelo de gestão, que tenha como consequência a excelência na assistência, como têm apregoado os teóricos da moderna administração.[1]

É preciso, portanto, não ceder ao fascínio de modismos e enfrentar a dura realidade de que qualidade se consegue com trabalho perseverante e constância de propósitos. A qualidade é consequência de uma ação resoluta da liderança da organização, buscando a excelência com dedicação e método. Exige ação continuada sem esmorecimentos, porque são os caminhos difíceis que levam às grandes realizações.

Os resultados não vêm em um passe de mágica, mas sim são conquistados ao longo do tempo com um trabalho que pressupõe recaídas e retomadas; trata-se de um processo sem fim. Diz-se que a excelência vem como resultado de uma corrida sem linha de chegada; sempre haverá novos patamares a serem vencidos, novos obstáculos a serem superados. Quem acredita que alcançou a "qualidade desejada" já começou a perdê-la. Por isso um dos pré-requisitos para alcançá-la é a humildade de saber que sempre há algo novo para ser alcançado; que não se sabe tudo e que se deve continuar sempre buscando; que sempre se pode fazer melhor não importa em qual estágio se encontre a organização; e sempre haverá alguém fazendo as coisas melhor do que nós. Tolstoi dizia que a perfeição é impossível sem humildade: "por que hei eu de lutar pela perfeição se já sou suficientemente bom?".

Por isso é que se entende como uma ferramenta mais útil para materializar este desiderato um modelo de gestão sistêmico, integrado e coerente; é o método que se necessita para orientar o raciocínio do gestor no sentido de dar-lhe um norte para sua ação.

A implementação desse modelo demanda tempo e acompanhamento, antes que resultados possam ser contabilizados. Trata-se de incorporar técnicas de gestão ao segmento da saúde, mesmo em hospitais públicos; essas técnicas podem e devem ser copiadas de outros ramos de atividade econômica. Estudo recente, encomendado pelo Congresso dos Estados Unidos, sobre reforma do sistema de saúde naquele país tinha,

---

1 CARDOSO, R. *Construção de modelos de gestão articulados por modelos de referência*: uma investigação sobre o uso dos modelos de referência de qualidade e excelência. 2008. Tese (Doutorado em engenharia da produção). COPPE/UFRJ, Rio de Janeiro, 2008.

como uma de suas primeiras recomendações, o uso de técnicas gerenciais bem sucedidas fora do setor saúde.[2]

Grande parte do conteúdo deste livro está baseado na apresentação de um modelo de gestão (Capítulo 7) para direcionar também o modelo assistencial nos hospitais como forma de alcançar mais qualidade para essas organizações. É preciso entender a gestão como uma técnica em que a padronização das ações leva a melhores resultados. Essa técnica está presente no modelo de gestão que se propõe neste livro. Esse modelo deverá contemplar:

- elementos ligados com a liderança do hospital;
- elementos ligados ao planejamento estratégico, de maneira que conduzam o hospital a uma administração estratégica;
- aspectos ligados ao marketing e à epidemiologia, de maneira que o hospital se preocupe com seus clientes, com o perfil das doenças às quais irá prestar assistência e, portanto, com o mercado no qual está inserido (mesmo hospitais públicos têm de se preocupar com o mercado no qual atuam);
- aspectos ligados à informação como elemento necessário para a análise crítica dos resultados e subsídios para o planejamento;
- a gestão do recurso humano, fundamental na realização de todas as ações no hospital;
- por fim, a gestão dos processos de atendimento realizados no hospital, ou seja, seu modelo assistencial.

A maior diferença entre hospital e empresas de outras áreas da atividade econômica está na gestão dos processos. Afora os processos, tudo o que se faz em uma organização qualquer, do ponto de vista gerencial, também se faz (ou se deveria fazer) em hospitais. Os conceitos de liderança, planejamento, marketing, as relações com a sociedade, a gestão das informações e das pessoas, bem como a preocupação com os resultados, são válidos e aplicáveis de maneira igual em qualquer organização.

São necessárias ações concretas para orientar hospitais na sua preocupação com a qualidade. Talvez a principal seja englobar todas as iniciativas existentes no hospital dentro de um sistema de qualidade que não seja atribuição específica de nenhuma pessoa, nem de nenhum grupo, mas preocupação de toda a instituição.

Qualidade é consequência de uma ação coletiva e não do "departamento de qualidade", da "gerência de qualidade", do "grupo de qualidade" ou de qualquer outra denominação que se queira dar para algumas pessoas que teriam preocupação com o tema, que, aliás, deve ser preocupação de todos e, portanto, não se recomenda abrigá-lo em nenhum departamento da organização mas sempre tratá-lo de maneira institucional. Se apenas um grupo do hospital for responsabilizado pela qualidade os demais se considerarão desobrigados de buscá-la; por que se preocupar com algo quando existe um

[2] *Report to Congress*: National Strategy for Quality Improvement in Health Care. Disponível em <http://www.healthcare.gov/law/resources/reports/quality03212011a.html>. Acesso em: 7 nov. 2012.

setor específico para isso? Os demais considerarão que qualidade não precisa ser uma preocupação deles.

O "gerente" ou o "gestor de qualidade" tem de ser o principal executivo do hospital. Essa é uma ação tão importante que deve ser exercida pela pessoa responsável por toda a organização e não apenas por parte dela. Para acompanhar a gestão dos processos, deverá criar um sistema que englobe, entre outras ações:

- padronização de condutas médicas e administrativas por meio de protocolos baseados em evidências clínicas e manuais de rotinas e procedimentos;
- revisão de óbitos e outros possíveis eventos sentinela, dentro do conceito de gerência de risco;
- ações de acompanhamento ético profissional;
- acompanhamento específico para controle das infecções hospitalares;
- outras medidas mais específicas e consequentes a essas propostas e que serão vistas ao longo deste livro.

2 Evolução do movimento da qualidade em saúde[1]

Historicamente, pode-se situar a preocupação com qualidade nos serviços de saúde em tempos imemoriais. É pouco provável que, mesmo nos primórdios do que seriam os serviços de saúde, se atuasse sobre um ser humano sem ter maior preocupação com a qualidade do resultado desse trabalho. Na antiga Grécia, há inúmeros exemplos do que teriam sido serviços de saúde que prestavam atendimento de excelente qualidade. Florence Nightingale, na segunda metade do século XIX, lançou as bases da moderna profissão de enfermagem, desenvolvendo um processo de atendimento que visava (e visa ainda hoje) ao máximo em qualidade.[2]

Os conceitos mais recentes de gerência com qualidade foram desenvolvidos, principalmente, na União Japonesa de Cientistas e Engenheiros, por W. Edwards Deming (controle estatístico da qualidade), Joseph M. Juran (importância das pessoas na revolução de qualidade japonesa), e Kaoru Ishikawa (controle da qualidade total). Essas iniciativas, que fizeram parte do esforço de recuperação do Japão após a Segunda Guerra Mundial, se disseminaram primeiro pelos Estados Unidos e depois pelo mundo todo a partir da década de 1950.

A indústria de serviços de saúde, muito lenta em incorporar novos desenvolvimentos de técnicas e métodos administrativos, só respondeu no final da década de 1960, começo da década de 1970. É preciso mencionar os trabalhos de Avedis Donabedian,

---

[1] Conteúdo modificado deste capítulo já foi publicado em BURMESTER, H. *Manual de gestão hospitalar*. Rio de Janeiro: FGVEditora, 2012.

[2] NIGHTINGALE, F. Hospital Statistics and Hospital Plans. London: Emily Faithfull & Co., 1862. In: WRIGHT, J. et al. *Learning from death*: hospital mortality reduction programme. J R Soc Med 2006 June; 99(6): 303-308.

pediatra armênio radicado nos Estados Unidos, como pioneiro do setor. Aquele país já tinha visto esforços para melhorar seus hospitais e faculdades de medicina desde o início do século XX, com os trabalhos de Codman (sistema de padronização de resultados da atividade hospitalar, de 1910),[3, 4]Flexner (revisão e análise da qualidade da formação médica) e do Colégio Americano de Cirurgiões, mas foi Donabedian quem primeiro se dedicou, de maneira sistemática, a estudar e publicar sobre qualidade nos serviços de saúde. A ele se seguiram vários outros autores, dentre os quais é importante destacar Donald M. Berwick, com seus trabalhos no Hospital Geral de Massachusetts e no Programa de Assistência Médica da Kaiser Permanente. Dos esforços do Colégio Americano de Cirurgiões resultou, no início da década de 1950, a formação da Comissão Conjunta de Acreditação Hospitalar, que mais recentemente passou a se chamar Comissão Conjunta de Acreditação de Organizações de Saúde (CCAOS).[5] Destaca-se, também nos Estados Unidos, a criação, em 1995, do Prêmio Nacional da Qualidade na Área de Saúde, baseado no Prêmio Nacional da Qualidade Malcolm Baldrige. O Grupo *Leapfrog*é uma organização voluntária similar ao CQH,[6] que existe nos Estados Unidos desde 2000 com a missão de disseminar informações para fornecedores e usuários dos serviços de saúde e contribuir para a melhoria da qualidade dos hospitais naquele país por meio de incentivos e premiações. É responsável pela publicação de pesquisas que avaliam a segurança, qualidade e eficiência dos hospitais; trata-se de uma das grandes referencias para comparação de hospitais nos Estados Unidos. Mais de 1.200 instituições participam da pesquisa representando mais de 30 milhões de vidas cobertas e U$62 bilhões de gastos hospitalares.[7] Outra tendência no setor de qualidade em atendimento médico hospitalar nos Estados Unidos é avaliação centrada no paciente. Exemplo dessa avaliação é o programa chamado de designação de hospitais *Planetree*, criado por uma paciente após internação em 1978. Este programa está baseado na interação humana em hospitais, na importância da família e do suporte social durante a internação, na informação dos pacientes e familiares, na arquitetura e decoração hospitalares, na espiritualidade e respeito às diversidades entre outros aspectos da internação.[8]

A CCAOS inspirou programas como o Compromisso com a Qualidade Hospitalar (CQH) (também influenciado pelo programa de qualidade do Hospital da Universidade Johns Hopkins), primeiro a fazer avaliação da qualidade de hospitais do Brasil, criado em 1991, e o programa de acreditação hospitalar da Organização Pan-americana da Saúde, que, no Brasil, se materializou na Organização Nacional de Acreditação, em 1999. No Brasil, ainda, o Programa Gaúcho de Qualidade e Produtividade, a partir de 1995, baseado no Prêmio Nacional da Qualidade, desenvolveu, inclusive entre hospitais do Rio Grande do Sul, uma cultura organizacional voltada para a

---

3 BERWICK, D. M. E. A. Codman and the rhetoric of battle: a commentary. *Milbank Quarterly*, 67(2): 262-267, 1989.

4 DONABEDIAN, A.*The end results of health care:* Ernest Codman's contribution to quality assessment and beyond. MilbankQuarterly.1989; 67(2): 233-256.

5 Disponível em:<http://www.jointcomission.org>.Acesso em: 5 mar. 2013.

6 Programa criado em 1991 e mantido desde então pela Associação Paulista de Medicina e pelo Conselho Regional de Medicina do Estado de São Paulo, cuja metodologia de trabalho está presente em grande parte deste livro.

7 Disponível em: <http://www.leapfroggroup.org>. Acesso em: 6 jan. 2013.

8 Disponível em: <http://www.planetree.org>. Acesso em: 6 jan. 2013.

qualidade gerencial. No Brasil também é importante destacar os esforços que fizeram, na década de 1960, os antigos Institutos de Aposentadorias e Pensões (IAP's, precursores do SUS e INSS), que prestavam assistência à saúde de trabalhadores de diversas categorias profissionais, para avaliar, classificar e credenciar hospitais. Na década de 1970, esses sistemas se unificaram no Relatório de Classificação Hospitalar (RECLAR), utilizado para avalizar a contratação de leitos hospitalares pelo Instituto Nacional de Assistência Médica da Previdência Social (INAMPS). Ainda é preciso lembrar os esforços de Carlos Gentile de Melo, que criou, na década de 1970, a primeira comissão de controle de infecção hospitalar, em hospital público, no Hospital da Lagoa, do INAMPS, no Rio de Janeiro. Em São Paulo, Antonio Tadeu Fernandes, em 1979, criou, no Hospital do SEPACO, a primeira comissão de controle de infecção hospitalar em hospital particular. O controle da infecção hospitalar é um importante componente do movimento da qualidade na indústria da saúde. Mais recentemente, a Agência Nacional de Saúde Suplementar (ANS) criou um selo de qualidade, à semelhança do selo de conformidade do CQH, para prestadores de serviço às operadoras de planos de saúde no país. Esse selo avaliará 26 itens do atendimento agrupados em: segurança, efetividade, acesso, eficiência, equidade e centralidade no paciente.[9] Nesses grupos pode-se claramente notar a influência dos sete pilares da qualidade de Donabedian.[10]

Em resumo, os antecedentes das práticas contemporâneas de gestão para a qualidade em saúde têm três origens genéricas: o método científico, as associações profissionais e os modelos industriais, com destaque para a gestão da qualidade total (GQT) e a melhoria contínua da qualidade (MCQ).

Segundo Gilmore e Novaes,[11] os serviços de saúde e a Organização Mundial da Saúde definem qualidade do atendimento médico-hospitalar em função de um conjunto de elementos: alto nível de excelência profissional, uso eficiente dos recursos, um mínimo de riscos, assim como um alto grau de satisfação dos pacientes, e um impacto final na saúde. A melhor definição de qualidade na verdade não existe. É extremamente difícil chegar a um consenso quanto ao que constitui boa qualidade da assistência, por causa dos valores inerentes implícitos em uma definição. Assistência médico-hospitalar não é um conceito unitário e a sua multidimensionalidade explica, parcialmente, a existência das muitas definições e várias abordagens para mensurar o que seja qualidade da assistência.

De Geyndt[12] aconselha abandonar o debate sobre a definição de qualidade da assistência médico-hospitalar para se concentrar no que se espera em termos de qualidade. Também é importante que, apesar das múltiplas definições possíveis, haja um consenso quando da implantação do conceito de gestão visando a excelência para que todos os envolvidos tenham um mesmo entendimento de que qualidade se está falando no contexto dessa organização. O CQH, por exemplo, considera dois pontos

[9] O Estado de São Paulo, 01/01/13, p. A11.

[10] DONABEDIAN, A. *The seven pillars of quality.* Arch Pathol Lab Med, 1990 Nov; 114(11):115-118.

[11] GILMORE, C.; NOVAES, H. M. *Manual de Gerência da Qualidade em Serviços de Saúde.* Série HSP/UNI Manuais Operacionais (nº 9).Washington, D.C.: Ed. PaltexOpas/OMS, 1995.

[12] DE GEYNDT, W. Managing the Quality of Health Care in Developing Countries. *World Bank Technical Papers 258,* Washington, D.C., 1995.

importantes na definição da qualidade: que seja medida em função de indicadores previamente definidos e adaptada aos usos e costumes locais, ou seja, que não haja preocupação em defini-la baseado no que é possível fazer em contexto diferente daquele no qual se atua. Para o CQH, uma pequena Santa Casa de uma cidade do interior pode ter tanta qualidade quanto o hospital mais sofisticado da cidade grande, na medida em que ambos satisfaçam plenamente as necessidades reais das populações por eles atendidas. A Santa Casa do interior não deixará de ter qualidade se não tiver uma ressonância magnética de última geração; se a tiver talvez isto até seja atestado de pouca qualidade, pois ela não terá demanda que justifique a existência de tal equipamento. Por outro lado, a falta desse equipamento no hospital sofisticado da cidade grande talvez se caracterize como falta de qualidade.

A CCAOS dos Estados Unidosusa, hoje em dia, o conceito de desempenho institucional, que é mais preciso do que a palavra qualidade e pode ser usado para avaliar a qualidade e dar informação sobre as dimensões desse desempenho: fazer o correto (eficácia e adequação) e fazer o correto corretamente (disponibilidade, pontualidade, efetividade, segurança, eficiência, respeito e cuidado em geral com que se prestam os serviços). O Prêmio Malcolm Baldrige para Saúde (Prêmio Nacional da Qualidade dos Estados Unidos)[13] usa os seguintes critérios para classificar a melhor instituição de saúde, aquela que busca a excelência em suas práticas:

- desempenho da alta administração;
- como são coletadas e analisadas as informações;
- como é feito o planejamento estratégico;
- desenvolvimento e gestão dos recursos humanos;
- gestão dos processos;
- resultados do desempenho da instituição; e
- satisfação dos pacientes e outros beneficiários.

Estes são, aproximadamente, os critérios de excelência exigidos pela Fundação Nacional da Qualidade[14] para premiar as empresas brasileiras e também orientar a ação do CQH. O Prêmio Codman, oferecido pela CCAOS, também para classificar instituições da saúde, considera os seguintes critérios:

- envolvimento da alta administração;
- uso de dados para medir desempenho;
- aspectos técnicos do desempenho;
- processo de planejamento;
- análise dos dados;
- ações para melhoria da qualidade; e
- resultados do desempenho.

[13] Disponível em: <http://www.nist.gov/baldrige>. Acesso em: 05 mar. 2013.
[14] Disponível em: <http://www.fnq.org.br>. Acesso em: 05 mar. 2013.

Estas e outras iniciativas fazem parte do chamado movimento da qualidade no atendimento médico-hospitalar. O objetivo básico é o estímulo à melhoria contínua da qualidade em todo o sistema de saúde. Com isso estão, basicamente, preocupadas com o desempenho e os resultados reais apresentados pelos hospitais, que são o que, em última análise, contam.

Procedendo assim, essas iniciativas ajudam os hospitais a cumprirem sua função social e seu compromisso com a comunidade servida por eles. Estimulam organizações criativas e inovadoras a aceitarem o desafio de avaliaremsuas práticas, processos e sistemas internos, expondo-os ao escrutínio amplo da sociedade em um procedimento transparente e aberto. O resultado dessa atividade para a comunidade é que o hospital passa a ter mais credibilidade quanto à qualidade de sua assistência. Naturalmente, este processo exige grande dose de maturidade, respeito e dignidade. É um processo de crescimento, do ponto de vista institucional, pessoal e profissional, de todos os agentes envolvidos nele. No seu bojo desenvolvem-se intrincadas relações, cuja sinergia e resultados podem ser evidenciados pelas mudanças observadas nos hospitais. A qualidade em determinado hospital será produto de uma série de fatores que, conjugados, poderão criar condições para que ela se desenvolva. O que programas de estímulo à melhoria contínua da qualidade devem fazer é fornecer diretrizes para que os hospitais desenvolvam suas iniciativas e focalizem seus esforços em práticas administrativas eficientes, efetivas e eficazes.Também tem ficado evidente que a estabilidade organizacional e gerencial é fator preponderante na qualidade dos serviços prestados pelos hospitais.

Está claro que não existe um único modelo para fazer a excelência chegar a uma organização de saúde ou estimulá-la a buscá-la. Os melhores resultados virão de um conjunto de ações, de preferência integrado. A função de polícia do Estado, por meio da vigilância sanitária, para concessão de alvarás e outras autorizações de funcionamento, é necessária, mas não suficiente; a lei, de certa forma, é restritiva no sentido de exigir o mínimo indispensável das organizações. Na mesma linha estão as ações fiscalizadoras dos órgãos profissionais. Programas de estímulo à melhoria da qualidade, como o CQH e outros, complementam essas ações porque pressupõem uma atitude pró-ativa e voluntária das instituições em busca da qualidade. O importante é que a organização tenha um método para fazê-lo; uma técnica para buscar a excelência.

3 Conceitos e definições

A expressão gestão da qualidade tem significados específicos em diferentes setores da atividade humana. Contudo, existem quatro componentes principais que sempre devem estar presentes na noção de gestão da qualidade:

- planejamento da qualidade;
- controle da qualidade;
- garantia da qualidade; e
- melhoria contínua da qualidade (que é o principal conceito abordado neste livro).

É importante notar que a gestão da qualidade não deve estar apenas preocupada com a qualidade do serviço ou do produto em si, mas, também, e, principalmente, com a maneira como se chega até ela. Dessa forma, a gestão da qualidade hospitalar, como enfocada neste livro, não pode ser entendida como um fim em si, mas, sim, como consequência da prática de modelos de gestão e assistencial integrados, coerentes e sistêmicos que permitam o planejamento, o controle, a garantia e a busca pela melhoria contínua da qualidade.

Deve-se distinguir melhoria contínua da qualidade de controle da qualidade, uma vez que aquela implica a mudança de processos para aumentar o grau de confiança em atingir um resultado, e o controle da qualidade está preocupado em manter a integridade dos processos pelos quais se chega aos resultados; nesse aspecto deve-se destacar a noção de controle estatístico do processo. Por fim, os esforços para garantia da qualidade compõem-se das necessárias ações sistemáticas e planejadas que trarão a confiança de que o produto ou serviço estará de acordo com determinados requisitos. A gestão da qualidade, portanto, consistirá de estrutura organizacional, procedimentos, processos e recursos necessários para buscar a qualidade ou, mais ainda, a excelência na gestão.

Diante dessas considerações, sugere-se que os "programas de qualidade" em hospitais sejam transformados em estímulo à melhoria contínua da qualidade por meio da adoção de modelos de gestão e assistencial definidos. De modo geral, hospitais têm seus modelos assistenciais bem definidos, ficando a dificuldade na questão gerencial. A gestão hospitalar tende a seguir o que poderia ser chamado de "modelo médico de gestão", por ser hegemônico o poder médico dentro dessas instituições. O modelo de gestão hospitalar tem de seguir uma lógica administrativa e não médica. Um dogma central da teoria da melhoria da qualidade (ou da falta dela) diz que esta não é feita por pessoas ou equipamentos mas por processos bem administrados. A adequada procura da excelência não é, portanto, uma questão de limiares, padrões, inspeções ou certificações pontuais ou momentâneas. A excelência vem da aplicação da teoria administrativa bem fundamentada em práticas e experimentações coerentes; da aplicação de uma técnica definida que gerencie os processos organizacionais.[1] A qualidade médica na assistência hospitalar vem da correta aplicação da técnica e da arte médicas; a gerencial vem da correta aplicação da técnica e da arte administrativas na gestão dos processos assistenciais médicos e administrativos. Os processos médicos também precisam ser gerenciados. O equilíbrio entre as duas trará a excelência na assistência hospitalar.

A qualidade, como já dizia Aristóteles, deve ser um hábito que se aprende por treinamento e repetição, e não consequência de uma ação pontual. Portanto, qualidade é fruto de um processo continuado que nunca acaba; fala-se na busca contínua da qualidade como se ela fosse uma jornada sem fim. Em todos os novos patamares de qualidade alcançados, novos desafios devem se apresentar, levando os objetivos sempre para horizontes mais distantes. É importante esse conceito para que não se pense a qualidade como uma ação acabada a ser alcançada, mas sim como consequência de um processo em contínuo desenvolvimento; daí a importância da adoção de um modelo de gestão que precisa ser acompanhado e monitorado constantemente. Qualidade não pode ser buscada como resultado de ações mágicas e imediatas. Será sempre consequência de trabalho duro e perseverante, sem atalhos ou soluções simplistas.

Avedis Donabedian[2] absorveu da teoria geral dos sistemas[3] a noção de indicadores de estrutura, processo e resultado do atendimento hospitalar, que se tornou clássica nos estudos de qualidade em saúde. A estrutura física, organizacional, de equipamentos e de recursos humanos pode gerar indicadores, como número de funcionários por leito, enfermeiros por leito etc. O processo diz respeito ao atendimento médico, de

[1] BERWICK, D. M.; GODFREY, A. B.; ROESSNER, J. *Melhorando a qualidade dos serviços médicos, hospitalares e da saúde*. São Paulo: Makron, 1994.

[2] DONABEDIAN, A. Explorations in quality of assessment and monitoring. v. 1. In: HARBOR, Ann. *The definition of quality and approaches to its assessment*. Michigan: Health Administration Press, 1980. Veja também o Capítulo 2 deste livro.

[3] Karl Ludwig von Bertalanffy (1901-1972), biólogo austríaco, criou na Universidade de Viena, durante a primeira metade do século XX, a teoria geral dos sistemas.

enfermagem e de outros profissionais que interferem no diagnóstico e/ou terapêutica, gerando indicadores como os ligados ao uso de antibióticos (percentual de pacientes usando; percentual de uso profilático), percentual de condutas invasivas comparado com tratamentos conservadores etc. Os mais comuns e valorizados atualmente são os indicadores relacionados com as saídas do sistema: os produtos, os resultados e o impacto ou efeito. Os indicadores do produto final podem ser identificados nos números de pacientes saídos do sistema, curados ou não; com sequelas ou não. O resultado disto pode ser expresso no número de pacientes que retornam à vida economicamente ativa e os que ficam dependentes de alguma ajuda da sociedade. Por fim, o impacto na sociedade do retorno desse paciente à atividade econômica e social. Com frequência, diz-se que a qualidade do atendimento médico-hospitalar, paradoxalmente, se mede por seus insucessos, antes de tudo, pelos produtos resultantes de sua ação: óbitos ocorridos e suas causas; casos de infecção hospitalar; números de erros no atendimento; cirurgias realizadas etc.

Como se vê, a avaliação da qualidade no atendimento médico-hospitalar é um conceito amplo e abrangente. Ele se desenvolveu nos últimos anos à luz do movimento da qualidade em todas as atividades econômicas. Esse movimento é um ciclo na evolução do pensamento administrativo que, como os demais ciclos, também passará e deixará alguma contribuição. Assim foi com a chamada escola de administração científica, do comportamentalismo, da administração sistêmica etc. No caso do presente movimento, os elementos que, possivelmente, serão incorporados de maneira definitiva na qualidade do atendimento médico-hospitalar serão:

- as, assim chamadas, ferramentas da qualidade,[4] absorvidas de outras ciências (PDCA, diagrama de Paretto, diagrama de causa e efeito etc.), para planejamento e análise de problemas;
- a revisão por pares e auditores;
- a avaliação feita por clientes interno e externo;
- o controle da infecção hospitalar (cujas origens são anteriores ao movimento da qualidade atual);
- a gerência de risco, tão desenvolvida nos Estados Unidos como forma de minimizar a ameaça de processos pela, assim chamada, má prática hospitalar; e
- as avaliações ou auditorias externas chamadas de acreditação, certificação etc.

Por fim, qual o estímulo para que os gestores se motivem para a mudança e busquem aumentar a qualidade de seus serviços? A motivação pecuniária sempre aparece citada em primeiro lugar como proposta de estímulo, feita por remuneração diferenciada para aqueles que apresentassem mais qualidade nos seus serviços, comprovada por meio de indicadores. Embora tentadora, essa proposta deve ser revista por sua simplicidade e diante de exemplos passados, quando foi geradora e alimentadora de corrupção. É bem verdade que os controles de hoje são outros, mais eficientes para

[4] Veja também o Capítulo 5.

evitar a corrupção. Porém, outras formas de estímulo devem ser buscadas: mais instigantes, criativas, desafiadoras e compatíveis com a complexidade da gestão dos hospitais de hoje em dia.

4 Gestão do risco

Em quase toda atividade humana, há sempre algum risco implícito que pode conduzir a falhas ou resultados indesejáveis. Risco, portanto, é a probabilidade de ocorrência de um determinado evento indesejável ou de acidentes e de suas consequências.Acidente é um evento súbito e inesperado que interfere nas condições normais de operação e que pode resultar em dano às pessoas, à propriedade ou ao meio ambiente.[1]

A Norma ISO 31000:2009 (que contém os princípios e orientações com relação à gestão de riscos) e a ISO/IEC Guide73:2002 definem risco como o "efeito da incerteza sobre os objetivos". Nessa definição, incerteza inclui eventos que podem ou não acontecer e também as incertezas causadas pela ambiguidade ou falta de informação.[2]

A Organização Mundial da Saúde (OMS) define incidente que compromete a segurança como um evento que poderia resultar, ou resultou, em dano desnecessário para o paciente, e esses eventos podem acontecer em virtude de atos intencionais ou não. Um efeito adverso é um incidente que resulta em dano para o paciente.[3]

Cabe à liderança implantar mecanismos para identificar, analisar e tratar (minimizar) os riscos organizacionais mais significativos que possam prejudicar a imagem e a capacidade de a organização realizar sua missão. Os riscos podem derivar de:

---

1 Norma Regulamentadora (NR) 32, do Ministério do Trabalho do Brasil, de 16.11.2005.

2 Disponível em: <http://en.wikipedia.org/wiki/Risk>. Acesso em: 8 nov. 2012.

3 WORLD HEALTH ORGANIZATION.*The conceptual framework for the international classification for patient safety version 1.1 - Final technical report.*Geneva: World Alliance for Patient Safety, 2009.

- incertezas nas finanças;
- falhas em projetos em qualquer de suas fases (desenvolvimento, produção ou ciclos de vida sustentados de um produto ou serviço);
- vulnerabilidades legais;
- crédito;
- acidentes;
- desastres naturais;
- ações deliberadas de ladrões, bandidos, concorrentes ou terroristas; ou
- outros eventos de causas menos definíveis.

O Instituto Brasileiro de Governança Corporativa classifica os riscos possíveis em qualquer organização como:

- do negócio ou setorial relacionados com o setor saúde como um todo,que podem estar ligados a mudanças de tecnologia, formação da mão de obra, entre outros;
- políticos, legais ou regulatórios os ligados a fatores externos às organizações e que dependem do Estado e de suas instituições, como Anvisa, ANS (no caso da saúde) e outras;
- estratégicos aqueles associados às escolhas estratégicas feitas pelas organizações;
- financeiros os riscos de mercado e aqueles ligados à liquidez das operações. Por exemplo, organizações de saúde que abrem seu capital podem ter dificuldades em manter o valor de suas ações;
- operacionais os relacionados a falhas operacionais por problemas de sistemas, de gerenciamento, de segurança, erros humanos, fraudes, catástrofes ambientais e outros. São aqueles inerentes aos procedimentos, resultados imprevistos ou indesejáveis etc. Lembre-se que as organizações de saúde operam em um negócio dito de meios sem garantia de resultados, o que complica o entendimento deste item.

Além destes, uma classificação possível de riscos especificamente na assistência hospitalar deve envolver os seguintes:[4]

- Assistenciais: são situações, ações, condutas e procedimentos ocorridos durante os cuidados prestados ao paciente no período de permanência no hospital. Exemplos: cadastro preenchido de forma incompleta ou incorretamente; resultado de exame trocado;
- Profissionais: são ações e procedimentos realizados diretamente no paciente. Exemplos: cirurgia em paciente e/ou local errado; injeção administrada em dose/local/horário incorretos; instrumental, gaze ou compressa esquecida em cavidade de paciente;

[4] Revista Nursing. Disponível em: <http://www.nursing.com.br>. Acesso em: 8 nov. 2012.

- Ambientais: são situações e procedimentos inadequados e incorretos gerados por agentes físicos, químicos, mecânicos e biológicos com impacto negativo na comunidade e no meio ambiente. Exemplos: incêndios em hospitais (que, aliás, devem ser evitados a todo custo); material perfurocortante em saco plástico comum;
- Clínicos: possibilidade de ocorrência de danos durante o processo terapêutico e/ou agravos de saúde em decorrência da fisiopatologia, ou de não seguimento de protocolos definidos. Exemplo: drenagem de tórax que leva a pneumotórax;
- Institucionais: deriva de situações decorrentes de comunicação ineficaz ou inadequada. Podem resultar de restrições de cobertura de plano de saúde ou limitações de atendimento e exames por parte dos pagadores ou da própria instituição;
- Conflitos que prejudicam a imagem do hospital, por negligência, imprudência e imperícia. Exemplos: agressão ou brigas entre pessoas que trabalham no hospital, visitantes, familiares; fuga e/ou rapto de criança.

A governança de qualquer organização é a responsável pelo monitoramento e prevenção dos riscos potenciais a que a organização esteja exposta; ela é a guardiã da reputação, imagem e credibilidade que a organização tem perante a comunidade.

Na área da saúde, há grandes riscos potenciais nos seus processos fins, notadamente na assistência hospitalar, uma vez que ela não é uma ação de resultados garantidos; diz-se que é uma atividade de meios e não de fins. Nela se reconhece cada vez mais a possibilidade de ocorrerem eventos adversos como fonte de dano a pacientes internados, com possíveis consequências para a reputação, imagem ou credibilidade da organização e de seus profissionais. Quando esses danos acontecem, surgem problemas para prevenir, remediar ou comunicar a situação a pacientes, familiares e outros interessados.

Revisão bibliográfica feita nos Estados Unidos sobre este tópico demonstrou que médicos, pacientes e familiares defendem a necessidade de que as informações sejam dadas em detalhes quando algum acidente ocorre durante o atendimento no hospital. Porém, todos reconhecem que existem inúmeras barreiras para que isso aconteça: medo de ações judiciais; falta de conhecimento de como melhor transmitir essas informações a pacientes e familiares; e as próprias reações emocionais dos profissionais envolvidos. Os autores dessa revisão reconhecem, contudo, que a maioria das referências consultadas vem de países ocidentais, que demonstram, portanto, valores dessa cultura. Naturalmente, isso exige grande dose de maturidade de todos os agentes envolvidos, bem como cultura organizacional e nacional propícias.[5]

A gestão de riscos é uma forma de conciliar as diversas perspectivas dos diferentes atores envolvidos nesses eventos; trata da identificação, avaliação e priorização das ações para evitá-los ou minimizar os efeitos de eventos adversos; pressupõe aplicação coordenada de recursos para monitorar e controlar a probabilidade desses eventos.

[5] O'CONNOR, E. et al. Disclosure of patient safety incidents: a comprehensive review. *International Journal for Quality in Health Care*.Oxford University Press, 2010; 22(5):371-379.

Diante de possíveis riscos recomenda-se a estruturação da gestão de riscos de forma que busque os seguintes benefícios para a organização:

- maior controle;
- diminuição das crises e de seus impactos;
- diminuição da ocorrência de surpresas e problemas;
- proteção contra perdas catastróficas;
- atendimento à regulação;
- maior previsibilidade;
- aumento da probabilidade de sucesso.

As definições, métodos e objetivos dos padrões que podem minimizar riscos variam bastante de acordo com o contexto no qual eles estão inseridos:

- gestão de projetos;
- segurança (de pacientes, acompanhantes, trabalhadores);
- engenharia e manutenção;
- processos de assistência hospitalar;
- portfólio financeiro;
- ativos atuariais;
- saúde pública e segurança do trabalho.

As estratégias da gestão de riscos incluem:

- evitar o risco;
- reduzir o efeito negativo ou a probabilidade do risco;
- a transferência do risco para outros;
- aceitar algumas ou todas as consequências de algum tipo de risco em particular.

A dificuldade em todos esses casos deve-se à inexistência de medidas para melhoria com a introdução da gestão de risco ou à confiança nas decisões tomadas para minimizar os riscos.

Em condições ideais de gestão de risco, deve-se seguir um processo de priorização em que os riscos de grande impacto ou com maior probabilidade de ocorrência devem ser atendidos primeiro, seguindo-se, em ordem decrescente, os de menor impacto ou com menor probabilidade de ocorrência. Na prática, essa priorização não é muito fácil de fazer, sendo difícil encontrar o equilíbrio entre alta probabilidade com baixo impacto *versus* alto impacto com baixa probabilidade.

Os modelos mais simples usados pela gestão de risco são baseados na probabilidade de ocorrência de um evento multiplicada pelo impacto do evento. Esses modelos não são de fácil aplicação, pois várias probabilidades podem contribuir para a "probabilidade total" da ocorrência de um evento qualquer e seus impactos podem ser medidos em diferentes "unidades": de custo, tempo, evento em si, posições de mercado e outros. Isto pode ser ainda mais complicado se for considerado que não existe uma abordagem simples e direta para avaliar como diferentes riscos influenciam uns aos outros, aumentando ainda mais a "probabilidade total".

Para contornar esses problemas, existem vários aplicativos de informática usados em análises sofisticadas de risco: *Risk register*, *EasyRisk Manager*, *Probabilistic Risk Assessment* e outros.

A *Probabilistic Risk Assessment* (PRA) é uma análise da probabilidade ou frequência de ocorrência e magnitude de um evento, incluindo-se na análise o conhecimento e a avaliação das incertezas. É um processo de engenharia baseado em uma análise sistêmica e abrangente com suporte analítico que se repete periodicamente na medida em que o desenho amadurece e novos dados emergem. É uma forma de expressão do "conhecimento atual" (no momento da análise) sobre o risco de um evento negativo; não se trata de adivinhações ou criação de dados inexistentes. A PRA pode dar valores quantitativos para o risco de eventos acontecerem facilitando uma classificação de possíveis falhas.[6]

A gestão de riscos intangíveis ocupa-se de um novo tipo de risco que tem 100% de probabilidade de ocorrência, mas é frequentemente ignorado pela maioria das organizações em função da falta de capacidade dessas organizações para identificá-los. Por exemplo, quando alguém na organização tenta resolver uma situação qualquer sem estar preparado para fazê-lo, o risco do desconhecimento se materializa; aparece o risco de relacionamento quando não existem esforços colaborativos entre as pessoas ou setores da organização; podem ocorrer riscos dos processos de assistência ao paciente quando procedimentos operacionais são usados de maneira não padronizada. Esses riscos influem diretamente na produtividade das pessoas que trabalham na organização, diminuindo a relação custo-efetividade, lucratividade, qualidade do serviço, reputação, o valor da marca e receita. A gestão de riscos intangíveis permite a criação de valor imediato pela ação gerencial para a identificação e redução desses riscos que diminuem a produtividade.

É sempre difícil ter recursos disponíveis para a gestão de risco, e devem-se considerar os custos de oportunidade. Recursos investidos em gestão de risco poderiam o ser em atividades mais lucrativas; espera-se que esta gestão minimize os custos e os efeitos negativos do risco. Na maioria das vezes, os métodos de gestão de risco devem conter os elementos listados a seguir e executados na seguinte ordem:

1. Identificar, caracterizar e avaliar ameaças;
2. Dedicar grande empenho na seleção e aprimoramento dos profissionais que atuam na organização;
3. Avaliar a vulnerabilidade de alvos críticos sob ameaças específicas;

[6] *Risk Management Tools*, apresentação feita no Langley Research Center, em 2 de maio de 2000, por Michael A.Greenfield (*Deputy Associate Administrator Office of Safety and Mission Assurance*, Nasa). Disponível em: <http://fmea-fmeca.com/nasa-risk-management.pdf>. Acesso em: 8 nov. 2012.

4. Determinar as consequências esperadas de possíveis ataques a determinados alvos;
5. Identificar formas de reduzir esses riscos;
6. Priorizar medidas de redução de riscos baseadas na estratégia da organização.

Um bom processo de gestão de risco deve:[7]

- criar valor;
- ser parte de um processo organizacional;
- ser parte do processo de decisão;
- focar explicitamente as incertezas e pressuposições;
- ser sistemático e estruturado como parte de um modelo de gestão;
- estar baseado em informações com a melhor qualidade possível;
- ser adaptável às circunstâncias;
- considerar os fatores humanos implícitos nos riscos;
- ser transparente e inclusivo;
- ser dinâmico, interativo e sensível a mudanças;
- contemplar a melhoria contínua.

Para isso, é importante, entre outras medidas, que a organização hospitalar mantenha uma revisão concorrente do prontuário do paciente, ou seja, durante o período de internação e junto ao posto de enfermagem onde o prontuário permanece durante a internação. Essa revisão deve considerar os seguintes indicadores com relação às informações registradas no prontuário:

- presença do registro;
- identificação do paciente;
- data, hora e sequência dos registros;
- legibilidade;
- acurácia;
- autenticação com nome e número de registro profissional de quem atendeu ao paciente;
- total abrangência da informação registrada.

Em resumo, um programa de gestão de riscos deve cumprir quatro etapas:

- **Identificar** o risco potencial para pessoas, propriedades ou meio ambiente;

[7] Princípios da gestão de riscos segundo Internacional Organization for Standardization (ISO).

- **Avaliar** quais podem ser causas e consequências desse risco; que possibilidade existe de que se perca o controle sobre as causas; como reduzir o risco a níveis tão baixos quanto razoavelmente possível;
- **Controlar** para saber se as causas podem ser eliminadas; quais outros controles podem ser necessários; quão efetivos são os controles;
- **Recuperação** para mitigar danos ou possíveis consequências do risco; quais medidas são necessárias para essa recuperação; e se a disponibilidade de recuperação é suficiente e adequada.

4.1 Conceitos e usos na gestão de risco

Antes de enfocar conceitos, usos e práticas na gestão de risco, é preciso dizer que grande parte do que se segue é muito pouco praticado em hospitais brasileiros. A menção fica por conta da necessidade de conhecer o que se faz em outros países, principalmente nos Estados Unidos, com sucesso em muitos setores da atividade econômica, embora esse país também tenha dificuldades ainda com a administração de seus serviços de saúde.

Alguns hospitais brasileiros declaram que usam algumas das ferramentas que serão apresentadas a seguir, porém o fazem muito mais com o intuito de promoção de imagem, buscando sempre associá-la com modernidade e inovação, como se isso fosse sinônimo de qualidade. Para parecerem sempre estar na vanguarda, são rápidos em propalar envolvimento com tudo que parece novidade, atrelando-se a todo e qualquer modismo, mesmo os mais desprovidos de consistência.

Poucos no Brasil dominam essas metodologias e, portanto, pouco se beneficiam delas na prática. Ainda não faz parte da cultura organizacional prevalente aqui, e tampouco há quadros preparados para usar essas metodologias; isso demanda massa crítica suficiente para criar cultura de uso dessas ferramentas regularmente a fim de que se possa dominá-las. A seguir são apresentadas algumas considerações sobre práticas, conceitos e usos da gestão de risco.

4.1.1 NR 32[8] – Segurança e Saúde no Trabalho em Serviços de Saúde

Tem por finalidade estabelecer as diretrizes básicas para a implementação de medidas de proteção à segurança e à saúde dos trabalhadores dos serviços de saúde, bem como daqueles que exercem atividades de promoção e assistência à saúde em geral. Considera expostas a riscos as pessoas que trabalham na área de saúde:

[8] Norma Regulamentadora do Ministério do Trabalho do Brasil, de 16 de novembro de 2005.

1. Biológicos.

   Classificados em:

   - Classe de risco 1: baixo risco individual para o trabalhador e para a coletividade, com baixa probabilidade de causar doença ao ser humano.
   - Classe de risco 2: risco individual moderado para o trabalhador e com baixa probabilidade de disseminação para a coletividade. Podem causar doenças ao ser humano, para as quais existem meios eficazes de profilaxia ou tratamento.
   - Classe de risco 3: risco individual elevado para o trabalhador e com probabilidade de disseminação para a coletividade. Podem causar doenças e infecções graves ao ser humano, para as quais nem sempre existem meios eficazes de profilaxia ou tratamento.
   - Classe de risco 4: risco individual elevado para o trabalhador e com probabilidade elevada de disseminação para a coletividade. Apresenta grande poder de transmissibilidade de um indivíduo a outro. Podem causar doenças graves ao ser humano, para as quais não existem meios eficazes de profilaxia ou tratamento.

2. Químicos.

3. Profissionais que se expõem às radiações ionizantes.

   - Pressupõe-se que cabe ao empregador, para evitar esses riscos, capacitar, inicialmente e de forma continuada, as pessoas que trabalham nas organizações de saúde, nos seguintes tópicos:
   - Acondicionamento e transporte dos resíduos;
   - Definições, classificação e potencial de risco dos resíduos;
   - Sistema de gerenciamento adotado internamente no estabelecimento;
   - Formas de reduzir a geração de resíduos;
   - Conhecimento das responsabilidades e de tarefas;
   - Reconhecimento dos símbolos de identificação das classes de resíduos;
   - Conhecimento sobre a utilização dos veículos de coleta;
   - Orientações quanto ao uso de Equipamentos de Proteção Individual (EPI).

Define também: condições de conforto por ocasião das refeições e para o trabalho nas lavanderias; formas de proceder a limpeza e conservação das instalações; condições de segurança para ações de manutenção de máquinas e equipamentos; e que os serviços de saúde devem:

- atender às condições de conforto relativas aos níveis de ruído previstas na NB 95 da ABNT;
- atender às condições de iluminação conforme NB 57 da ABNT;

- atender às condições de conforto térmico previstas na RDC 50/02 da Anvisa;
- manter os ambientes de trabalho em condições de limpeza e conservação.

Há, na Norma, um anexo específico que visa estabelecer diretrizes para a elaboração e implementação de um plano de prevenção de riscos de acidentes com materiais perfurocortantes com probabilidade de exposição a agentes biológicos, visando a proteção, segurança e saúde dos trabalhadores dos serviços de saúde, bem como daqueles que exercem atividades de promoção e assistência à saúde em geral. Para tanto, o empregador deverá constituir uma comissão gestora multidisciplinar que tenha como objetivo reduzir os riscos de acidentes com materiais perfurocortantes, com probabilidade de exposição a agentes biológicos, por meio da elaboração, implementação e atualização do plano. A comissão deve:

- proceder á análise dos acidentes de trabalho ocorridos e das situações de risco com materiais perfurocortantes;
- estabelecer prioridades de ação para evitá-los;
- implantar medidas de controle para a prevenção desses acidentes;
- selecionar para aquisição materiais perfurocortantes que tenham dispositivos de segurança;
- estabelecer programas de capacitação da força de trabalho para evitar acidentes;
- monitorar e acompanhar a implementação e desenvolvimento do plano.

Quadro 4.1 Categorias de riscos potenciais em hospitais.[9]

Categoria de risco	Definição	Exemplos encontrados no ambiente hospitalar
Biológico	Agentes infecciosos ou biológicos, tais como bactérias, vírus, fungos ou parasitas, que podem ser transmitidos por contato com pacientes infectados ou com secreções contaminadas.	HIV, enterococos resistentes à vancomicina (VRE), *estafilococos aureus* resistentes à meticilina (MRSA), vírus da hepatite B e C, tuberculose.
Químico	Várias formas de produtos potencialmente tóxicos ou irritantes para o corpo, incluindo medicação, soluções e gases.	Óxido de etileno, formaldeído, glutaraldeído, resíduo de gases anestésicos, drogas perigosas como os agentes citotóxicos, pentamidina ribavirina.
Psicológico	Situações e fatores associados com o ambiente de trabalho que criam ou aumentam estresse, pressão emocional ou outros problemas interpessoais.	Estresse, violência no ambiente de trabalho, turnos de trabalho, insuficiência de pessoal, carga pesada de trabalho, aumento da gravidade dos pacientes atendidos.
Físico	Agentes no ambiente de trabalho que podem causar traumatismos.	Radiação, lasers, barulho, eletricidade, temperaturas extremas, violência no ambiente de trabalho.

continua

[9] Disponível em: <http://www.osha.gov/SLTC/healthcarefacilities/otherhazards.html>. Acesso em: 8 nov. 2012.

continuação

Categoria de risco	Definição	Exemplos encontrados no ambiente hospitalar
Ambiental, mecânico ou biomecânico	Fatores encontrados no ambiente de trabalho que causam ou potencializam acidentes, traumatismos, pressões ou desconforto.	Risco de queda, equipamentos largados, qualidade do ar, pisos escorregadios, espaços confinados, áreas de trabalho ou passagens obstruídas, excesso de força física, posturas incômodas, vibrações, extremos de temperatura, movimentos repetitivos e prolongados, levantar peso ou mobilizar pacientes.

4.1.2 Padrões OSHA[10] (Occupational Safety and Health Administration)

Trata-se de padrões desenvolvidos pela agência do Ministério do Trabalho dos Estados Unidos que trata dos assuntos ligados à segurança dos trabalhadores naquele país. Guardadas as devidas diferenças, seria equivalente a NR 32. De modo geral, os demais países ocidentais têm uma tendência a seguir os desenvolvimentos promovidos por essa agência; de certa forma ela atua como vanguarda na área.

A OSHA sugere que um plano de segurança para as pessoas que trabalham em organizações de saúde deve contemplar, pelo menos, os seguintes passos:

- definir padrões de risco ao qual a força de trabalho possa estar exposta (patógenos transmitidos pelo sangue e fluidos; radiações ionizantes; instalações elétricas; saídas de emergência, planos de ação emergencial e de primeiros socorros; incêndios; uso de EPIs; ergonômicos; violência no ambiente de trabalho; gripe e tuberculose; químicos; preparo para situações de calamidades e desastres; e outros como gases comprimidos, alergia ao látex e raios laser);
- pesquisar o ambiente de trabalho em busca de novos possíveis riscos;
- buscar informação sobre cada um dos setores da organização de saúde e seus riscos;
- desenvolver amplo plano de segurança e saúde ocupacional;
- treinar a força de trabalho em questões de segurança;
- registrar, relatar e disseminar informações sobre acidentes e doenças do trabalho.

4.1.3 Eventos sentinela

Um aspecto importante da gestão de risco envolve a apuração e correção de possíveis causas de eventos sentinela. Eventos sentinela são ocorrências inesperadas e indesejáveis que podem envolver morte do paciente, ou sério dano físico ou psicológico,

[10] Disponível em: <http://www.osha.gov>. Acesso em: 8 nov. 2012.

ou risco potencial de isso acontecer. São ocorrências graves e indesejáveis que podem resultar em comprometimento do atendimento ao paciente internado ou ambulatorial ou aos seus acompanhantes, com ou sem sequelas. Programas de avaliação de qualidade em hospitais devem acompanhar a ocorrência desses eventos. O CQH exige relato de ocorrências desse tipo nos hospitais que tem o selo de conformidade.

Ainda que de definição imprecisa, são eventos que, por sua natureza, podem comprometer também os bens tangíveis e intangíveis do hospital e, por essa razão, é importante que se faça, logo após o ocorrido, um relato com descrição em detalhes do fato e providências adotadas para evitar a repetição.

Esse relatório deve-se transformar em uma boa oportunidade para o hospital fazer uma profunda revisão dos processos envolvidos no acontecido, com calma, após as emoções desencadeadas pelo evento terem serenado, porém não se deve esperar muito tempo entre o ocorrido e as providências. É fundamental que essa revisão não se caracterize como uma "caça às bruxas", mas como uma ação gerencial amadurecida, equilibrada e consciente. Se "a caça às bruxas" for considerada necessária, deverá ser feita em outro contexto, porém, nunca é demais lembrar que os erros devem ser utilizados para a organização refletir sobre seus processos e encontrar maneiras de evitá-los.

Esses relatórios devem considerar:[11]

- o que relatar?
- como classificar os eventos?
- como minimizar os custos embutidos na confecção e resultados desses relatórios?
- como realizar análise dos achados e mitigar seus efeitos?
- como avaliar os efeitos positivos (ou negativos) desses relatórios?
- quem deve assumir a responsabilidade por mitigar os efeitos dos eventos?

Geralmente, erros acontecem principalmente por causa de processos mal desenhados, mal executados por pouco ou inadequado treinamento, mais do que por falha humana propriamente dita; quando este é o caso, a pessoa que comete o erro, possivelmente, estava despreparada para executar a tarefa ou havia algum problema para a execução do processo.

A organização precisa aprender com os erros, e uma política de tolerância zero com erros impede esse aprendizado. É preciso muita maturidade para uma organização conseguir conviver com a possibilidade de erro; como são, às vezes, inevitáveis, em certa medida, é necessário saber lidar com eles. Muito pior é a organização (ou os membros dela) procurar esconder seus erros adotando uma postura de avestruz, que opta por não enxergá-los, como se, em assim procedendo, eles não acontecessem.

[11] PRONOVOST, P. J. et al. Improving the value of patient safety reporting systems. In: HENRIKSEN, K. Battles, J. B., KEYES, M. A. et al editors. *Advances in patient safety: new directions and alternative approaches* (vol. 1 Assessment) Rockville (MD), Agency for Healthcare Research and Quality; 2008, Aug.

Para facilitar a compreensão, em seguida são apresentados alguns exemplos de possíveis eventos sentinela:

- Criança retirada do hospital sem autorização dos pais (por exemplo, roubo de criança em maternidade ou na pediatria);
- Parto em instalações sanitárias ou outras dependências inapropriadas com parturiente em atendimento no hospital;
- Óbito evitável ocorrido dentro do hospital no transcurso de atendimento ambulatorial ou em regime de internação;
- Cirurgia realizada em membro ou parte do corpo errada ou indevida;
- Queda de leito ou de mesa cirúrgica com comprometimento grave para o paciente;
- Quebra na segurança do hospital que permita ataques à integridade física de paciente, acompanhante ou pessoas que ali trabalham;
- Surtos incontrolados de infecção hospitalar com comprometimento grave aos pacientes internados;
- Encaminhamento indevido com repercussão para a segurança do paciente;
- Objetos esquecidos em cavidades após cirurgia;
- Suicídio cometido dentro das instalações da organização por paciente, acompanhante ou pessoa que nela trabalhe;
- Grave quebra da ética profissional;
- Outros de igual gravidade ou natureza similar.

Os exemplos apresentados não esgotam a lista de possíveis eventos sentinela. A característica primordial desses eventos, além dos possíveis danos causados às pessoas, é que podem comprometer a imagem, a sustentabilidade ou a credibilidade do hospital. Tais eventos são chamados sentinela porque sinalizam a necessidade de imediata investigação e resposta. É importante notar que sentinela e erro não são sinônimos, uma vez que nem todo evento sentinela se deve a um erro, assim como nem todos os erros levam a um evento sentinela. É conveniente que os hospitais definam uma política básica com relação aos eventos sentinela. Esta deve ter pelo menos três objetivos:[12]

- *To have a positive impact in improving patient care, treatment, and service*: impacto na melhoria da assistência ao paciente e na prevenção dos eventos sentinela;
- *To focus the attention of a hospital that has experienced a sentinel event on*: a atenção do hospital que tenha experimentado um evento sentinela para compreender os fatores que para ele contribuíram, suas causas subjacentes, condições latentes e possíveis falhas nos processos de assistência ou na cultura organizacional.

[12] Disponível em: <http://www.searchremagnified.com/?dn=jointcomission.org&pid=9PO6B1W9X>. Acesso em: 8 nov. 2012.

- *To increase the general knowledge about sentinel events, their contributing factors*: aumentar o conhecimento geral sobre eventos sentinela, seus fatores contribuintes e estratégias de prevenção.

4.1.4 *Near miss* (quase perda, quase acidente)

Trata-se de um evento não planejado, que não resulta em dano, erro ou comprometimento, mas que tinha potencial para fazê-lo e, de fato, esteve muito perto de acontecer.

O evento adverso só não ocorreu pela feliz quebra na cadeia de sucedidos que parecia conduzir ao erro; porém, o desenlace negativo dessa cadeia esteve muito perto de se concretizar. Trata-se de um "quase evento sentinela"; outras denominações podem ser "quase colisão" (no caso de veículos) ou "chegou perto" de acontecer, "falha por pouco" ou "faltou pouco para o erro". Como a organização foi salva de ter um acidente por sorte, por alguma proteção qualquer ou por seus próprios esforços, ela não deve deitar-se eternamente em berço esplendido, mas ficar atenta porque, se nada for feito, da próxima vez o evento adverso pode acontecer.

O *near miss* deve ser considerado como um aviso de que algo pode não estar bem na organização. Daí a razão para registrar e analisar detalhadamente todos os processos envolvidos no *near miss* como forma de prevenir a ocorrência do evento indesejável e para que não passe disso, ou seja, apenas uma ameaça não concretizada.

Esse conceito foi originalmente desenvolvido pela aeronáutica para descrever incidentes de aproximação indevida de aeronaves nas operações de controle de tráfego aéreo. Na saúde, Stones introduziu o conceito para estudar a morbidade materna em situações em que mulheres que apresentam complicações potencialmente letais durante a gravidez, parto ou puerpério somente sobreviveram em virtude do acaso ou do cuidado hospitalar. O estudo do *near miss* materno pode ser utilizado também para auditar a qualidade do cuidado obstétrico hospitalar.[13]

Como se viu, muitas das atividades de gestão de risco referem-se à reações ao acontecido. Muitas organizações só atuam após o evento, ou seja, "depois que a porteira foi arrombada". Incidentes *near miss* frequentemente precedem perdas com eventos adversos e, inexplicavelmente, são muitas vezes ignorados; como nada de grave aconteceu, nada se faz para corrigir.

As pessoas que trabalham na organização não são estimuladas a relatar esses incidentes e, por causa disso, não se evitam muitos acidentes. Organizações que arvoram ter "erro zero" não estimulam as pessoas a que reconheçam seus erros com transparência, permitindo que sejam corrigidos. É muito difícil admitir isso em hospitais, mas as pessoas que trabalham nessas organizações devem saber que têm o direito de errar, corrigir o erro e não repeti-lo; se assim não for, a tendência será sempre em esconder

[13] SOUZA, J. P. et al. Revisão sistemática sobre morbidade materna *near miss*. *Cadernos de Saúde Pública*, Rio de Janeiro, v. 22, n. 2, fev. 2006.

o erro; não há nada, possivelmente, mais deletério em um ambiente hospitalar do que a cultura do "se errou, esconda".

Diz-se que reconhecer um problema é o primeiro passo para resolvê-lo. A história tem consistentemente demonstrado que acidentes foram precedidos por avisos ou quase acidentes muito tempo antes que finalmente acontecessem.São apresentadas a seguir algumas vantagens de ter um programa de registro e análise de *near miss*:[14]

- Em termos de perdas de vidas humanas ou dano à propriedade, as *near miss* são ferramentas de aprendizado baratas,com custo quasezero, em comparação com outras medidas para promover segurança.
- Um sistema ideal de registro de *near miss* deve incluir:
  - registro obrigatório para incidentes com alto grau de perda potencial; e
  - registro voluntário, não punitivo, feito por testemunhas. Na cultura latina esta ação é frequentemente evitada para não causar constrangimentos a pessoas que trabalham juntas.
- Ponto a ser destacado nos relatórios de *near miss* é o da "lição aprendida". Relatórios de *near miss* devem descrever o que foi observadodesde o começo do evento e que fatores preveniram a perda pelo ocorrido.
- Eventos considerados *near miss* devem ser submetidos a uma análise de causa raiz para identificar o defeito no sistema que resultou erro e fatores que podem ou amplificar ou minimizar os resultados.
- Para prevenir um *near miss* de acontecer novamente, a organização deve instituir treinamento da equipe, dar retorno aos que estiveram envolvidos no acontecido e demonstrar comprometimento em coletar e analisar dados em um processo de melhoria contínua.
- *Near misses* geralmente são eventos que ocorrem em pequena escala, relativamente simples de analisar e resolver. Logo, estar atento a eles não só provê meios baratos para aprender, mas também desencadeia preocupações similares com segurança:
  - capturar dados suficientes para análise estatística e estudos de tendências;
  - permite grande participação da força de trabalho, elemento básico para o sucesso de um programa de segurança. Isto implica mudanças de comportamento, compartilhamento de responsabilidades, prontidão e incentivos.
  - um dos problemas no ambiente de trabalho que o registro de incidentes procura resolver diretamente é tentar criar uma cultura transparente e aberta em que todos compartilhem e contribuam de maneira responsável. Um registro de *near miss* mostra que há melhora no relacionamento entre as pessoas no ambiente de trabalho, no trabalho em equipe e cria um ambiente mais seguro.

[14] Disponível em: <http://en.wikipedia.org/wiki/Near_miss(safety)>. Acesso em: 8 nov. 2012.

4.1.5 Número que define a prioridade do risco (*Risk Priority Number* – RPN)

Como já foi visto, risco é o resultado da combinação da severidade do dano potencial que um evento possa causar com a probabilidade de esse evento acontecer (esta é também a definição de risco usada na norma ISO 14971:2007).

A gestão de risco deve identificar a possibilidade de eventos indesejáveis acontecerem e acompanhá-los, seguindo uma cadeia de ocorrências identificadas como possíveis criadoras de situação perigosa. Essa situação perigosa pode resultar em dano a pessoas, a propriedades ou ao meio ambiente. Esse dano tem certo grau de severidade previsível e probabilidade de ocorrência; a combinação dessas duas variáveis define o risco conforme pode ser visto na tabela a seguir.

Quadro 4.2 Tabela de Risco.[15]

PROBABILIDADE	Severidade				
	Negligenciável	**Menor**	**Séria**	**Crítica**	**Catastrófica**
Frequente	R3	R3	R3	R3	R3
Provável	R3	R3	R3	R3	R3
Ocasional	R2	R2	R3	R3	R3
Remota	R1	R2	R2	R3	R3
Improvável	R1	R1	R2	R2	R2

R3: Risco inaceitável;

R2: Necessário investigar novas formas de reduzir o risco;

R1: Risco insignificante.

A tabela de risco apresentada contém cinco níveis de severidade e cincode probabilidade para três níveis de aceitação de risco. É, na verdade, um mapa 5.5>3. Notar que essa tabela dá origem a 25 células e são usados apenas três valores de aceitação de risco porque alguns valores aparecem em mais de uma célula. Um mapa de severidade de risco pode ter mais do que 5 por 5 células, dependendo das características da organização, por exemplo: sete níveis de severidade, cinco de probabilidade,

[15] Reproduzido de: <http://www.ombuenterprises.com>. Acesso em: 8 nov. 2012.

mapeando apenas com dois níveis de aceitação (aceitável ou não aceitável). Neste caso, seria um mapa 7.5- >2.

A ferramenta *FailureModes, Effects, and Criticality Analysis* (FMECA), ou análise de tipo, efeito e grau de criticidade da falha, frequentemente é usada em gestão de risco nos países desenvolvidos e incorpora as noções de probabilidade e severidade, que é uma variante da FMEA do item 4.1.7 deste capítulo. Essa ferramenta é aplicável na análise de uma única falha ou de várias e permite calcular o número que define a prioridade do risco ou RPN. Para calcular esse número, deve-se considerar um valor de severidade, probabilidade e a capacidade de detectá-lo (*detectability*) em cada falha. Essa abordagem usa a seguinte escala qualitativa para listar as variáveis:

- O valor S para severidade é um dígito entre 1 e 10, em que o mais severo é 10;
- O valor P, para probabilidade, é um dígito entre 1 e 10, em que a probabilidade maior é 10;
- O valor para a capacidade de detectar uma falha D é um dígito entre 1 e 10, em que a maior dificuldade de detecção é 10.

O RPN é o produto desses três valores; por exemplo: se S = 5, P = 3 e D = 6, o RPN será 90 = (5)(3)(6).

O RPN não é uma medida do risco, mas de prioridade, entre vários outros. Orienta a aplicar os recursos nas falhas que têm mais probabilidade de acontecer; quanto maior o número, maior a prioridade. Deve-se trabalhar em uma prioridade de 900 antes de uma de 30. É importante saber que só existem 120 valores possíveis para RPN. É interessante também notar, mas não fácil de entender, que alguns números não podem ser RPN. Por exemplo, o número 17 não pode ser um RPN por ser um número primário maior do que 10; nenhuma multiplicação de três números, entre um e dez, uns pelos outros, dará 17. Por outro lado, muitos números podem acontecer de várias formas. Por exemplo: 60, 72 ou 120 podem acontecer de 24 maneiras diferentes, como pode ser visto nos exemplos de (S), (P) e (D), valendo respectivamente: (2)(6)(10) = (8)(5)(3). No primeiro caso, a severidade está na parte baixa da escala, isto é, dois, enquanto no segundo, está próximo do topo, isto é, oito. Também deve-se notar que há longas sequências de números que não podem ser RPN; por exemplo: de 901 até 999.[16]

4.1.6 Análise de causa raiz

Para avaliação ou prevenção dos eventos sentinela vistos no item 3, deve-se desencadear na organização, entre outras possíveis providências, uma análise de causa raiz (ACR) que envolva os seguintes aspectos:[17]

[16] Disponível em: <http://www.ombuenterprises.com>. Acesso em: 8 nov. 2012.

[17] *Root Cause Analysis* (RCA, para os autores de língua inglesa, ou ACR, na abreviatura portuguesa).

- Descrição detalhada do que aconteceu.
- Por que aconteceu? Os procedimentos aconteceram conforme o padrão definido?
- Quais fatores estavam relacionados ao evento?
  - Que procedimentos estavam envolvidos no evento?
  - Que fatores humanos contribuíram para o desfecho?
  - Que fatores tecnológicos contribuíram para o desfecho?
  - Que fatores afetaram diretamente o desfecho?
- Se o evento foi atribuído a fatores externos incontroláveis, estes estavam realmente fora do controle da organização?
- Quanto da informação relevante estava disponível quando necessária? Estava completa? Era ambígua?
- Quão adequada é a comunicação entre os agentes que participaram do procedimento?

A análise de causa raiz deve aprofundar a revisão dos prontuários e ser feita mesmo fora da vigência de um evento sentinela. Procura-se (além do já visto):

- legibilidade de toda informação registrada nos prontuários;
- uso apropriado de abreviaturas conhecidas por todos;
- adequação da documentação inicial de admissão do paciente;
- adequação das informações quanto a restrições ao paciente.

A análise de causa raiz é um método de solução de problemas cuja finalidade é identificar as causas principais de um evento com resultado indesejável. Trata-se de uma abordagem estruturada para identificar comportamentos, ações (ou a falta delas) ou outras condições que devam ser modificadas para prevenir a ocorrência de resultados igualmente prejudiciais para pacientes, acompanhantes ou funcionários do hospital. Ou seja, trata-se de aprender as lições necessárias para chegar às melhores consequências. Identificar a natureza, magnitude, local e momento em que aconteceram os eventos indesejáveis para poder atuar sobre esses fatores.

ARC baseia-se na crença de que se tem maior probabilidade de resolver problemas atuando na identificação, correção ou eliminação das causas primárias de um problema, em vez de atacar as manifestações evidentes dele (seus sintomas). Dirigindo as medidas corretivas para as causas do problema, é maior a possibilidade de evitar novas ocorrências. Contudo, nem sempre uma única medida será suficiente para prevenir completamente uma nova ocorrência. De fato, haverá casos de ACR em que mais de uma causa poderá ser identificada, requerendo mais de uma ação corretiva, não deixando de ser, portanto, uma ferramenta de melhoria contínua com interatividade dos agentes.

ACR é uma metodologia retrospectiva de análise de problemas que atua após a ocorrência do evento. Não se trata de uma metodologia completa e definida, pelo contrário, ela engloba diferentes ferramentas, processos e filosofias de trabalho que não lhe permitem identificar-se com uma única escola de pensamento administrativo. Várias abordagens podem ser acopladas a ACR, e no caso de gestão de risco, isso se dá por meio da teoria de sistemas naquilo que alguns autores chamam de ACR baseada em sistemas. Apesar das diferentes abordagens, contudo, alguns princípios comuns podem ser identificados:[18]

- O objetivo principal da ACR é identificar os fatores que determinam resultados adversos para um ou mais eventos passados. Como consequência, a análise terá sucesso se prevenir a recorrência de resultados negativos;
- Para ser efetiva, a ACR deve ser realizada de maneira sistemática como esforço de uma equipe multiprofissional apoiada em investigação minuciosa e evidências documentadas;
- No caso de haver mais de uma causa, a dificuldade estará em identificar quando e onde elas estão ocorrendo;
- A solução mais simples e de mais baixo custo será sempre a preferida, se houver alternativas igualmente efetivas para resolver um problema e prevenir sua recorrência;
- Identificar causas raiz depende muito de como os problemas ou eventos são definidos. Definições claras de problemas e descrições precisas dos eventos ajudam na sua identificação. Muitas vezes as pessoas sabem que existe um problema, mas não sabem identificá-lo claramente; logo, a sequência de eventos a partir daí estará prejudicada;
- Não se deve "queimar etapas" na definição de um problema, procurando ansiosamente a solução antes de compreendê-lo claramente em todas suas nuanças. Para ser efetiva, uma ACR deve estabelecer claramente uma sequência de eventos ao longo do tempo para compreender as relações entre fatores contributivos, as causas raiz e o problema ou evento a ser prevenido no futuro;
- A ACR pode ajudar a transformar uma cultura reativa em uma voltada para o futuro que procura resolver problemas antes de eles ocorrerem ou ganharem vulto. Mais importante, deve reduzir a frequência de ocorrências ao longo do tempo em que esse processo de resolução de problemas está estabelecido;
- Uma política não punitiva pode ser necessária para evitar possíveis reações às ameaças da ACR sentidas por algumas culturas organizacionais não suficientemente amadurecidas.

O que pode ou deve ser feito para detectar, gerenciar e prevenir riscos de maneira mais efetiva? A abordagem reativa tradicional parece, em alguns casos, já estar obsoleta.O desafio do ambiente de risco em que se encontram as organizações, atualmente, demanda colaboração padronizada, políticas organizacionais, processos e procedimentos bem definidos. A existência de um grande sistema gerencial para

[18] *Root Cause Analysis*. Disponível em: <http://en.wikipedia.org/wiki/Root_cause_analysis>. Acesso em: 8 nov. 2012.

incidentes críticos deve apoiar iniciativas visando a gestão pró-ativa dos riscos. Tendências e padrões começam a aparecer quando se instalam amplos sistemas traçadores, que consistentemente fazem a varredura da organização, mantendo-a sempre adiante das exigências legais e regulatórias em geral. Assim se um incidente ocorre, pode ser registrado e rastreado de maneira que mostre que diligências serão necessárias, facilitando a ação em um ambiente cada vez mais complexo.

4.1.7 FMEA

Historicamente, o setor de saúde faz análise de causa raiz após a ocorrência de um evento sentinela ou quando outros erros acontecem. Cada vez tem ficado mais clara a importância de analisar as informações prospectivamente para prevenir a ocorrência de erros, como visto nos itens 4.1.4 e 4.1.5 deste capítulo, e não apenas estar preparado para repará-las. Examinar todos os processos fins e de apoio para abarcar nessa análise aspectos específicos ligados a possíveis ocorrências indesejáveis. Isso requer disciplina, rigor na aplicação de normas e metodologia específica.

Failure Mode and Effects Analysis (FMEA), análise de tipo e efeito da falha, em tradução livre para o português, é uma abordagem não reativa e seria uma ferramenta usada na gestão de risco que visa prevenir uma falha potencial antes que qualquer dano possa ser feito ao paciente ou à imagem do hospital, permitindo que se redesenhe o processo para eliminar a possibilidade de falha.

Trata-se, portanto, de uma ferramenta pró-ativa que procura evitar eventos adversos com potencial de causar dano a pacientes, familiares ou outras pessoas que transitam no local de atendimento; dessa forma, contribui mais do que uma abordagem reativa. Esta é a diferença entre FMEA e análise de causa raiz, que estuda as possíveis falhas causadoras de um evento que já aconteceu.

A FMEA foi usada pela primeira vez pelo exército norte-americano em 1949, mas sua aplicação na administração em saúde só ocorreu no começo da década de 1990, ao mesmo tempo em que a metodologia seis sigma começava a ser utilizada como um processo viável no setor. Porém, deve-se salientar que seu uso na área de serviços em geral e na de saúde, especificamente, ainda é muito pequeno; é mais comum na indústria de transformação. Por exemplo, a Norma QS 9000[19] especifica a FMEA como um dos documentos necessários para um fornecedor submeter uma peça ou produto à aprovação de uma montadora de automóveis. A agência espacial americana (Nasa) tradicionalmente usa essa ferramenta para prevenir riscos em seus projetos.[20] Para facilitar a compreensão do que seja essa ferramenta, talvez seja interessante apresentar algumas definições possíveis para FMEA:

- Ferramenta preventiva de problemas que identifica pontos fracos no processo e desenvolve planos de ação para evitar sua ocorrência.

[19] Interpretação da Norma ISO 9000 para o setor automobilístico.

[20] Disponível em: <http://fmea-fmeca.com/nasa-risk-management.pdf>. Acesso em: 8 nov. 2012.

- Abordagem estruturada para identificar formas nas quais os processos possam não satisfazer requisitos críticos dos clientes.
- Um método para avaliar o plano de controle em uso visando prevenir a ocorrência de falhas.
- Um método de priorização de ações que devam ser tomadas para melhorar os processos.

São considerados, pelo menos, três tipos de FMEA:

1. De processo: são consideradas as falhas no planejamento e execução do processo, ou seja, o objetivo dessa análise é evitar falhas do processo, tendo como base as não conformidades do serviço com as especificações do projeto.
2. De serviço (ou de produto), na qual são consideradas as falhas que poderão ocorrer com o serviço dentro das especificações do projeto. O objetivo dessa análise é evitar falhas no serviço ou no processo decorrentes do projeto. Também pode ser denominada de FMEA de projeto.
3. De procedimentos, nos quais se analisam as falhas potenciais de cada etapa (procedimentos) do processo com o mesmo objetivo que as análises anteriores, ou seja, diminuir os riscos de falha. É o mais usado na saúde.

A FMEA pode ser utilizada quando um novo processo está sendo desenhado; quando se esteja pretendendo fazer mudanças em um processo já existente; ou usar os mesmos processos em novas aplicações; ao completar um estudo para solucionar problemas e evitar a recorrência.

Ela só pode ser conduzida por equipes, de preferência multiprofissionais, em que cada membro deve ter responsabilidades bem definidas. Só deverá participar da equipe quem conheça muito bem o processo em análise. Essas equipes não devem ser muito grandes, tendo, no máximo, dez participantes, dependendo do tipo de processo que está sendo analisado, do porte da organização e de outras variáveis. Cada equipe deverá ter um coordenador, um relator que registrará todos os procedimentos executados, um controlador dos tempos. Durante a fase de coleta de dados a serem analisados, é conveniente que clientes do processo também participem. A equipe poderá incluir um facilitador com habilidade em conduzir dinâmicas de grupo para facilitar a tomada de decisões. O grupo deverá ter o trabalho orientado por considerações tais como:

- O que significa sucesso nesse processo?
- Quais são os diferentes passos do processo?
- Quais os *inputs* e *outputs*? Como estão relacionados?

As chances de sucesso na aplicação de FMEA são diminuídas se a organização ou o departamento onde o processo ocorre não estiverem dispostos a aceitar mudanças. A aplicação da metodologia pressupõe cuidadoso planejamento, comunicação abundante, participação de todos os envolvidos e, principalmente, garantia de que aqueles que detêm o poder na organização estejam sempre informados de todos os passos do processo para garantir a implementação dos resultados.

A aplicação correta da metodologia deve ter como resultados:[21]

- absorver o conhecimento coletivo da equipe;
- melhorar a qualidade, segurança e sustentabilidade do processo;
- ter processos estruturados de maneira lógica;
- otimização de tempo e custos;
- melhorar os registros dos processos e séries históricas;
- ajudar a identificar os fatores críticos de sucesso;
- aumentar satisfação e segurança para o cliente.

4.1.8 *Compliance*

Outro conceito importante na gestão de risco é o que se conhece como *compliance*. Ultimamente, muitas organizações públicas ou privadas passaram a adotar *compliance* como uma regra fundamental para a transparência de atividades e evitar riscos.

Trata-se de um conjunto de disciplinas estruturadas formalmente para fazer cumprir normas legais e regulamentares, políticas e diretrizes estabelecidas para as atividades, bem como evitar, detectar e tratar qualquer desvio ou não conformidade que possa ocorrer, pondo em risco a reputação, imagem ou credibilidade. De certa forma, essa atividade é uma ampliação da do controler, que se limita mais aos aspectos contábil-financeiros da organização.

O termo *compliance* tem origem no verbo em inglês *to comply*, que significa agir de acordo com uma regra, uma instrução, um comando ou um pedido; na falta de uma palavra em português que traduza com exatidão o sentido do verbo, prefere-se usar o mesmo termo na língua de origem. Originada no mercado financeiro, estendeu-se para as mais diversas organizações privadas e governamentais, especialmente aquelas que estão sujeitas a forte regulamentação e controle. Por meio de atividades de *compliance*, qualquer possível desvio em relação à política interna é identificado e evitado. Assim, sócios, investidores ou outros grupos de interesse em uma organização têm a segurança de que suas aplicações e orientações serão geridas segundo as diretrizes por eles estabelecidas.

Não existe *compliance* se não houver segregação de funções. Por exemplo, quem determina um investimento não pode ser a mesma pessoa a fiscalizá-lo. Quem cria uma norma interna não pode nomear a si próprio como fiscalizador dessa norma. A organização também deverá definir claramente níveis de alçada para autorizações de despesas ou outras que possam ter impacto. As atividades de *compliance*, para terem credibilidade, não devem ter em seus quadros jovens recém-contratados,

---

[21] SMITH, D. L. *FMEA: Preventing a Failure Before Any Harm Is Done*. Disponível em: <http://www.isixsigma.com>. Acesso em: 8 nov. 2012.

recém-formados ou estagiários. Só devem ocupar cargos de *compliance* pessoas com larga experiência, não apenas no negócio em si, masem cargos de liderança em organizações de médio ou grande porte.[22]

4.1.9 Segurança da informação

No manuseio da informação reside outra fonte de possíveis riscos. Estudo feito por uma organização de defesa do consumidor nos Estados Unidos[23] demonstra que aproximadamente 220 milhões de prontuários eletrônicos foram acessados indevidamente nos últimos anos. Esse mesmo estudo mostra que entre 15% e 20% dos pacientes admitem não informar completamente aos seus médicos sobre suas queixas e sintomas por medo de quebra da confidencialidade nos prontuários; por outro lado, quase 85% dos médicos admitem ter mantido informações sobre os pacientes fora dos prontuários pela mesma razão. Uma pesquisa feita com executivos da área de tecnologia da informação de organizações de saúde demonstrou que 74% deles não confiavam totalmente que as pessoas que acessam prontuários manterão a segurança e privacidade dos dados que neles estão registrados (*Health Information Trust Alliance*, março de 2008).

O número de perda e roubo de informação de prontuários dos pacientes tem crescido nos últimos anos causando grande impacto financeiro nas organizações hospitalares e de saúde em geral, que manipulam informações sobre pacientes. A assim chamada "indústria da perda de informações" custou para as organizações aproximadamente 105 bilhões de dólares em 2006, de acordo com o governo norte-americano.

Os riscos de manipulação indevida de dados estão, principalmente, dentro das próprias organizações. Os acessos indevidos feitos por pessoas das próprias organizações custam, nos Estados Unidos, em média, 3,4 milhões de dólares por organização, cada ano, de acordo com o Instituto Ponemon. O Grupo Gartner de analistas do setor estima que o custo de recuperar a informação roubada ou perdida naquele país é de 150 dólares por prontuário acessado indevidamente; quantia que não inclui o custo de recuperar a lealdade do cliente, reconstruir o valor da marca, possíveis multas, nem os honorários advocatícios para defesa legal. As melhores práticas para prevenir essas perdas incluem:[24]

- entender quais dados clínicos ou gerenciais são mais importantes para os pacientes, médicos, operadoras ou para a mídia;
- saber onde esses dados se encontram;
- entender a natureza e origem dos riscos;

---

[22] *Compliance.* Disponível em: <http://pt.wikipedia.org/wiki/Compliance>. Acesso em: 9 nov. 2012.

[23] Disponível em: <www.privacyrights.org>. Acesso em: 5 mar. 2013.

[24] ASSOCIATION OF AMERICAN PHYSICIANS AND SURGEONS. *White Paper on Information Risk Management for Health Care Organizations*, 2007. Disponível em: <http://www.thespecializt.com/documents/wp_rsa_protectingPHI.pdf>. Acesso em: 9 nov. 2012.

- definir controles apropriados baseados nas políticas implantadas, no risco e onde se encontram os dados;
- fazer a gestão centralizada da segurança;
- auditar constantemente os sistemas de segurança;
- desenvolver estratégia para prevenir as perdas de dados.

4.1.10 GUT

O nome desta matriz de prioridades vem de um acróstico formado das palavras: gravidade (G), urgência (U) e tendência (T).

Essa técnica permite orientar decisões complexas com muitas variáveis a fim de prevenir riscos. Ela permite definir prioridades no processo decisório, respondendo as três perguntas:

1. Qual a gravidade do caso a ser atendido/problema a ser resolvido (e assim por diante)?
2. Qual a urgência do caso a ser atendido ou do problema a ser resolvido?
3. Qual a tendência do caso a ser atendido ou do problema a ser resolvido? Deixado por si só ele terá tendência a desaparecer ou exige intervenção?

Feitas essas perguntas, o passo seguinte será construir uma matriz de decisão com pesos, que são atribuídos a cada uma das variáveis. De maneira simplificada, podem-se obter três níveis de avaliação:[25]

1. sem gravidade;
2. com certa gravidade; e
3. extremamente grave.

Com essas orientações o gestor pode administrar o risco potencial de uma situação, antecipando-se ao problema. Uma derivação dessa ferramenta tem sido muito usada em pronto-socorros ultimamente para definir quais pacientes são atendidos primeiro em contraposição à ordem de chegada. Nesse caso uma pré-triagem é feita assim que o paciente chega ao pronto-socorro, sendo-lhe atribuída uma cor que identifica o mais urgente (vermelho), intermediário (amarelo) e o menos urgente (verde).

4.1.11 Rede de hospitais sentinela da Anvisa

A rede de hospitais sentinela foi criada pela Anvisa para obter informação qualificada de eventos adversos e queixas técnicas de produtos para a saúde. Essas informações integram o Sistema Nacional de Vigilância Sanitária Pós-comercialização, com a

[25] D'INNOCENZO, M. (Org.). *Indicadores, auditorias e certificações:* Ferramentas de qualidade para gestão em saúde. São Paulo: Martinari, 2006.

finalidade de subsidiar a Anvisa nas ações de regulação desses produtos no mercado, a fim de minimizar riscos para a população. Trata-se da gestão de riscos em hospitais alimentando um sistema nacional de informações; mais de uma centena de hospitais em todo o Brasil participam da rede. São componentes do programa hospitais sentinela:[26]

- Farmacovigilância.

  É a atividade que faz a identificação, avaliação, compreensão e prevenção de efeitos adversos ou qualquer problema possível relacionado com fármacos. São preocupações da farmacovigilância: desvio de qualidade como perda de eficácia, presença de corpo estranho e problemas de rotulação, erros de administração de medicamento, uso de fármaco sem indicações não aprovadas ou que não possuem base científica adequada.
- Tecnovigilância.

  É um sistema de vigilância de eventos adversos e queixas técnicas sobre produtos médico-hospitalares na fase de pós-comercialização. Esses produtos são: equipamentos, materiais, artigos médico-hospitalares, implantes e produtos para diagnóstico de uso *invitro.* Compete à tecnovigilância monitorar, analisar e investigar as notificações de queixas técnicas e ocorrência de eventos adversos com suspeita de envolvimento dos produtos identificados.
- Hemovigilância.

  É um conjunto de procedimentos de vigilância que abrange toda a cadeia da transfusão sanguínea, gerando informações sobre eventos adversos resultantes do uso terapêutico de sangue e seus componentes. Essas informações são utilizadas para identificar riscos, melhorar a qualidade dos processos e produtos e aumentar a segurança do paciente, prevenindo a ocorrência ou recorrência desses eventos. Os eventos adversos associados ao uso de sangue e componentes são denominados de reações transfusionais.
- Controle de infecção hospitalar.[27]
- Gerenciamento de resíduos.
- Saúde ocupacional.

4.1.12 Análise em gravata borboleta (*bow-tie analysis*)

Os diagramas chamados em gravata borboleta ou apenas em borboleta são ferramentas simples e efetivas para comunicar os resultados de avaliação de risco às pessoas que trabalham em qualquer local de uma organização.

Eles começaram a ser usados na década de 1970 pela *Shell Oil Company* como parte de seu plano de gestão de riscos. O método tem sido usado, com mais frequência, na indústria petroquímica e de aviação, porém em hospitais existem experiências

[26] Disponível em: <http://www.hse.rj.saude.gov.br/profissional>. Acesso em: 9 nov. 2012.

[27] Veja o Capítulo 6.

prospectivas positivas para procurar evitar erros de medicação,[28] como para prevenir extubação espontânea não planejada em pacientes de terapia intensiva.[29]

Esses diagramas procuram mostrar clara e visualmente os vínculos entre as causas potenciais de um grave acidente e as formas de preveni-los ou mitigar suas consequências. Podem ser usados para mostrar os vários tipos de avaliação de risco, assim como para ajudar no treinamento de pessoas. Dependendo dos níveis requeridos de complexidade, eles também podem estar integrados a técnicas de análise semiquantitativas, como a de níveis de proteção (*Layers of protection analysis* -Lopa).

A análise em gravata borboleta tem esse nome por causa do formato que os gráficos que a representam adotam, na forma de uma gravata borboleta; trata-se da forma como se dispõe em um fluxograma as diferentes variáveis sob análise. Existem disponíveis no mercado sistemas informatizados para realizar essa análise. Os benefícios que ela pode proporcionar são:

- absorver diretamente a experiência das pessoas que trabalham na organização para identificar riscos e incorporar de maneira apropriada controles críticos na gestão da organização;
- permitir o monitoramento de situações de risco, auditando e revisando controles críticos;
- despertar a atenção das pessoas e melhorar a compreensão delas sobre o risco potencial de grandes acidentes e a forma de controlar ou preveni-los;
- permitir demonstrar a existência de ações apropriadas de gestão de risco; e
- contribuir para satisfazer a legislação (a que organizações norte-americanas estão submetidas) sobre gestão de risco.[30]

[28] WIERENGA, P. C. et al. *Application of the bow-tie model in medication safety risk analysis*: consecutive experience in two hospitals in the Netherland. Drug Saf. August 2009; 32(8):663-673.

[29] KERCKHOFFS, M. C. et al. *Improving patient safety in the ICU using the bow-tie prospective risk analysis model.* European Society of Intensive Care Medicine, e-posters viewing. Disponível em: <http://poster-consultation.esicm.org/ModuleConsultationPoster>. Acesso em: 9 nov. 2012.

[30] Disponível em: <http://www.r4risk.com.au/Bow-tie-Analysis.php>. Acesso em: 9 nov. 2012.

5 Ferramentas da qualidade [1, 2]

As, assim chamadas, ferramentas da qualidade são técnicas que se usam para definir, medir, analisar e propor soluções para problemas que podem ser encontrados e interferem no bom desenrolar dos processos de trabalho. Elas têm sido estudadas e aplicadas, principalmente, a partir da década de 1950, com base em conceitos existentes na época em diversas indústrias e cujas práticas persistem até hoje com bons resultados.

5.1 PDCA

Embora não seja considerado pela maioria dos autores como uma das ferramentas da qualidade, o ciclo PDCA,[3] ciclo de Shewhart ou ciclo de Deming, não poderia deixar de ser mencionado na abertura deste capítulo pela sua importância na gestão da qualidade.

Ele foi introduzido no Japão após a Segunda Guerra Mundial,tendo sido idealizado por Walter A. Shewhart, na década de 1920, e divulgado a partir da década de 1950 por W. E. Deming, quem, efetivamente, o aplicou. Em homenagem ao seu divulgador,

---

1 SEBRAE. Manual de Ferramentas da Qualidade.Disponível em: <www.sebraesp.com.br>. Acesso em: 12 nov. 2012.

2 Ferramentas da qualidade. Disponível em: <http://pt.wikipedia.org/wiki/Sete_ferramentas_da_qualidade>. Acesso em: 12 nov. 2012.

3 Veja também o Capítulo 7.

ele é frequentemente referido como ciclo de Deming, tendo por princípio tornar mais claros e ágeis os processos envolvidos na execução da gestão.

Esta ferramenta é de fundamental importância para a análise e melhoria dos processos organizacionais e para a eficácia do trabalho em equipe. O Ciclo PDCA (em inglês *Plan, Do, Check, Action*) é uma ferramenta gerencial de tomada de decisões para garantir o alcance das metas necessárias à sobrevivência de uma organização. É aplicado principalmente nas normas de sistemas de gestão e pode ser utilizado em qualquer organização (também nas da saúde), para contribuir para o seu sucesso, independentemente da área ou departamento (enfermagem, centro cirúrgico, UTI ou outra). O PDCA pode ser usado na realização de toda e qualquer atividade da organização, sendo ideal que todos os seus membros saibam utilizá-la. Como ferramenta de análise e melhoria de processos, aconselha-se seguir os seguintes passos para sua utilização:

- separar o processo sob análise dos demais da organização;
- buscar compreendê-lo profundamente (portanto, só participa deste exercício quem conhece muito bem o processo);
- identificar os pontos fracos do processo;
- encontrar formas para ultrapassar esses pontos fracos;
- propor possíveis soluções;
- validar essas soluções na prática;
- avaliar os resultados da validação;
- implementar o processo como rotina.

O ciclo começa pelo planejamento; em seguida, a ação ou conjunto de ações planejadas são executadas; checa-se o que foi feito, se estava de acordo com o planejado; e então toma-se uma ação para eliminar ou ao menos minimizar defeitos na execução do serviço, aprendendo com os erros. Os quatro passos do PDCA são, a seguir, detalhado sem um exemplo de utilização para análise e melhoria de processos:

- Planejar (*Plan*) – definir as metas a serem alcançadas; definir o método para alcançar as metas propostas. Nesta fase do ciclo, busca-se:
  - identificar os insumos a serem utilizados, de onde vêm, as saídas do processo e seus usuários;
  - descrever o processo;
  - buscar medir as características principais do processo;
  - identificar oportunidades de melhoria;
  - identificar as causas raiz do problema.

- Executar (*Do*) – realizar as tarefas exatamente como foi previsto na etapa de planejamento; coletar dados que serão utilizados na próxima etapa de verificação do processo; nesta etapa são essenciais a educação e o treinamento no trabalho.
- Verificar, checar (*Check*) – conferir se o executado está conforme o planejado, ou seja, se a meta foi alcançada, dentro do método definido; identificar os desvios na meta ou no método.
- Agir corretivamente, aprendizado (*Action*) – caso sejam identificados desvios, é necessário definir e implementar soluções que eliminem as suas causas. Caso não sejam identificados desvios, é possível realizar um trabalho preventivo, identificando quais os desvios são passíveis de ocorrer no futuro, suas causas e soluções. Nesta fase, padronizam-se as ações implantadas e faz-se seu monitoramento. Por ser uma fase de aprendizado, alguns autores preferem usar a palavra inglesa *learn* para identificar este momento do ciclo que então se transformaria em PDCL.

Quadro 5.1 Relação das ferramentas da qualidade com o ciclo PDCL.

Fase do ciclo	Ação possível	Ferramenta
P	Diagnosticar	*Brainstorming*; gráficos; 5W's 2H's
	Observar	Pareto
	Analisar	*Brainstorming*; Ishikawa
	Planejar a ação	Fluxograma; *brainstorming*; 5W's 2H's
D	Executiva	Auditoria
C	Checagem	Pareto; gráficos
L	Aprendizagem	Fluxograma; 5W's 2H's

O uso de ferramentas da qualidade tem sido de grande valia para os sistemas de gestão, tratando-se de um conjunto de estatísticas elementares usadas para melhorar produtos, serviços e processos. É necessário saber para que serve cada uma das ferramentas e como utilizá-las para conseguir resultados satisfatórios. Quando devidamente aplicadas, as ferramentas poderão levar a organização a:

- identificar problemas;
- reduzir custos, com produtos e processos mais uniformes;
- executar melhores projetos;
- favorecer a cooperação entre os diversos níveis da organização;
- identificar causas raízes dos problemas e solucioná-las;
- melhorar os níveis de qualidade pela solução eficaz dos problemas.

Neste capítulo, deu-se grande liberdade para definir o conceito de ferramentas da qualidade e, portanto, o leitor encontrará aqui instrumentos nem sempre identificados como ferramentas da qualidade. Entre outras possíveis, consideraram-se (originalmente elas eram apenas sete) as seguintes:

- Fluxograma;
- Gráficos;
- Diagramas de causa e efeito (espinha de peixe ou de Ishikawa e de galhos de árvore);
- *Brainstorming*;
- Diagrama de Pareto;
- Diagrama de dispersão;
- Folha de verificação;
- 4Q1POC;
- Cartas de controle;
- Ferramentas para obtenção de consenso;
- Relatórios de auditoria;
- Análise do fluxo de trabalho;
- Análise dos campos de força;
- Estabelecimento de metas;
- Carta de processo decisório; e
- Desdobramento da função qualidade.

5.2 Fluxograma

O fluxograma tem como finalidade identificar o caminho real e ideal para um serviço ou produto com o objetivo de identificar os possíveis gargalos. É uma ilustração sequencial de todas as etapas de um processo, mostrando como elas se relacionam entre si. Usa símbolos facilmente reconhecidos para identificar as diferentes etapas em um processo.Trata-se da representação gráfica da sequência de atividades de um processo. Além desta sequência, o fluxograma mostra também o que é realizado em cada etapa, os materiais ou serviços que entram e saem do processo, as decisões que devem ser tomadas e as pessoas envolvidas (cadeia cliente/fornecedor). O fluxograma serve para identificar claramente um processo e suas etapas, melhorar a lógica do processo e sua efetividade. Ele torna mais fácil na análise de um processo a identificação:

- das entradas e de seus fornecedores;
- das saídas e de seus clientes;
- de pontos críticos e estrangulamentos do processo.

Frequentemente é usado para:

- entender um processo e identificar oportunidades de melhoria localizando as falhas no processo (situação atual);
- desenhar um novo processo, já incorporando as melhorias (situação desejada);
- facilitar a comunicação entre as pessoas envolvidas no mesmo processo;
- disseminar informações sobre o processo;
- orientar a geração de hipóteses para solução de um problema.

Muitas vezes, a simples discussão de como o processo acontece na prática para montar seu fluxo de atividades já resolve conflitos que a equipe poderia ter na sua execução e não se dava conta. Assim também pela exposição gráfica podem ficar evidentes gargalos, sobreposição e repetição de tarefas, estrangulamentos do processo que emperravam sua melhor realização.

É necessário que só participem da elaboração do fluxo todas as pessoas que conhecem bem o processo. Ele pode ser usado para analisar:

- processos de internação e alta de pacientes;
- processamento de amostras em um laboratório de análises clínicas ou de estudos de raios X em um serviço de imagem;
- fluxo de pacientes em um pronto-socorro ou centro cirúrgico;
- marcação de consultas;
- e muitos outros processos executados na assistência ou na gestão de qualquer hospital.

Vários aplicativos para uso em computador já dispõem de ferramentas para desenho de fluxogramas. A Figura 5.1 mostra alguns dos símbolos mais utilizados na construção de um fluxograma e exemplo de um fluxograma simples para atendimento de pacientes em um serviço de pronto atendimento e um para análise da aquisição, contratação e recebimento de materiais do departamento de materiais do HCFMUSP.[4]

[4] Elaborado pelo Professor Marcelo Marinho Aidar (uso autorizado).

Figura 5.1 Exemplo de fluxograma I.

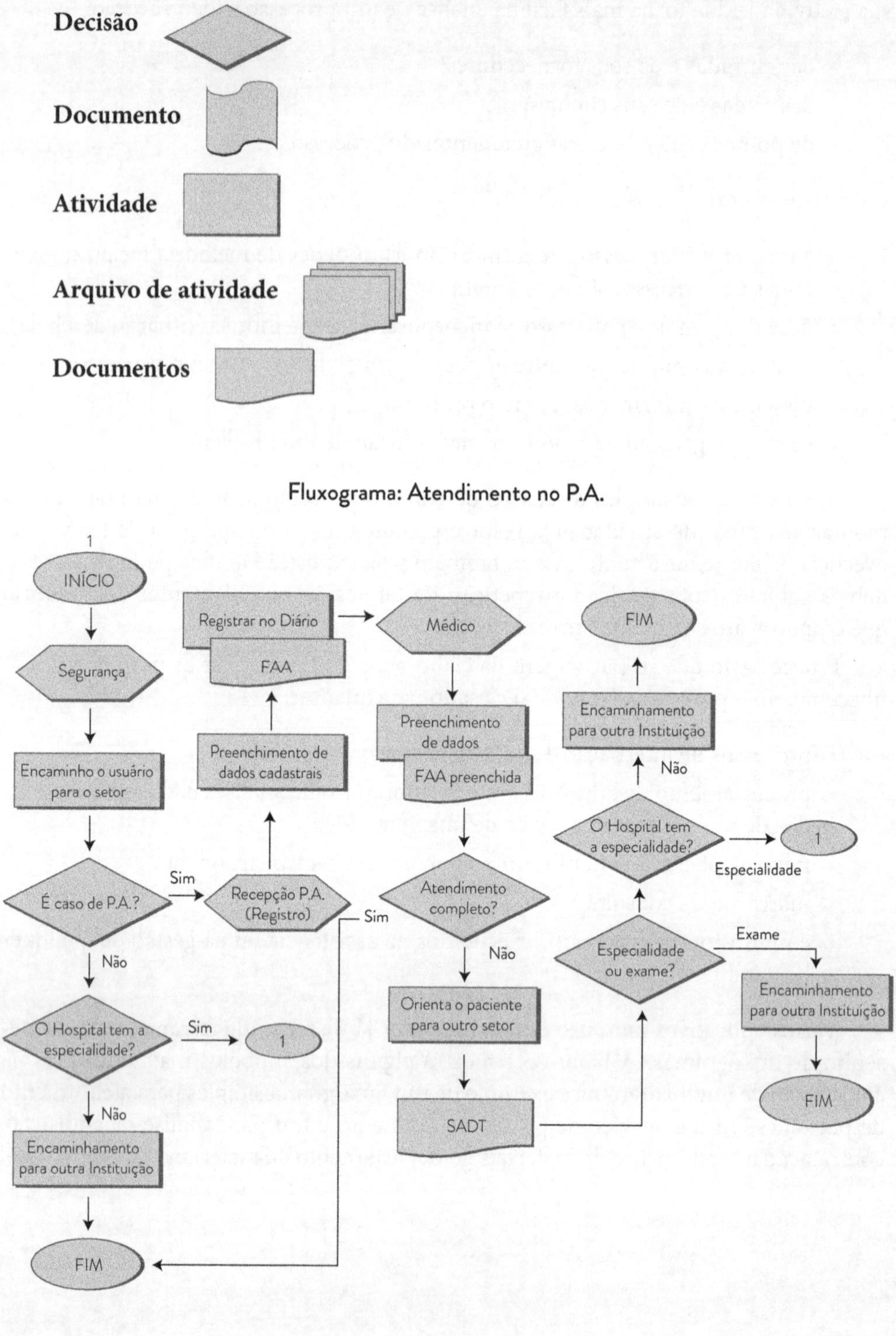

Figura 5.2 Exemplo de fluxograma II.

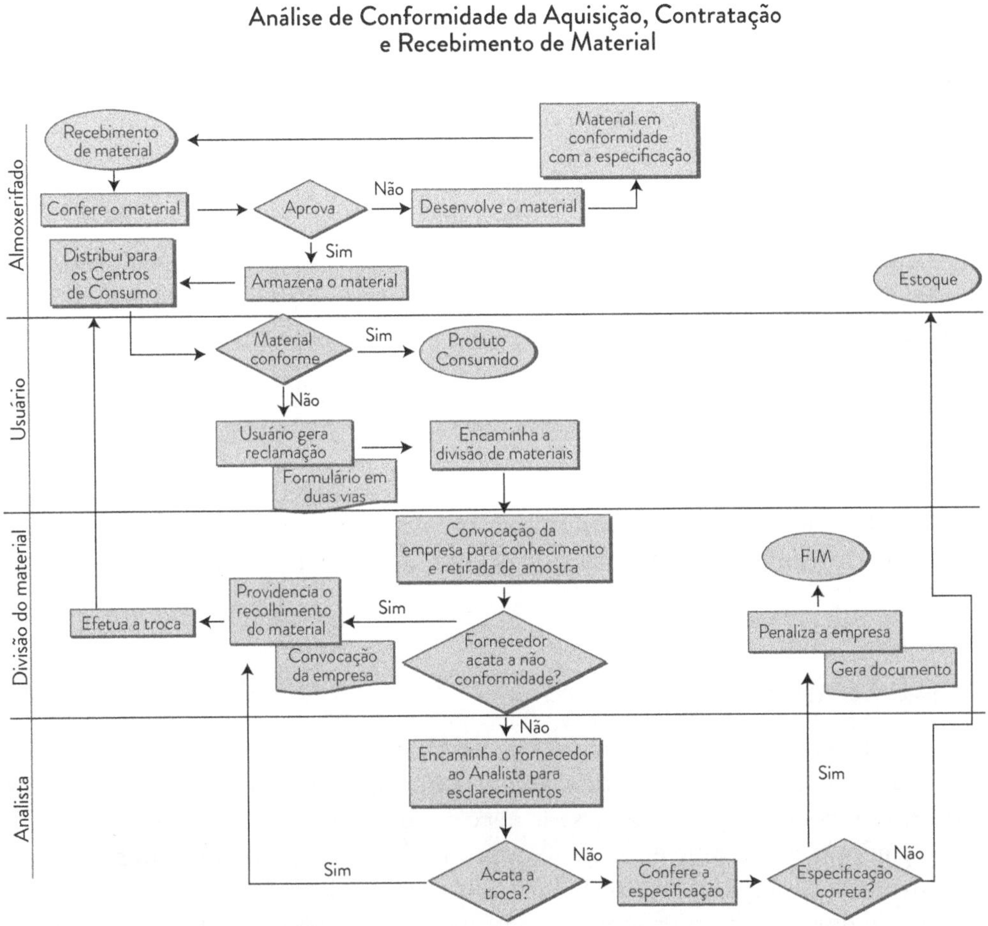

5.3 Gráficos

São instrumentos utilizados para visualizar dados numéricos, facilitando o entendimento do significado dos números. São usados para analisar as tendências, sequências e comparações entre duas variáveis, assim como para tornar mais evidente e compreensível a apresentação de dados. Deve-se ter cuidado ao desenhar um gráfico, não colocando nele informações demasiadas que podem complicar a sua compreensão.

Cada tipo de gráfico é adequado a uma diferente situação a ser analisada. Se um gráfico for definido de forma incorreta, poderá ocorrer a análise errada de uma situação, causando uma série de interpretações distorcidas, tornando o desenho do gráfico inútil. Os gráficos devem ser tão simples quanto possível, incluindo apenas a informação necessária para sua interpretação. Os gráficos também não devem gerar conclusões além dos dados que contêm. Por exemplo, para determinar tendências, assim como a significância da relação entre dois dados, talvez sejam necessários testes estatísticos mais elaborados e não apenas a representação gráfica das variáveis. É importante que os gráficos não enviesem a interpretação dos observadores pelo uso de dados errados, por escalas que não tenham intervalos regulares, ou que sejam complicados de entender. Também quando forem usados para comparação, é importante que tenham os mesmos símbolos e escalas.

Para escolher um tipo de gráfico, deve-se considerar que cada um tem características exclusivas para ajudar a visualizar um conjunto de dados. Pode-se usar qualquer tipo para exibir dados, mas será mais facilmente lido se for usado um tipo de gráfico adequado, baseado naquilo que se está tentando mostrar. Existem inúmeros tipos de gráficos utilizados como ferramentas da qualidade; abaixo se apresentam como exemplos apenas alguns dos tipos mais comuns.

5.3.1 Gráfico de linha

O gráfico de linha, também chamado de gráfico de curso, demonstra o relacionamento entre dois eventos ao longo de um tempo determinado. Uma variável é marcada no eixo horizontal (usualmente chamado de eixo "X") e a outra, no eixo vertical (usualmente chamado de eixo "Y").

5.3.2 Gráfico de tempo

O gráfico de tempo é utilizado para demonstrar a variação de um evento ao longo de um período de tempo e os intervalos são representados no eixo horizontal. No exemplo a seguir, pode-se apreciar uma série histórica do indicador "enfermeiro por leito", que significa o número de enfermeiros com nível universitário por leito hospitalar, informado pelos hospitais da amostra do CQH ao longo de vários anos (cada ponto na curva significa a mediana da amostra informada pelo conjunto de hospitais naquele trimestre); a Figura 5.3 mostra um gráfico de linha e de tempo simultanemante.

Figura 5.3 Exemplo de gráfico de tempo.

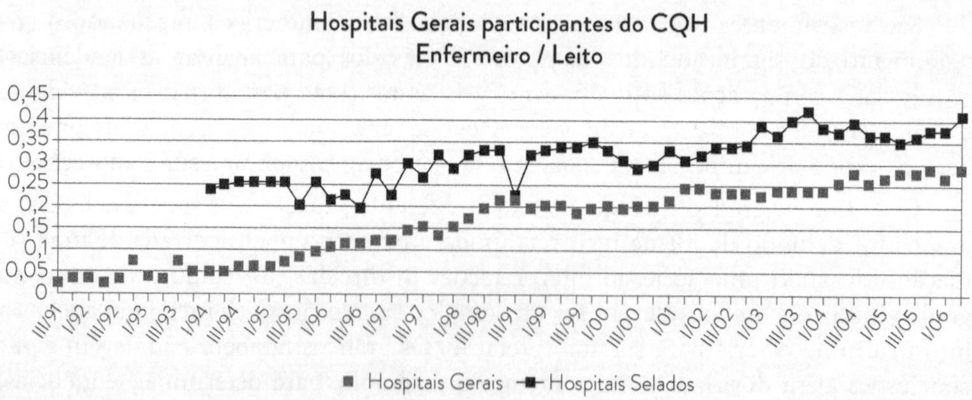

5.3.3 Gráfico de barras, histograma ou gráfico de distribuição de frequência

Esses gráficos têm como finalidade mostrar a distribuição dos dados por meio de um gráfico de barras, indicando o número de unidades em cada categoria. Um histograma é um gráfico de representação da frequência com que uma série de dados ocorre. Semelhante ao gráfico de linha, exceto por ser formado por barras paralelas, usualmente verticais, que mostram o relacionamento entre duas variáveis. Comumente, são utilizados com a variável tempo no eixo horizontal e a frequência no vertical.

Figura 5.4 Exemplo de gráfico de barras.

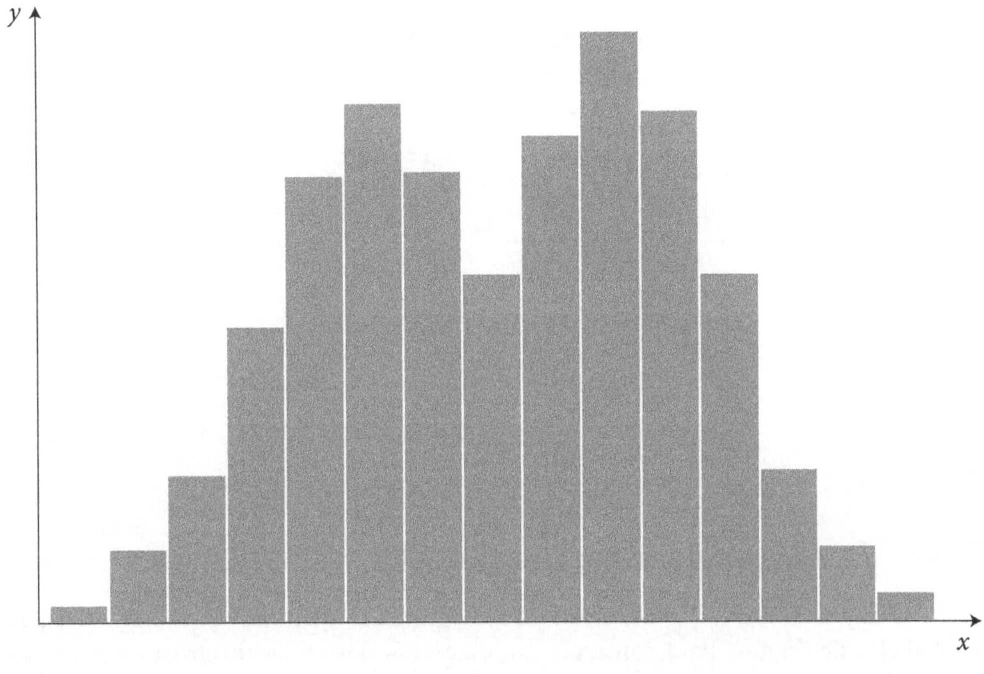

Nos histogramas, cada barra vertical indica uma frequência, uma variação de determinados dados definidos pelo eixo horizontal, ao contrário dos gráficos de barras, nos quais cada barra indica um valor pontual. É um gráfico composto por retângulos justapostos em que a base de cada um deles corresponde ao intervalo de classe e a sua altura à respectiva frequência.

A construção de histogramas tem caráter preliminar em qualquer estudo e é um importante indicador da distribuição de dados. Podem indicar se uma distribuição se aproxima de uma função normal, como indicar mistura de populações quando se apresentam bimodais, como no exemplo anterior. As barras também podem estar dispostas horizontalmente, com as bases apoiadas no eixo vertical do gráfico, como mostra a Figura 5.5.

Figura 5.5 Exemplo de histograma.

5.3.4 Diagrama de ramos ou de folha

É uma variante em que as barras do histograma tradicional são substituídas por uma fileira de dígitos. Para construir um diagrama destes, escrevem-se primeiro as principais divisões numa coluna. Cada observação é anotada escrevendo-se o dígito final na mesma linha que a divisão principal.

5.3.5 Gráfico em rosca

Quando os dados que estão organizados em colunas ou linhas em apenas uma planilha podem ser inseridos em um gráfico circular tipo de rosca. Como um gráfico de pizza, um gráfico de rosca exibe a relação das partes com o todo, mas pode conter mais de uma série de dados (pontos de dados relacionados inserido em um gráfico). Cada série de dados em um gráfico tem uma cor ou um padrão exclusivo e é representada na legenda do gráfico. É possível inserir uma ou mais séries de dados em um gráfico. Os gráficos de pizza têm somente uma série de dados.[5]

Figura 5.6 Exemplo de gráfico tipo rosca.

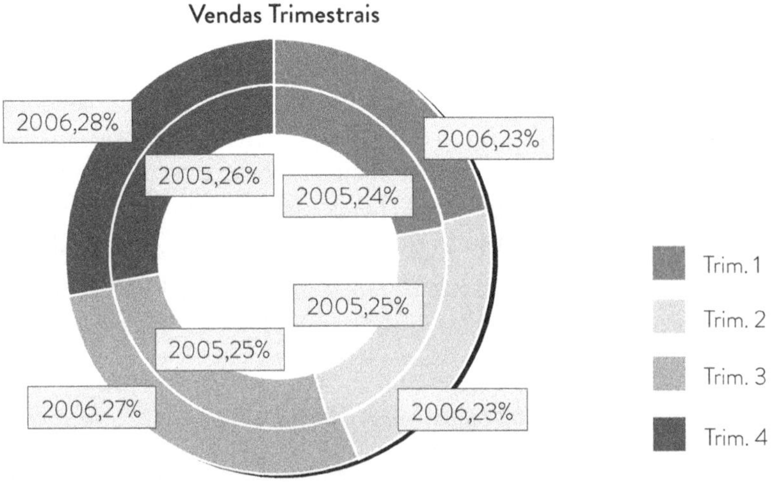

5.3.6 Gráfico circular tipo pizza

O gráfico de pizza (às vezes chamado de "em torta") demonstra o relacionamento percentual de cada uma das partes com o todo (100%), como na Figura 5.7.

Figura 5.7 Exemplo de gráfico tipo pizza.

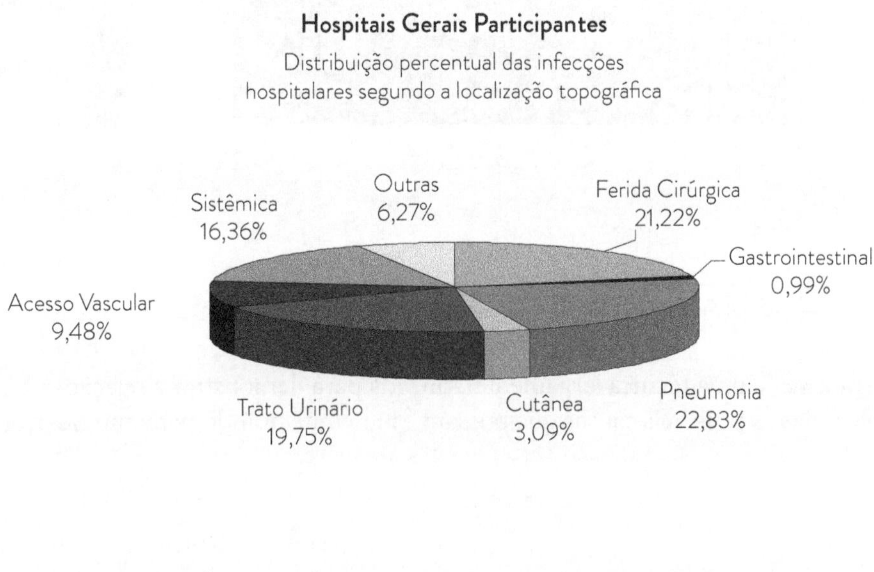

[5] Disponível em: <http://www.office.microsoft.com/pt-br>. Acesso em: 12 nov. 2012.

Os gráficos de tempo e os de barras mostram com que frequência e em que medida ocorre uma situação; os circulares exibem como cada uma das partes contribui para o produto ou processo total.

5.3.7 Gráficos de área

Quando os dados estão organizados em colunas ou linhas em uma planilha pode-se inserí-los de maneira que cubram uma área específica. Gráficos de área enfatizam a magnitude da mudança no decorrer do tempo e podem ser usados para chamar atenção para o valor total ao longo de uma tendência. Por exemplo, os dados que representam o lucro no decorrer do tempo podem ser inseridos em um gráfico de área para enfatizar o lucro total. Exibindo a soma dos valores inseridos, o gráfico de área mostra também a relação das partes com o todo, como faz o gráfico tipo pizza.[6]

Figura 5.8 Exemplo de gráfico de área.

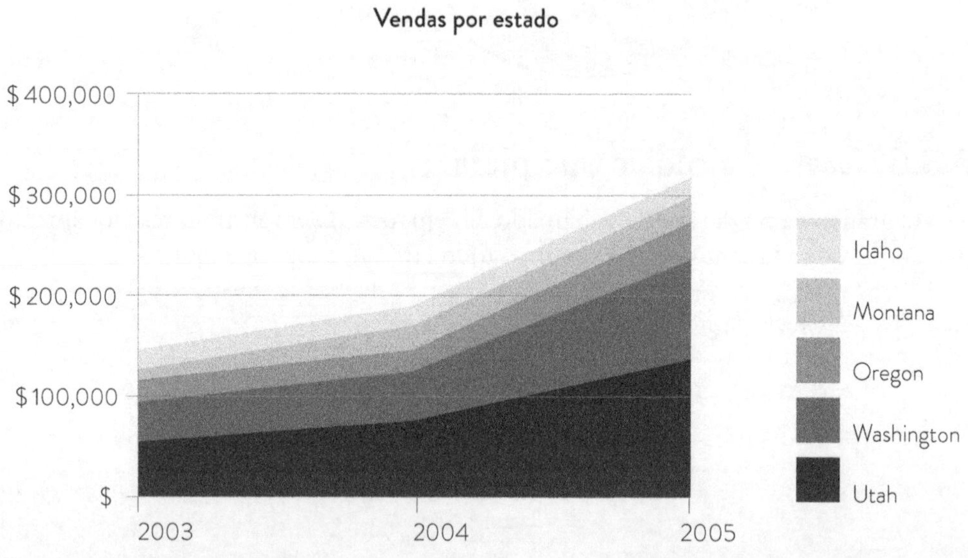

5.4 Diagramas de causa e efeito

Trata-se de uma técnica largamente utilizada para demonstrar a relação entre um efeito e todas as possíveis causas que possam estar contribuindo para que ele ocorra.

[6] Disponível em: <http://www.office.microsoft.com/pt-br>.Acesso em: 12 nov. 2012.

Geralmente as causas são listadas pelas pessoas envolvidas com a solução do problema, por meio de uma sessão de *brainstorming*, ao final da qual se terá uma lista de todas as possíveis causas identificadas pelo grupo, que serão em seguida agrupadas de acordo com algum critério, compondo conjuntos alinhados em torno de eixos ou figuras identificadas com uma espinha de peixe ou com os galhos de uma árvore. De acordo com esse formato, eles podem ser classificados de duas maneiras:

- por categoria, chamado de espinha de peixe, pela semelhança com essa figura; ou
- quando há uma cadeia de causas, é, então, chamado de diagrama em galhos de árvore.

O diagrama de espinha de peixe foi aplicado, pela primeira vez, em 1953, no Japão, pelo professor Kaoru Ishikawa da Universidade de Tóquio (por isso também conhecido como diagrama de Ishikawa) para condensar as opiniões de engenheiros de uma fábrica quando discutiam problemas de qualidade. Ele tem como finalidade explorar e indicar todas as causas possíveis de uma condição ou problema específico. São considerados benefícios derivados da construção de um diagrama de Ishikawa:

- ajudar o trabalho em equipe;
- aprofundar o entendimento;
- identificara necessidade de dados.

A seguir aparece esquematicamente uma figura simplificada de um diagrama de espinha de peixe. Para agregar as causas, geralmente, aplica-se como critério a regra dos seis M, uma vez que, com frequência, elas ocorrem por causa de:

- **m**étodo empregado;
- **m**ão de obra;
- **m**aterial empregado;
- **m**áquinas (equipamentos);
- **m**edições (indicadores utilizados); ou
- **m**eio ambiente em que ocorre o problema.

Mas esses grupos não esgotam a lista de possíveis causas que também podem ser encontradas nas respostas às perguntas: o que, como, quando e aonde. Também podem ser encontradas causas em pacientes, fornecedores, processos ou outros fatores. O formato do diagrama facilmente justifica a denominação de "espinha de peixe", como pode ser visto na Figura 5.9.

Figura 5.9 Exemplo de diagrama espinha de peixe.

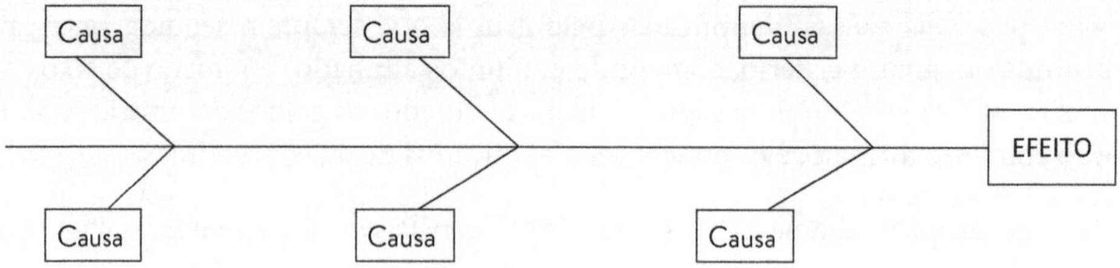

Fatores de infecção hospitalar
(Diagrama de causa e efeito)

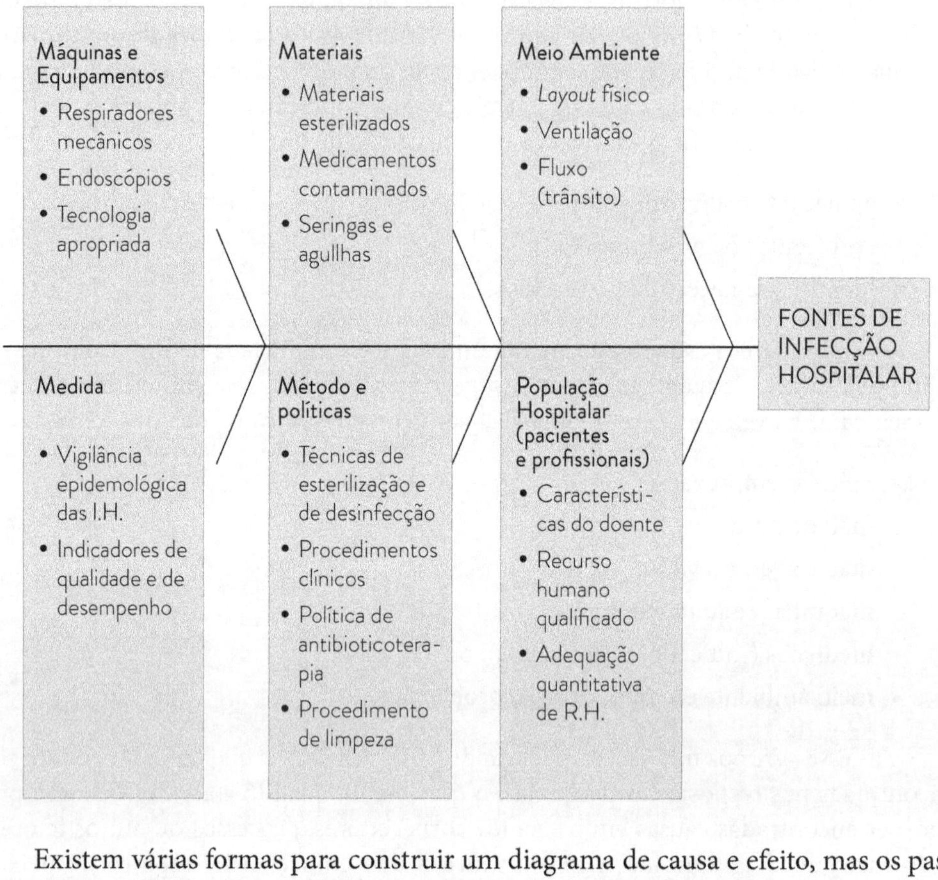

Existem várias formas para construir um diagrama de causa e efeito, mas os passos a serem seguidos são sempre, mais ou menos, os mesmos:

- Definir claramente qual é o problema ou o efeito que se pretende analisar e registrar na caixa do "efeito". Tentar ser específico porque problemas que são muito grandes ou vagos podem paralisar a equipe. O diagrama deve refletir causas que bloqueiam o caminho para uma condição desejada ou fatores que podem ser úteis para alcançá-la.

- Identificar causas específicas e preencher corretamente as caixas das causas ou subdivisões delas. Isto se consegue com sessões abrangentes de *brainstorming*.
- Cada ramo do diagrama deve conter três ou quatro causas possíveis; se isto não é assim, procurar por explicações para a falta delas. Esses ramos é que podem ser classificados segundo a regra dos seis M.
- Seguir perguntando "por que" para cada causa até que uma possível causa raiz seja identificada. Geralmente isto acontece até a quinta pergunta, por isso, essa simples regra é chamada de "cinco por quês". Uma causa raiz é uma que pode explicar o feito diretamente ou por uma série de eventos concatenados, ou é aquela que, quando removida, elimina ou reduz o problema.[7]
- Confira a lógica da cadeia de causas; reveja o diagrama, da causa raiz até o efeito para avaliar se o fluxo tem lógica.
- A equipe deve escolher várias áreas que, para ela, pareçam ser provavelmente a causa. Usar votação, se for necessário.

Devem ser tomadas precauções quando for utilizar o diagrama de causa e efeito:[8]

- Lembrar que ele representa hipóteses sobre possíveis causas e não os fatos propriamente ditos. Se não testar a hipótese, tratando-a logo como fato, corre-se o risco de implementar a solução errada e desperdiçar tempo. Para chegar à causa raiz, a equipe deve testar as hipóteses;
- O efeito ou problema deve ser claramente articulado para produzir as hipóteses mais relevantes para a causa;
- Deve-se levantar o maior número de hipóteses para que uma causa raiz potencialmente importante não seja esquecida;
- Desenvolver completamente todos os ramos do diagrama; se isso não for possível, talvez a equipe necessite de ajuda de outros membros da organização.

Veja a seguir um exemplo (Figura 5.10) de diagrama de causa e efeito em galhos de árvore que engloba a regra dos cinco "porquês" utilizado para analisar erro cometido na aplicação de medicação, chegando-se ao efeito final de que, para corrigir o erro, seria necessário o desenho de um sistema informatizado para comunicação de resultados de exames de laboratório.

---

[7] Veja estudo de causa raiz no Capítulo 4.

[8] FRANCO, L. M. et al. *Achieving quality through problem-solving and process improvement*. Bethesda, MD: Quality Assurance Project, 1992 (Quality Assurance Methodology Refinement Series).

■ Figura 5.10 Exemplo de diagrama em galhos de árvore.

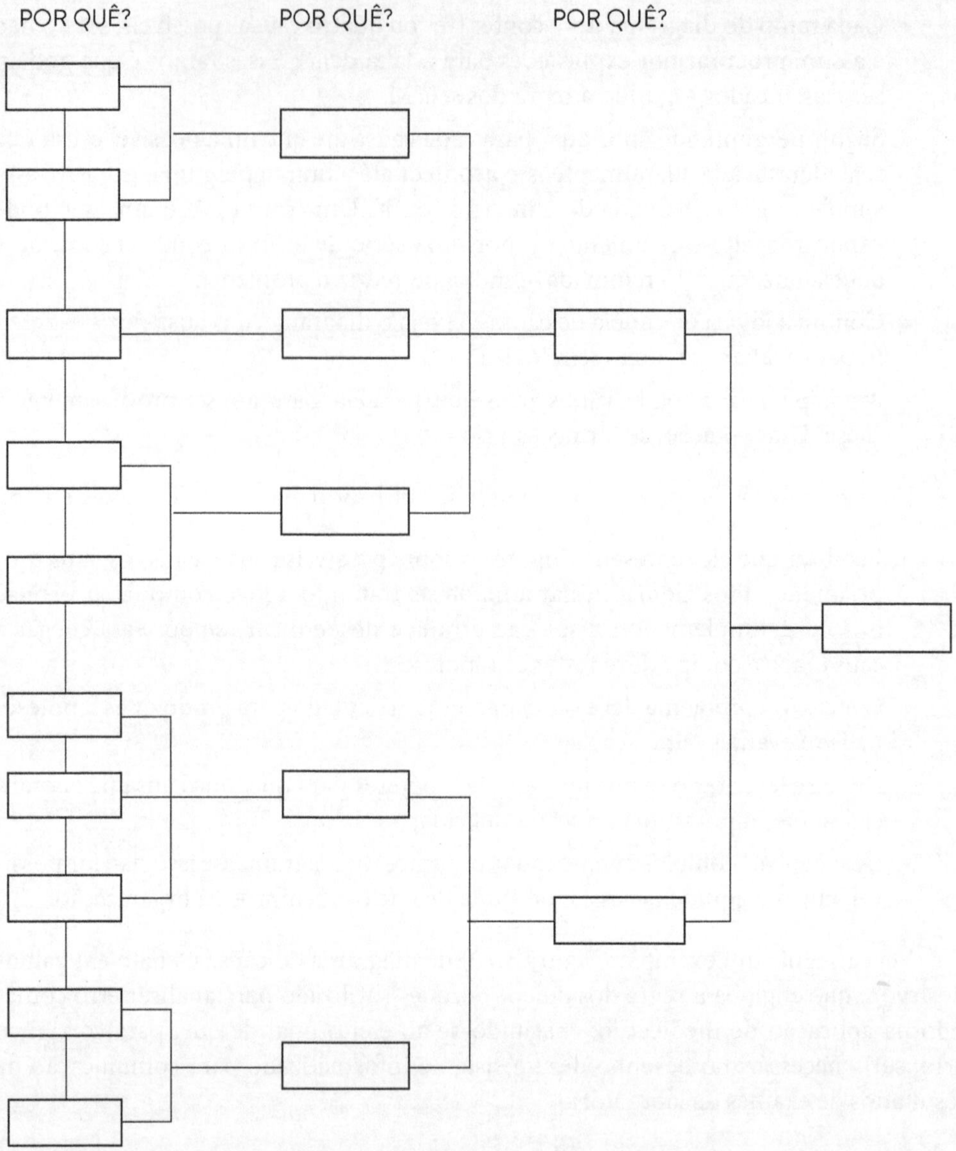

Pergunta 1: Por que o paciente tomou a medicação errada?

Resposta 1: Porque a prescrição estava errada

Pergunta 2: Por que a prescrição estava errada?

Resposta 2: Porque o médico tomou a decisão errada.

Pergunta 3: Por que o médico tomou a decisão errada?

Resposta 3: Porque ele não dispunha de toda a informação no prontuário do paciente.

Pergunta 4: Por que o prontuário do paciente não estava completo?

Resposta 4: Porque não deram entrada no prontuário dos últimos resultados do laboratório.

Pergunta 5: Por que não entraram no prontuário com os últimos resultados do laboratório?

Resposta 5: Porque o laboratório passou a informação por telefone e alguém esqueceu de anotar.

SOLUÇÃO: desenvolver sistema informatizado para distribuir resultados do laboratório.

5.5 *BRAINSTORMING*

É uma das mais conhecidas técnicas de geração de ideias. Desenvolvida por Osborn, em 1938, significa "tempestade cerebral" em inglês. É uma técnica geração de ideias em grupo que pressupõe a contribuição espontânea de todos os membros. Só devem participar do *brainstorming* pessoas que realmente conheçam o problema que está sendo discutido; aquelas que não estão vinculadas com ele não terão condições de contribuir, criando mal estar e confusão no grupo. É importante que todas as contribuições dos membros do grupo sejam consideradas, por mais absurdas que possam parecer a primeira vista; o grupo não pode se sentir constrangido quando faz suas contribuições. Com esta técnica, são alcançadas soluções criativas e inovadoras para diferentes problemas, desfazendo paradigmas estabelecidos. O envolvimento e a motivação gerados pelo *brainstorming* garantem mais qualidade nas decisões tomadas pelo grupo, maior comprometimento com a ação que deve se seguir e uma apropriação das decisões pelos participantes.

Quadro 5.2 Etapas básicas de uma sessão de *brainstorming*.[9]

Etapa	Método	Condução
1. Introdução	Iniciar esclarecendo os objetivos da sessão, a questão ou o problema a ser discutido.	- Criar um clima descontraído e agradável. - Estar certo de que todos entenderam a questão a ser tratada. - Redefinir o problema, se necessário.

continua

[9] SEBRAE. *Manual de ferramentas da qualidade*. Disponível em: <http://www.dequi.eel.usp.br/~barcza/FerramentasDaQualidadeSEBRAE.pdf>. Acesso em: 9 nov. 2012.

continuação

Etapa	Método	Condução
2. Geração de ideias	- Dar tempo para pensar no problema. - Solicitar uma ideia a cada participante, registrando-a. - Caso um participante não tenha nada a contribuir, deverá dizer simplesmente "passo". Na rodada seguinte, essa pessoa poderá dar uma ideia. São feitas rodadas consecutivas até que ninguém mais tenha nada a acrescentar.	- Não esquecer de que todas as ideias são importantes, evitando avaliações. - Incentivar o grupo a dar o maior número de ideias. - Manter um ritmo rápido na coleta e no registro das ideias. - Registrar as ideias da forma como forem ditas.
3. Revisão da lista	Perguntar se alguém tem dúvidas e pedir à pessoa que a gerou para esclarecê-la.	O objetivo dessa etapa é esclarecer e não julgar.
4. Análise e seleção	- Levar o grupo a discutir as ideias e a escolher aquelas que valem a pena considerar. - Utilizar o consenso nessa seleção preliminar do problema ou da solução.	- Ideias semelhantes devem ser agrupadas; ideias sem importância ou impossíveis devem ser descartadas. - Cuidar para que não haja monopolização ou imposição de algum participante.
5. Ordenação das ideias	- Solicitar que sejam analisadas as ideias que permaneceram na lista. - Promover a priorização das ideias, solicitando, a cada participante, que escolha as três mais importantes.	A votação deve ser usada apenas quando o consenso não for possível.

5.6 Diagrama de Pareto

Este diagrama tem por finalidade demonstrar a importância de todas as condições possivelmente causadoras de um problema a fim de escolher o ponto de partida para a sua solução e identificar a causa básica do problema e monitorar o sucesso.

Vilfredo Pareto (1848-1932) foi um economista italiano que observou que a riqueza não era distribuída de maneira uniforme. Sua observação indicou que, na média de qualquer população, 20% das pessoas geralmente detêm 80% das riquezas, enquanto os outros 80% ficavam comos 20% restantes, numa condição de desigualdade.

Juran notou que a observação de Pareto era verdadeira, não só para a economia, mas para uma variedade de situações, e com essa constatação formulou o que ficou conhecido como o princípio de Pareto: "quando uma série de fatores individuais contribui para algum efeito global, relativamente poucos desses itens serão responsáveis pelo efeito maior."

Juran sugeriu que os poucos itens que são responsáveis pela maioria do efeito fossem chamados de "poucos essenciais", distinguindo-se dos outros "muitos úteis". Concentrar-se nos "poucos essenciais" muitas vezes é suficiente para conseguir retorno mais alto de investimento e esforços. Este princípio é usado na construção do diagrama: procuram-se as poucas causas que sejam responsáveis pela maioria dos efeitos.

O diagrama de Pareto pode ser usado para identificar o problema mais importante por meio do uso de diferentes critérios de medição, como frequência, custo e outros. É também chamado de diagrama ABC, 80-20 ou 70-30. Trata-se de um gráfico de barras que ordena as frequências das ocorrências, da maior para a menor, de maneira que a soma das áreas das barras deve ser igual a 100% e permitindo a priorização dos problemas, procurando realizar o princípio de Pareto ("poucos essenciais", "muitos úteis"), demonstrando que há muitos problemas sem importância diante de outros mais graves.

Sua maior utilidade é a de permitir uma fácil visualização e identificação das causas ou problemas mais importantes, possibilitando a concentração de esforços sobre eles. A Figura 5.11 apresenta um gráfico de Pareto em que estão ordenadas no eixo horizontal as causas identificadas para atraso na entrega de resultado de exame de laboratório. Observando-se o gráfico, pode-se ver que as três primeiras causas são responsáveis por mais da metade das observações de atraso (eixo vertical). Logo, o gestor irá concentrar preferencialmente suas ações reparadoras nessas causas e não nas últimas, responsáveis por apenas 0,7% das ocorrências. A agregação progressiva das causas permite o efeito visto no gráfico.

Figura 5.11 Exemplo de gráfico de Pareto.

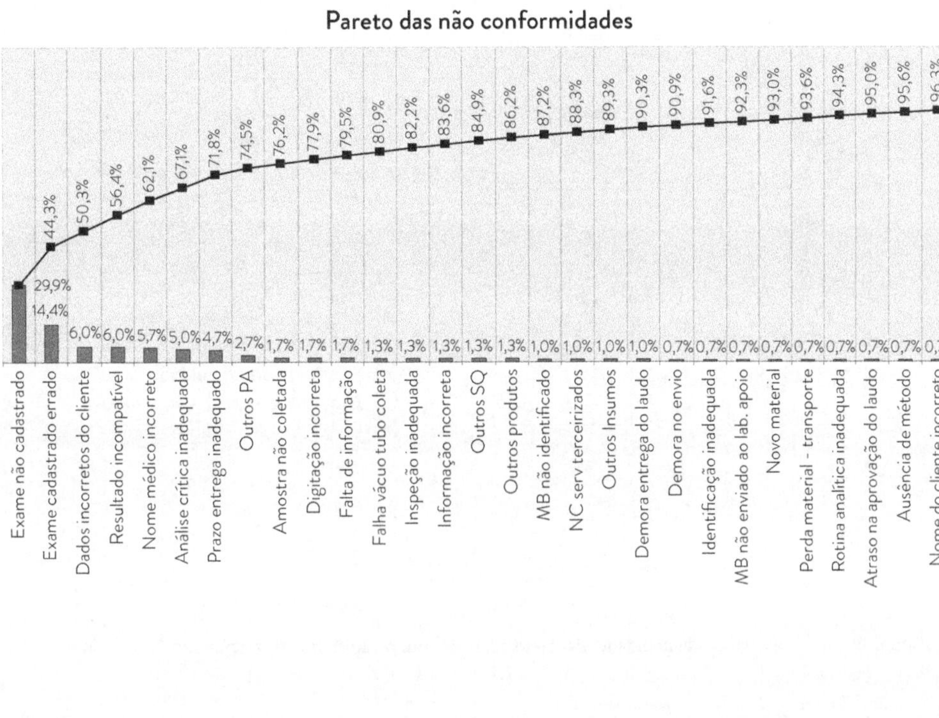

5.7 Diagrama de dispersão

Os diagramas de dispersão são representações de duas ou mais variáveis organizadas em um gráfico, uma em função da outra. Demonstra o que pode acontecer com uma variável quando a outra muda, para testar possíveis relações de causa e efeito. Logo, ele é muito usado para correlacionar dados, como a influência de um fator em uma propriedade, dados obtidos em diferentes laboratórios ou de diversas maneiras. Quando uma variável tem o seu valor diminuído com o aumento da outra, diz-se que são negativamente correlacionadas, e ao contrário, positivamente correlacionadas.

O gráfico permite que se faça uma regressão linear e se determine uma reta de máxima concordância (*best fit curve*) e sua equação, que mostra o relacionamento médio linear entre as duas variáveis. Embora a regressão linear não prove conclusivamente a relação de causa e efeito entre duas variáveis, a função da reta dá uma indicação da relação entre elas, podendo-se prever como se comportarão no futuro.

Logo, entre os vários benefícios da utilização de diagramas de dispersão está a possibilidade de inferir uma relação causal entre váriáveis, ajudando na determinação da causa raiz de problemas. A relação entre duas variáveis nesse método pode se traduzir por medições desinergia, horas de treinamento, intenções, número de horas em ação, jornada, intensidades, pressão, temperatura e outras como nos exemplos a seguir.[10]

Figura 5.12 Exemplo de diagrama de dispersão.

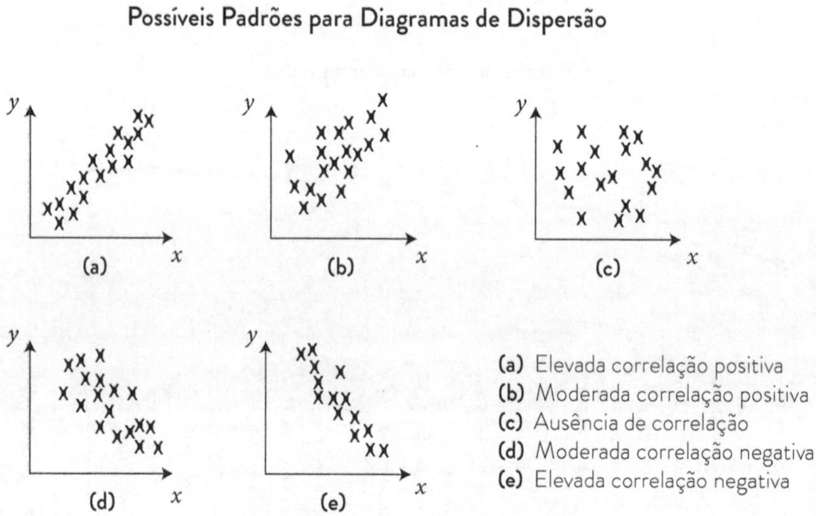

[10] Disponível em: <http://gestaodaqualidade-gianfabio.blogspot.com.br/2010_02_01_archive.html>. Acesso em: 9 nov. 2012.

5.8 Folha de verificação (*check list*)

Também chamada de lista de verificação, trata-se de uma ferramenta de gestão da qualidade, cujo uso se consolidou nas companhias aéreas em que são feitas verificações exaustivas dos elementos essenciais para o pleno funcionamento antes da aeronave levantar voo. Ela visa a certificação de que todos os sistemas estão em perfeito funcionamento sem que se deixe de avaliar nenhum deles.

A partir daí, outros setores de diferentes atividades econômicas passaram a usar esse mesmo princípio. Em hospitais, pode-se utilizar quando, por exemplo, se queira verificar o equipamento disponível e necessário em uma sala de cirurgia ou pronto-socorro.

Pode-se também usar em uma versão bidimensional, na qual se registra em um eixo o aspecto que se quer verificar e no outro uma série temporal (horas, dias, semanas ou meses). Por exemplo, durante um processo de auditoria médica pode-se inserir no eixo vertical os documentos em falta nos prontuários médicos, classificando-os por dia ou semanas de análise, (dependendo da frequência do fato) no eixo horizontal.[11]

Um exemplo de grande utilização recente dessas listas de verificação em hospitais é aquele lançado pela Organização Mundial da Saúde (OMS) em 2008 (como parte da campanha "cirurgia segura salva vidas"), para tentar reduzir os milhões de casos de complicações pós-operatórias em cirurgias de grande porte que, supostamente, aconteceriam no mundo todos os anos. Na verdade, embora essa lista esteja sendo apresentada como inovação para prevenir erros, ela sempre fez parte do procedimento de qualquer cirurgião bem preparado. Portanto, há controvérsias quanto à efetividade dessa "novidade" para evitar erros se os cirurgiões não se precatarem de suas responsabilidades profissionais.

A aplicação dessa lista antes do ato cirúrgico (ou antes mesmo da indução anestésica) pressupõe que os profissionais que participarão da operação responderão em voz alta às perguntas feitas pelo profissional responsável; algo similar aos "círculos de garantia da qualidade" utilizados em algumas fábricas, com inspiração em indústrias japonesas, durante a década de 1980 e começo da de 1990. A seguir, um exemplo dessa lista, desenvolvido por Euclides Cavalcanti, médico colaborador da disciplina de Clínica Médica do Hospital das Clínicas da Faculdade de Medicina da USP, de acordo com o documento da OMS.[12]

[11] AZEVEDO, A. C.; KORYCAN, T. L. *Transformar lasorganizaciones de salud por lacalidad*. Santiago: Parnassah, 1999.

[12] Disponível em: <http://www.medicinanet.com.br/categorias/biblioteca.htm>. Acesso em: 12 nov. 2012.

Figura 5.13 Exemplo de lista de verificação.

Admissão (*sign in*)

Antes da indução anestésica, os membros da equipe (no mínimo a enfermeira e o anestesista) confirmam oralmente que:

1. Foi verificada a identidade e confirmados pelo paciente: o local da cirurgia, o procedimento e o consentimento dele.
2. O local da cirurgia está marcado ou não é aplicável.
3. O oxímetro de pulso está ligado e funcionando.
4. Todos os membros da equipe estão cientes sobre se o paciente tem alguma alergia conhecida.
5. A via aérea e o risco de aspiração foram avaliados e o equipamento apropriado e assistência estão disponíveis.
6. Se houver risco de perda sanguínea de, pelo menos, 500 ml (ou 7 ml/kg em crianças), é necessário acesso venoso apropriado e fluidos de reposição disponíveis.

Pausa antes do início (*time out*)

Antes da incisão, toda a equipe (enfermeiras, cirurgiões, anestesistas e outros participantes no cuidado do paciente) verifica oralmente:

7. Todos os membros da equipe foram apresentados e tem o devido papel definido.
8. Confirmação da identidade do(a) paciente, local e procedimento cirúrgico.

Revisão antecipada de possíveis eventos críticos:

9. O cirurgião revisa passos críticos e inesperados, duração da cirurgia e perda sanguínea prevista.
10. A equipe anestésica revisa preocupações relativas ao paciente.
11. Equipe de enfermagem revisa a esterilidade e disponibilidade do equipamento e outras preocupações antecipadas.
12. Confirmação de que os antibióticos profiláticos foram administrados < 60 minutos antes da incisão ou que os antibióticos não são indicados.
13. Confirmação de que todos os exames de imagem do(a) paciente correto estão visíveis na sala cirúrgica.

Liberação (*sign out*)

Antes de o paciente deixar a sala cirúrgica:

14. O enfermeiro revisa os seguintes itens com a equipe:
15. Nome do procedimento realizado.
16. Verificação de que as agulhas, gazes e instrumentos utilizados estão todos completos (ou não aplicável).
17. Verificação de que qualquer fragmento retirado foi identificado corretamente e que inclui o nome do paciente.
18. Verificação de outros cuidados necessários com o equipamento.
19. O cirurgião, a enfermeira e os anestesistas revisam oralmente as principais preocupações com o cuidado do paciente e com a sua recuperação.

5.9 Formulários de coleta de dados

Também chamados de folhas de dados, nele são inseridos os dados desejados e necessários. Importante destacar que essa coleta deve ser o mais precisa possível para a análise estatística dos dados coletados.

Trata-se de tabelas ou planilhas simples usadas para facilitar a coleta e análise de dados; o mais comum hoje são as planilhas desenvolvidas com aplicativos para uso em computadores, embora todas se originem, inicialmente, em concepções manuais. O seu uso economiza tempo, eliminando o trabalho de desenhar figuras ou escrever números repetitivos. São formulários planejados, preenchidos de forma fácil e concisa. Registram os dados dos itens a serem verificados, permitindo uma rápida percepção da realidade e imediata interpretação da situação, ajudando a diminuir erros e evitando confusões.

A coleta e análise de dados é a versão administrativa da qualidade de uma bateria completa de exames de diagnósticos médicos. É fácil entender que a coleta de dados é o primeiro passo para qualquer medida estatística e, portanto, muitas das demais ferramentas da qualidade dependem dela. Como regra geral, sugere-se que os formulários de coleta de dados sejam simples para serem facilmente compreendidos e manipulados por todose amigáveis, elegantes, funcionais e sem poluição visual. Para desenvolver um formulário de coleta de dados, podem-se seguir os passos abaixo:

- Determinar o que precisa ser coletado (sugere-se usar a regra dos 5W's e 2H's);
- Fazer um rascunho do formulário com a ajuda daqueles que vão utilizá-lo;
- Implementarum formulário piloto comparando com outros serviços similares;

- Solicitar e garimpar ideias em setores diferentes da saúde para avaliar o formulário;
- Monitorar o piloto e implantá-lo definitivamente, auditando e revisando o instrumento periodicamente.

5.10 4Q e 1POC (ou, do inglês, 5W's e 2H's)

É uma ferramenta utilizada para planejar a implementação de solução por meio da resposta às seguintes questões:

- O que: qual ação vai ser desenvolvida?
- Quando: quando a ação será realizada?
- Por que: por que foi definida esta solução (resultado esperado)?
- Onde: onde a ação será desenvolvida (abrangência)?
- Como: como a ação vai ser implementada (passos da ação)?
- Quem: quem será o responsável pela sua implantação?
- Quanto: quanto será gasto?

Utilizando-se essa ferramenta pode-se visualizar a solução adequada de um problema, com possibilidades de acompanhamento da execução de uma ação. É importante que, quando se usar essa ferramenta, se defina exatamente a ação a ser implementada. Uma variante desta técnica é a dos cinco "por quês" cuja proposta é encontrar a resposta para o problema ao final de cinco perguntas "por que" feitas em sequência após cada resposta.[13]

5.11 Diagrama de tendências ou cartas de controle

Representa graficamente uma série temporal, ou seja, a variação no tempo de determinado fenômeno. Este diagrama é usado para demonstrar tendências nos pontos de observação durante um período de tempo dado. É um tipo de gráfico, comumente utilizado para o acompanhamento durante um processo.

Exemplos clássicos de diagrama de tendências são os gráficos utilizados para registrar nos prontuários a temperatura, pulso e pressão de um paciente internado (o tradicional TPP ou TPR). O gráfico pode determinar uma faixa ou banda chamada de tolerância limitada pela linha superior (limite superior de controle), por uma linha inferior (limite inferior de controle) e uma linha média do processo(limite central), que foram estatisticamente determinadas.

[13] Sobre este assunto, veja também o item 5.4 deste capítulo.

Os limites de controle são calculados aplicando-se fórmulas simples aos dados do processo. Realizada em amostras extraídas durante o processo, supõe-se distribuição normal dos dados observados. Geralmente os limites superior e inferior correspondem a dois desvios-padrão para mais e para menos da média; nesse caso, há uma probabilidade igual ou menor do que 2,28% de um dado observado fora da banda ter ocorrido por acaso. As cartas de controle podem trabalhar tanto com dados por variável (mensuráveis) como com dados por atributo (discretos). O objetivo é verificar se o processo está sob controle. Esse controle é feito por meio do gráfico.

5.12 Relatórios de auditoria

> Auditoria da qualidade é um exame sistemático e independente para determinar se as atividades e resultados afins estão de acordo com as medidas planejadas, se estas medidas estão implementadas de forma efetiva e se são adequadas para se atingir os objetivos.[14]

A auditoria pode ser considerada uma ferramenta da qualidade, pois as informações geradas nos seus relatórios fornecem subsídios para o planejamento e o redirecionamento das políticas e objetivos e, consequentemente, das atividades e ações da organização.

Os relatórios de auditoria são formulários de verificação (constatação) do cumprimento de padrões ou normas. São usados para verificar se o que foi padronizado está em uso e funcionando. Por ser um documento de constatação, não deve conter sugestões e sim a documentação do que ocorre (no caso do Manual de Auditoria do SUS, como se verá a seguir, estão previstas recomendações). É composto por listas de verificação, adicionando-se anotações das evidências.

O roteiro de visitas do CQH (ver exemplos de itens cobertos em uma visita), as planilhas da certificação ISO, os roteiros das diferentes acreditações existentes são, de certa forma, relatórios de auditoria, embora esses processos, em si, nem sempre constituam uma auditoria propriamente dita, tendo se transformado muito mais em consultorias.

As acreditações, em seus países de origem, foram implantadas como forma de fazer o papel dos alvarás de funcionamento fornecidos por autoridades sanitárias no Brasil, para garantir à população que o estabelecimento tem condições mínimas de funcionamento; como naqueles países não existem esses documentos, então as diferentes acreditações os substituem para efeitos práticos. No Brasil, os diferentes tipos de acreditação passaram a ser sinônimo de programas de qualidade, o que em sua origem nunca foi a intenção.

[14] Definição atribuída à norma ISO 9000, citada no Manual de Ferramentas da Qualidade do SEBRAE. Disponível em: <http://www.dequi.eel.usp.br/~barcza/FerramentasDaQualidadeSEBRAE.pdf>. Acesso em: 05 mar. 2012.

O Manual de Auditoria do SUS diz que a auditoria é um processo sistemático para comparar até queponto uma determinada intervenção atingiu os objetivos pretendidos ou desejáveis. Pode ser aplicado a um sistema, serviço, programa, projeto, política, plano ou a qualquer outra atividade organizada. Permite a comparação do desempenho dos sistemas e serviços de saúde, tomando como referência os princípios e diretrizes organizativas do SUS, as responsabilidades e os papéis atribuídos aos entes governamentais. Deve ser um processo permanente, contínuo e pró-ativo que tem por finalidades:

- contribuir para o fortalecimento da gestão do SUS; e
- constituir-se em ferramenta do processo decisório, constatando a eficiência na alocação e aplicação adequadas dos recursos, a eficácia na qualidade das ações e serviços oferecidos aos cidadãos e a efetividade nos resultados alcançados na assistência, prevenção e promoção da saúde dos usuários do SUS.

As auditorias no SUS produzem dois tipos de relatório:[15]

1. Preliminar, que é o primeiro documento elaborado pela equipe de auditoria e deve conter:
    - introdução – breve relato dos objetivos da auditoria e as razões de sua realização;
    - metodologia – detalhamento das atividades realizadas pela equipe de auditoria que permitiram identificar as evidências (elementos objetivos que sustentam a constatação) e chegar às constatações;
    - constatações – o que pode ser afirmado com base nas evidências verificadas, observando a conformidade de acordo com as normas e padrões estabelecidos;
    - evidências – aquilo que pode ser usado para provar que uma determinada afirmação é verdadeira ou falsa, observando a conformidade de acordo com as normas e padrões estabelecidos;
    - fontes de evidências – documentos que comprovem a evidência e a constatação.
2. Final, que é o documento final da auditoria e deve conter todos os itens do relatório preliminar, mais as justificativas apresentadas pelo auditado, a análise das justificativas feita pela equipe de auditoria, as recomendações e a conclusão:
    - justificativa – manifestação do auditado ou agente envolvido em função das constatações de "não conformidades";

[15] Diretrizes para o Sistema Nacional de Auditoria no SUS. Disponível em: <http://sna.saude.gov.br>.Acesso em: 12 nov. 2012.

- análise da justificativa – manifestação da equipe de auditoria acatando ou não as justificativas apresentadas pelo auditado ou agente envolvido;
- recomendação – sugestão de providência, por parte da equipe de auditoria, visando superar ou minimizar situação de não conformidade;
- conclusão – síntese objetiva, clara e ordenada dos resultados da auditoria coerente com a análise das constatações observadas.

5.13 Ferramentas para obtenção de consenso

São ferramentas que ajudam a coletar e classificar ideias, mas não criam novas informações. São muito úteis porque envolvem vários participantes conhecedores dos processos e reúnem suas percepções, opiniões, sentimentos e informações.

Podem ser citados aqui os grupos focais e a técnica de Delphi. O primeiro consiste em um grupo de pessoas que analisa uma ideia claramente explicitada, a ser discutida pelo grupo selecionado de pessoas que atuam sob a coordenação de um facilitador (de preferência externo ao grupo, para facilitar o desenvolvimento da reunião em busca de consenso). É importante que o facilitador mantenha o grupo focado no tema em discussão. Recomenda-se que o grupo não tenha menos do que cinco nem mais do que nove participantes. A técnica permite que participem bem os tímidos, assim como os falantes que procuram monopolizar os grupos, dependendo da condução pelo facilitador. Um grupo focal deve seguir os seguintes passos:

- geração pessoal de ideias;
- rodadas sucessivas de contribuições com novas ideias que são colocadas em local visível a todos os participantes;
- classificação dos itens e eventual fusão de alguns deles;
- votação individual e priorização dos itens pelos participantes;
- contagem dos votos para cada item;
- discussão dos resultados e classificação dos votos;
- rodada final de votação (como no 4º item, acima).

A metodologia de Delphi está indicada quando, na técnica anterior, alguns membros tenham dificuldade em discordar dos demais, ou quando se necessite a opinião de um grupo de *experts* em determinado assunto.

A técnica permite a avaliação do grau de convergência ou de divergência de opiniões entre os participantes do grupo. Outra característica importante é o anonimato, uma vez que as opiniões dos participantes são colhidas à distancia e o grupo não precisa se encontrar pessoalmente. Como desvantagem aponta-se o tempo gasto para realizar a técnica, bem como a quantidade de comunicação escrita que ela exige. Os principais passos de uma sessão Delphi são:[16]

- fase preparatória para definição do tópico a ser estudado;
- identificação e seleção dos participantes;
- elaboração e validação do questionário;
- distribuição do questionário entre os participantes;
- análise e classificação das respostas;
- comunicação dos resultados do primeiro questionário e consulta se os participantes desejam manter suas opiniões;
- recepção e análise do segundo questionário;
- preparação de um terceiro, quarto ou mais questionários, se assim se considerar necessário.

5.14 Análise dos campos de força

A análise dos campos de força é uma ferramenta desenvolvida por Kurt Lewin para identificar as forças que ajudam e as que prejudicam o alcance de um resultado ou a solução de um problema.

Esta ferramenta expõe uma situação de equilíbrio entre dois campos de forças: uma que tenta mudar o *status quo*, e outra que tenta mantê-lo. Ela permite concentrar esforços para reduzir as forças prejudiciais. Força as pessoas a analisarem juntas as condições que trabalham a favor ou contra uma situação existente, ajudando os membros do grupo a ver cada caso como um conjunto de duas forças opostas. Pode ser usada para estudar problemas existentes ou para antecipar e planejar mudanças.

Quando usada para analisar problemas, ela é mais útil em assuntos subjetivos como moral, gestão, efetividade e clima organizacional. Ela também ajuda os membros do grupo a aterem-se objetivamente à realidade quando se dedicam a planejar mudanças, fazendo-os fixarem-se fortemente nas possíveis resistências que serão encontradas no desenvolvimento do processo.

Na condução de uma análise de campos de força, pode-se construir consenso, discutindo basicamente as objeções que os participantes possam ter. Os passos sugeridos para conduzir uma análise de campos de força incluem:

- definir o problema e certificar-se de que todos os participantes o entenderam;
- desencadear um *brainstorming* em torno das condições desejadas e daquelas que podem prejudicar o alcance desejado;

16 AZEVEDO, A. C.; KORYCAN, T. L., 1999.

- revisar e esclarecer cada força ou fator que possa estar contribuindo; o que pode estar subjacente a esses fatores; o que ajuda o equilíbrio entre as diferentes forças;
- determinar a força do que está prejudicando (classificando-a em alta, média ou baixa). Identificar as que têm maior impacto;
- desenvolver planos de ação para enfrentar os fatores prejudiciais.

É importante estar prevenido para a possibilidade de que alguma força seja omitida quando então seu impacto pode afetar negativamente um plano de ação. Todos os fatores significantes devem ser incluídos e considerados na análise.[17]

5.15 Estabelecimento de metas ou Gerenciamento Por Objetivos (GPO)

O estabelecimento de metas e objetivos está no centro de qualquer iniciativa de planejamento e está muito ligado com a visão ("a grande meta") da organização.

O objetivo expressa uma intenção genérica ou o desejo de onde se quer chegar e para onde o planejamento deve canalizar os esforços e recursos disponíveis; a meta é o objetivo quantificado. Ambos revelam propósitos, ambições, aspirações, intenções e os projetos da organização. Eles têm de ser alcançáveis e compatíveis com os recursos, porte, fase de desenvolvimento e cultura da organização, pois a falta de realismo na sua definição pode levar a frustrações e desestímulo. Daí a importância de metas quantificáveis, pois se elas não podem ser medidas, não podem ser comparadas e tornam-se inúteis; da mesma forma, é importante que todos na organização as conheçam, caso contrário, será difícil obter comprometimento com elas.

Em 1954, Peter Drucker foi o primeiro a expor a ideia do GPO como um processo em que o gerenciamento de uma organização identifica as metas e define cada área individual de responsabilidades em termos de resultados esperados. A vantagem do GPO é permitir o monitoramento sistemático e uma abordagem de melhoria para administrar a organização, tornando-se uma excelente ferramenta para rastrear operações.[18]

Como os desvios se tornam aparentes entre o que é necessário e o que está sendo acompanhado, medidas pró-ativas podem ser tomadas para garantir o sucesso da organização. Para tanto é preciso entender que os objetivos e metas são dinâmicos e devem ser revisados periodicamente.[19]

---

17 FRANCO, L. M. et al., 1992.

18 Veja "traçadoras" no item 5.18 deste capítulo.

19 BROCKA, B.; BROCKA, M. S. *Gerenciamento da qualidade.* São Paulo: Makron Books, 1994.

5.16 Carta de Processo Decisório (CPD)

A CPD apresenta uma maneira gráfica muito parecida com um fluxograma no qual contingências e medidas corretivas podem ser revisadas. Ela é conceitualmente similar a FMECA[20] na busca dos caminhos nos quais algo poderá sair errado; a FMECA tem caráter preventivo, enquanto a CPD procura aperfeiçoar o serviço ou seu processo. Como se verá nos passos a seguir, a CPD usa uma composição de outras ferramentas da qualidade; neste sentido seria um uso complementar a elas. Os passos para aplicação da CPD podem ser:[21]

- fazer um *brainstorming* sobre o processo considerado e os caminhos nos quais as coisas podem sair errado;
- fazer um diagrama de causa e efeito ou um fluxograma para entender os estágios do processo;
- criar a CPD;
- determinar os caminhos nos quais o processo ou produto pode ser reprojetado para evitar os mesmos problemas já identificados.

5.17 Desdobramento da Função Qualidade (DFQ) ou diagrama matricial, casa da qualidade ou evolução da função qualidade

Trata-se de uma ferramenta de planejamento do tipo matricial capaz de integrar os requisitos dos clientes transformando-os em características do serviço a ser prestado.

Essa ferramenta foi desenvolvida em 1972 para uso inicialmente na fabrica da Mitsubishi no Japão, sendo de difícil aplicação na área hospitalar; as ferramentas apresentadas anteriormente devem ser testadas antes que se pense num DFQ em hospitais. Somente por ser frequentemente citada em manuais de qualidade se faz menção a ela aqui.

5.18 *Benchmarking*

Benchmarking é um processo sistemático e contínuo de avaliação de produtos, serviços e processos de trabalho de organizações que são reconhecidas como representantes das melhores práticas com a finalidade de comparar desempenhos e identifi-

[20] Veja, no Capítulo 4, o item 4.1.5 que define a prioridade do risco (*Risk Priority Number - RPN*).

[21] BROCKA, B.; BROCKA, M. S, 1994.

car oportunidades de melhoria na organização que está realizando (ou monitorando) o *benchmarking*.

É uma palavra da língua inglesa que passou a significar busca metódica, consistente e contínua dos melhores desempenhos observados com relação aos diversos aspectos de um processo produtivo ou de seu resultado. Trata-se de uma comparação sistematizada, que deverá ser feita, obviamente, com as melhores práticas conhecidas para aquele processo. Apesar de ser um neologismo, é mais do que uma simples combinação de palavras; não se limita à identificação das melhores práticas, mas é simplesmente o método sistemático de procurar os melhores processos, as ideias inovadoras e os procedimentos de operação mais eficazes que conduzam a um desempenho superior.[22] O processo é chamado de *benchmarking*, e as comparações resultantes dele são chamadas de *benchmarks*. A curiosidade histórica do termo vem das marcas (*marks*) que os viajantes na antiguidade deixavam nos bancos (*bench*) de descanso para indicar a que distância estavam de Roma (a referência), a capital do grande império romano.[23]

Benchmarking é uma das mais antigas ferramentas de gestão, no sentido de que sempre se procurou saber como os outros (concorrentes) estão "fazendo as coisas". O que é recente é o desenvolvimento formal de uma metodologia para fazer isso.

O método foi desenvolvido dentro da Xerox Corp., nos Estados Unidos, durante a década de 1970, quando essa empresa desenvolveu ambicioso programa de melhoria de seus produtos e serviços para fazer frente à concorrência. Essa prática pressupõe a cooperação entre empresas distintas, o que, culturalmente, é mais possível nos Estados Unidos; em outros países isso é mais difícil.

O processo todo pressupõe grande desprendimento e maturidade de todos os envolvidos para que ninguém se envolva num processo de *benchmarking* com a intenção apenas de roubar boas práticas de seus concorrentes mais sofisticados ou desenvolvidos em determinado aspecto da gestão ou da produção. O segredo do *benchmarking* bem-sucedido esteja talvez em não copiar, pura e simplesmente, as soluções adotadas por outras organizações, mas em usar a excelência lograda por elas como inspiração para a construção de processos mais robustos na organização que busca sua melhoria.

A ideia por trás de *benchmarking* é que ninguém é melhor em tudo. Então copiar modelos de outras empresas significa economizar tempo e trabalho. Por definição, as cópias nunca serão iguais. Haverá sempre ajustes, adaptações e aprimoramentos, o que garante a evolução da ideia original. Nesse sentido, o *benchmarking* é um dos instrumentos de gestão mais úteis para melhorar o desempenho das organizações e conquistar a superioridade em relação à concorrência. Baseia-se na aprendizagem das melhores experiências.

Segundo a pesquisa Management Tools & Trends 2005, feita pela Bain & Company, *benchmarking* é a terceira ferramenta de gestão mais usada pelas empresas.[24] A essência desse instrumento parte do princípio de que nenhuma organização é a

---

22 BOGAN, C. E. *Benchmarking*: aplicações práticas e melhoria contínua. Rio de Janeiro: Makron Books, 1996.

23 Disponível em: <http://pt.wikipedia.org/wiki/Benchmarking>. Acesso em:12 nov. 2012.

24 PAGLIUSO, A. T. *Benchmarking*: relatório do comitê temático. Rio de Janeiro: Qualitymark, 2005.

melhor em tudo, o que implica reconhecer que sempre existe no mercado quem faça algo melhor do que os outros; e isso é bom para todos, especialmente para os clientes. Há diferentes tipos de *benchmarking*:

- de processos;
- de resultados;
- competitivo;
- interno;
- genérico;
- funcional.

O processo de *benchmarking* se desenvolve melhor seguindo as seguintes etapas:[25]

- identificar organizações comparáveis;
- definir método e coletar dados;
- determinar a lacuna de desempenho;
- projetar níveis de desempenho futuro e obter aceitação;
- estabelecer metas funcionais;
- desenvolver planos de ação;
- implementar ações específicas e monitorar progresso;
- recalibrar marcos de referência.

A implementação de um processo de *benchmarking* pode ser dividido em fases, que, por sua vez, estão subdivididas em atividades, e estas em tarefas. As fases desse processo são:[26]

1. Planejamento:
   - identificação do item a ser acompanhado;
   - obtenção do apoio da direção;
   - desenvolvimento do sistema de medida;
   - desenvolvimento do plano de coleta de informação;
   - revisão dos planos;
   - caracterização do item.

2. Coleta interna de informação:
   - coleta e análise de informação publicada internamente;
   - seleção de potenciais parceiros internos;
   - caracterização do item em cada parceiro;

[25] CAMP, R. C. *Benchmarking*: o caminho da qualidade. São Paulo: Pioneira, 1993.

[26] Disponível em: <http://pt.wikipedia.org/wiki/Benchmarking>.Acesso em: 12 nov. 2012.

- coleta interna de dados;
- realização de visitas aos parceiros.

3. Coleta externa de informação:
   - coleta de informação publicada externamente;
   - coleta de dados externos.

4. Melhoria do desempenho do item:
   - identificação das ações corretivas;
   - desenvolvimento do plano de implementação;
   - obtenção da aprovação da solução;
   - implementação e verificação da solução.

A utilização de *benchmarking* em gestão de serviços de saúde não é fácil por causa da grande variabilidade de práticas, dos diferentes graus de complexidade dos casos atendidos e de suas gravidades (o assim chamado *case mix*). Desta forma, recomenda-se aos hospitais que comecem primeiro a utilizar a ferramenta em situações não clínicas: nutrição, lavanderia ou outros administrativos. Contudo, deve-se considerar a possibilidade de identificar condições chamadas de "traçadoras", como casos de infecção em determinado procedimento cirúrgico considerado "limpo", e aplicar a ferramenta. Neste caso se trataria de verificar os hospitais em que as taxas de infecção para esses procedimentos são as mais baixas e, com base neles, analisar e compreender os processos praticados nesses lugares e tentar obter os mesmos resultados.[27]

O CQH tem procurado desenvolver a conscientização para o uso dessa prática entre os hospitais participantes do programa por meio dos seus núcleos de apoio à gestão hospitalar (NAGEHs): enfermagem, controle de infecção hospitalar, farmácia hospitalar, hotelaria, hospitais pediátricos, alguns com mais sucesso que outros. Esses grupos se reúnem trimestralmente na sede do programa, com apoio de um coordenador, para discutir indicadores de suas respectivas práticas e os correspondentes processos para alcançá-los. O resultado desse trabalho está disponível em algumas publicações.[28]

Os NAGEHs procuram desenvolver um processo gerencial permanente, que requer atualização constante de coleta e análise cuidadosa daquilo que há de melhor externamente em práticas e desempenho para as funções de tomada de decisões e de comunicações em todos os níveis dos hospitais:

- identificando resultados excelentes, geralmente mensurados por meio de métricas ou indicadores. Tais resultados servem de estímulo para os esforços de melhoria e dão uma garantia de que, por meio de esforços inteligentes, tais resultados poderão ser igualados;

[27] AZEVEDO, A. C.; KORYCAN, T. L., 1999.
[28] Cadernos CQH de Indicadores, Manual de Indicadores de Enfermagem.

- identificando as chamadas melhores práticas, que, geralmente com alguma adaptação à cultura e às peculiaridades da organização, podem servir de referência para uma mudança que leve a melhores resultados.

Esse processo obriga ao teste constante das ações internas em relação aos padrões externos das práticas do setor. Trata-se de um processo de descoberta e de uma experiência de aprendizagem. Logo ele tem de ser:

- um processo contínuo;
- uma procura que fornece informação valiosa;
- um processo de aprendizagem;
- um leque de oportunidades;
- uma análise dos processos;
- uma ferramenta de gestão, aplicável aos processos da organização.

E não:

- um ato isolado;
- um livro de receitas;
- uma cópia ou uma imitação;
- a reinvenção do que já foi inventado;
- uma constatação de fatos;
- uma moda de gestão.

Dessa forma, cria condições para:

- introduzir novos conceitos de avaliação;
- melhorar o conhecimento da própria organização;
- identificar áreas que devem ser objeto de melhorias;
- estabelecer objetivos viáveis e realistas;
- criar critério de prioridade no planejamento;
- favorecer um melhor conhecimento dos concorrentes e do nível competitivo do mercado;
- aprender com os melhores.

O *benchmarking* está baseado nos seguintes princípios:[29]

- Reciprocidade: relações recíprocas;

[29] Disponível em: <http://www.pmelink.pt>. Acesso em: 12 nov. 2012.

- Analogia: para produzir resultados eficazes, torna-se necessário manter uma analogia com os métodos da organização que busca a melhoria;
- Medição: os sistemas de medição, assim como as ferramentas utilizadas na análise dependem dos indicadores selecionados pelas organizações que partilham o estudo;
- Validação: as equipas de *benchmarking* devem validar os seus estudos por métodos estatísticos, sob pena de colocarem em causa as conclusões dos dados recolhidos.

Deve-se também ter em conta que:

- existem organizações que negam ou distorcem os dados, apesar do código de conduta que se comprometeram a respeitarem um grupo de *benchmarking*, precisamente pelo fato de que não querem que outras atinjam os patamares de excelência financeira, operacional, logística, social, ambiental que elas já atingiram porque, se os atingirem, terão mais um concorrente no mercado com as mesmas "armas";
- existem organizações que invejam os indicadores de outras com dimensão diferente, ou que atuam em um mercado que não é o mesmo, comparando o que não é comparável. Isso é errado e prejudicial para a própria organização;
- qualquer organização, pública ou privada, com ou sem fins lucrativos, de qualquer setor ou porte, pode utilizar o *benchmarking* para entender e melhorar os seus processos;
- *benchmarking* é uma das formas mais eficazes de estabelecer metas e tem um efeito motivacional grande nas equipes de trabalho.

É óbvio que o gestor não usará todas as ferramentas ao mesmo tempo. Após familiarizar-se com elas, saberá quais são mais convenientes para cada caso e usará apenas algumas delas para avaliar um problema ou um processo. De qualquer forma, apresenta-se a seguir uma sequência de utilização das ferramentas da qualidade para ajudar ao gestor na sua tarefa de decidir qual delas usar. Genericamente pode-se dizer que, para resolver um problema, pode-se iniciar com um *brainstorming*, listando todas as possíveis causas de um problema e agrupando-as de acordo com a regra dos cinco "m" em um diagrama de espinha de peixe. Uma vez listadas as possíveis causas, pode-se, por meio de uma folha de verificação observar as que ocorreram mais vezes, e com esta informação, construir um diagrama de Pareto identificando aquelas sobre as quais se vai atuar primeiro para resolver 80% das possíveis causas, e assim por diante. Os quadros a seguir também devem ajudar o gestor a sistematizar o raciocínio em busca do melhor uso das ferramentas.

Quadro 5.3 Uso das ferramentas da qualidade.

Ferramentas	Identificar problema	Definir problema	Identificar equipe	Analisar problema	Escolher solução	Implementar solução
Brainstorming	X			X	X	
Fluxograma	X	X	X	X	X	X
Diagrama de Ishikawa				X		
Gráfico de barras	X			X		X
Diagrama de dispersão				X		X
Diagrama de Pareto	X			X		X
Benchmarking	X			X	X	
Folhas de verificação	X					
Técnica de Delphi	X					

Outra forma de agregar as ferramentas de maneira que facilite a compreensão pode ser classificando-as, de forma resumida, como aparece no quadro a seguir. O leitor notará que são apresentadas outras ferramentas que não foram descritas no texto; para maior conhecimento deverão ser buscadas publicações específicas.[30]

Quadro 5.4 Classificação de ferramentas da qualidade.

Ferramentas gráficas	Análise de dados	Identificação de problemas
Diagrama de causa e efeito	Folhas de verificação	*Brainstorming*
Cartas de controle	Cartas de controle	Diagrama de causa e efeito
Apresentação de dados	Projeto de experimentos	Folhas de verificação
Fluxograma	Operação evolucionária	Cartas de controle
Carta de processo decisório	Análise dos campos de força	Técnica de Delphi
Desdobramento da função qualidade	Diagrama de Pareto	Análise dos campos de força
Diagrama sistemático	Amostragem	Técnicas de nomeação de grupos
Análise de fluxo de trabalho	*Benchmarking*	Diagrama de Pareto
		Círculos de qualidade

continua

[30] BROCKA, B.; BROCKA, M. S., 1994.

continuação

Ferramentas para tomada de decisão	Ferramentas de modelagem	Ferramentas preventivas
Auditoria	Marcos de excelência	Cartas de controle
Marcos de excelência	Fluxogramas	Projeto de experimentos
Análise de campos de força	Desdobramento da função qualidade	Operação evolucionária
	Análise do fluxo de trabalho	FMEA
		Senso comum
		Estabelecimento de metas
		Diagrama de Pareto

Técnicas para toda a organização	Ferramentas de criatividade
Auditoria	*Brainstorming*
PDCA	Operação evolucionária
Círculos de qualidade	Senso comum
Desdobramento da função qualidade	Carta de processo decisório
Estabelecimento de metas	Círculos de qualidade
Benchmarking	5W's e 2H's

Estudo de caso: Relatório de auditoria[31]

O primeiro momento da equipe de visitadores no hospital será para conferir a documentação, conforme listagem que se segue (presença ou ausência dos itens terão registro positivo (s) ou negativo (n), sendo (na) para o caso de o item não se aplicar ao hospital:[32]

Documento de controle de fuga de radiação.		**(s)**	**(n)**
Habilitação de profissionais para uso de material radioativo.	**(na)**	**(s)**	**(n)**

[31] Relatório utilizado nas visitas aos hospitais participantes do Programa CQH. Uso com permissão do Núcleo Técnico do Programa. A metodologia é a mesma utilizada no Capítulo 7, assim como na descrição da CCIH no Capítulo 6.

[32] Exemplo de itens cobertos por uma visita do CQH aos hospitais participantes do Programa.

Perfil:

Critério I – Liderança

1.1 Governança corporativa

Código de ética. Será verificado também se há regras de conduta para os integrantes da administração.	(s)	(n)
Manuais, normas e rotinas. Será verificado também se abordam questões éticas.	(s)	(n)

1.2 Exercício de liderança e promoção da cultura da excelência

Atas de reuniões de times de trabalho, comissões, tais como ética médica e de enfermagem e comitês técnicos.	(s)	(n)

Critério II – Estratégias e Planos

2.1 Formulação das estratégias

Planejamento estratégico atualizado anualmente.	(s)	(n)
Planejamento estratégico aprovado pelo Conselho ou instância maior, quando existente.	(s)	(n)

2.2 Implementação das estratégias

Planos de ação anuais escritos e alinhados com as estratégias contemplando agentes, cronogramas e recursos necessários, incluindo os financeiros.	(s)	(n)
Acompanhamento periódico e formal da implementação dos planos de ação.	(s)	(n)

Critério III – Clientes

3.1 Imagem e conhecimento de mercado

Levantamento do perfil demográfico dos clientes.	(s)	(n)
Análise do perfil nosológico dos clientes.	(s)	(n)

3.2 Relacionamento com clientes

Manifestações dos clientes na ouvidoria ou em pesquisa de satisfação do cliente ou em manifestações no SAC, 0800, internet ou quaisquer outros canais de comunicação com clientes.	(s)	(n)

Critério IV – Sociedade

4.1 Responsabilidadesocioambiental

Critério V – Pessoas

5.1 Sistemas de trabalho

Competências (conhecimentos, habilidades e atitudes) e responsabilidades (autonomia e tarefas atribuídas) na estrutura de cargos. (s) (n)

5.2 Capacitação e desenvolvimento

Avaliação do impacto dos treinamentos desenvolvidos pelas pessoas que trabalham no hospital. (s) (n)

Critério VI – Processos

6.1 Principais processos do negócio e processos de apoio

Normas, procedimentos e rotinas operacionais atualizados das áreas: berçário, neonatologia patológica, pediatria, clínica médica, clínica cirúrgica e/ou quaisquer outros serviços do hospital de acordo com o perfil. (s) (n)

Protocolos baseados em evidências clínicas, atualizados para as áreas: berçário, neonatologia patológica, pediatria, clínica médica, clínica cirúrgica e/ou quaisquer outros serviços do hospital, de acordo com o perfil. (s) (n)

Atas de reuniões de análise de casos clínicos. (s) (n)

Atas de reuniões de análise dos processos de enfermagem. (s) (n)

Programa de controle de infecção hospitalar com metas definidas. (s) (n)

Atas de reuniões da CCIH. (s) (n)

Protocolos para higiene das mãos, uso de germicidas, isolamento e precauções padrão, prevenção da infecção do sítio cirúrgico, prevenção de infecção relacionada ao acesso vascular e da corrente circulatória, prevenção de infecção do trato urinário, prevenção de infecção do trato respiratório e intervenções em surtos de infecção hospitalar. (s) (n)

Normas e rotinas atualizadas de funcionamento do centro cirúrgico. (s) (n)

Manuais para os procedimentos anatomopatológicos.	(s)	(n)
Protocolos baseados em evidência clínica para insuficiência respiratória, insuficiência circulatória, insuficiência renal aguda e abdômen agudo.	(s)	(n)
Avaliação dos resultados dos processos do laboratório do corpo clínico do hospital.	(s)	(n)
Avaliação dos resultados dos processos dos serviços de diagnóstico por imagem do corpo clínico do hospital.	(s)	(n)
Atas de reuniões do serviço de hemoterapia.	(s)	(n)
Atas de reuniões do serviço de diálise.	(s)	(n)
Manuais operacionais atualizados das áreas: central de material, farmácia, laboratório de análises clínicas, hemoterapia, TRS (diálise e hemodiálise), serviço de diagnóstico por imagem, serviço de nutrição e dietética, lavanderia, limpeza, manutenção e demais serviços de apoio, de acordo com o perfil do hospital.	(s)	(n)
Relação atualizada de medicamentos padronizados.	(s)	(n)
Validação da CCIH dos processos desenvolvidos pela lavanderia, incluindo insumos utilizados.	(s)	(n)
Validação da CCIH dos processos desenvolvidos pela Limpeza incluindo insumos utilizados.	(s)	(n)
Registros das atividades de limpeza, a cada seis meses, nos reservatórios de água, desratização e desinsetização.	(s)	(n)
Plano contingencial, validado pela CCIH e SESMT, para manutenção da qualidade durante obras de reforma ou expansão, com barreiras a fim de evitar a contaminação dos setores adjacentes.	(s)	(n)
Registro da manutenção periódica do sistema alternativo de geração de energia.	(s)	(n)

6.2 Processos de relacionamento com fornecedores

Avaliação dos resultados da atividade do hospital com os fornecedores (prazo de entrega, itens de não conformidade, entre outros), no mínimo um grupo de fornecedores.	(s)	(n)

Rotinas administrativas voltadas para a gestão de materiais, tais como: cadastro de fornecedores, pedidos de compra com especificações detalhadas, comitê de compras com a participação das áreas interessadas, verificação dos controles de qualidade do fabricante/prestadores de serviços, padronização de produtos, avaliação interna da qualidade dos produtos e serviços comprados.	**(s)**	**(n)**
Contratos das empresas terceirizadas, quando houver.	**(s)**	**(n)**

6 Modelo assistencial

Modelos assistenciais são uma forma de combinar tecnologias, materiais, equipamentos e recursos humanos visando contribuir para a melhoria das condições das pessoas que procuram assistência nos serviços de saúde. Trata-se da racionalização no uso dos recursos segundo uma lógica assistencial própria de cada organização, de acordo com as demandas do ambiente no qual estão inseridas.

As organizações comporão a melhor combinação dos recursos necessários para satisfazer essas demandas com efetividade, eficácia e eficiência. Na prática, essa combinação se define pelas especialidades e tipos de pacientes que serão atendidos, pela sofisticação do parque tecnológico disponível, pela definição de protocolos clínicos a serem utilizados e por outros detalhes de atendimento aos pacientes.

Esse modelo se delineia por seus instrumentos e objetos de trabalho, assim como pelo saber médico disponível. A finalidade desse modelo é padronizar condutas de maneira que promovam a recuperação do indivíduo, sendo o médico figura central que transforma seu saber em ações diagnósticas e terapêuticas buscando a recuperação do corpo doente. Dessa forma, a composição do corpo clínico é elemento importante na definição do modelo assistencial.

Hoje, a complexidade do conhecimento e a ampliação da infraestrutura hospitalar levam à necessidade de agregar outras pessoas e especializar os saberes e fazeres entre diferentes profissionais: enfermeiros, psicólogos, fisioterapeutas, farmacêuticos, biólogos, terapeutas ocupacionais e outros que complementam a ação dos médicos. Corpo clínico, estritamente falando, é o conjunto de médicos que se propõe a assumir solidariamente aresponsabilidade de prestar atendimento aos usuários que procuram uma organização de saúde (hospital, ambulatório, clínica ou outros), respeitadas as normas administrativas específicasestabelecidas pela governança. De maneira geral, espera-se que esse corpo clínico se proponha a:[1]

- realizar ações assistenciais integradas e de atividades preventivas, para a promoção, proteção e recuperação da saúde, assim como reabilitação de sequelas;
- desenvolver atividades de ensino, treinamento e aprimoramento, para médicos e componentes da equipe multiprofissional de saúde;
- implementar ações para o monitoramento da qualidade ético-profissional dos serviços prestados.

De modo geral, pode-se dizer que os médicos se relacionam com o hospital em condições de corpo clínico fechado ou aberto. No primeiro caso, existe um vínculo empregatício do profissional com o hospital de tal sorte que os médicos são subordinados nas diferentes estruturas organizacionais da instituição, tendo de cumprir jornadas de trabalho especificadas nos seus contratos. No caso do corpo clínico dito aberto, não há vínculo empregatício ligando o profissional ao hospital; os médicos são credenciados ou acreditados para internar seus pacientes nos hospitais dos quais façam parte do corpo clínico. Para o credenciamento ou acreditação, geralmente existe um rito processualístico definido, ao qual os profissionais devem se submeter se querem usar as instalações do hospital para internar seus pacientes, como será visto adiante no item relativo à comissão de credenciamento hospitalar.

Os médicos no corpo clínico aberto, geralmente, são classificados em: efetivos, temporários, consultores, estagiários e autônomos, dependendo da fase em que se encontrem no processo de credenciamento. No caso de existir apenas um hospital em uma localidade qualquer, este não poderá impedir o acesso para um profissional ali residente usar suas instalações para internar doentes.

É importante salientar que se está falando da atividade realizada dentro das instituições em contraposição ao modelo assistencial macrodefinido para responder às necessidades de uma região, município, consórcio de municípios ou estado. Trata-se do modelo assistencial intramuros, da unidade prestadora de serviços de saúde, seja ela hospital, ambulatório de especialidades ou clínica.

Em última análise, todo o esforço desse modelo assistencial deve desembocar na produção de serviços com qualidade no atendimento prestado aos pacientes. O modelo assistencial deverá ser responsável por um atendimento que tenha boa relação custo-efetividade, custo-eficácia e seja eficiente no seu custo-benefício.Esses conceitos foram colocados propositadamente logo no início deste capítulo sobre modelo assistencial e não no capítulo sobre modelo gerencial. O propósito dessa colocação não é provocar nem causar polêmica, mas sim chamar a atenção para a importância desses conceitos em qualquer atividade humana em que se pretenda resultados com qualidade. Para ter qualidade, qualquer ação humana deve ser:

[1] Modelo de regimento do corpo clínico. Disponível em: <http://www.crmdf.cfm.org.br>. Acesso em: 12 nov. 2012.

- efetiva (fazer certo);
- eficaz (fazer bem feito);
- eficiente (fazer ao menor custo).

Segundo a Resolução Normativa n. 275, de 1.11.2011, da Agência Nacional de Saúde Suplementar,[2] que dispõe sobre a instituição do programa de monitoramento de qualidade dos prestadores de serviços na saúde suplementar (QUALISS), a efetividade é a medida dos resultados decorrentes da aplicação de uma ou um conjunto de intervenções (métodos de prevenção ou reabilitação, técnicas diagnósticas ou procedimentos terapêuticos), em conformidade com o estado atual do conhecimento científico, tendo em consideração comparações com alternativas, e da capacidade de atingir esses resultados com todos os pacientes que podem se beneficiar dessas intervenções, indicando o grau em que uma melhoria potencial do cuidado à saúde é na prática atingida em situações reais ou habituais em uma unidade hospitalar. Já a eficiência, segundo o mesmo documento, é a otimização dos recursos financeiros, tecnológicos e de pessoal para obter os melhores resultados de saúde possíveis, pela eliminação da utilização de recursos sem benefício aos pacientes, redução de desperdício pelo uso excessivo, insuficiente ou inadequado das tecnologias em saúde e redução dos custos administrativos ou de produção.

Para compreender melhor esses conceitos, faremos uma analogia com a seleção brasileira de futebol: ela é muito eficaz, ou seja, quase sempre faz as coisas bem feitas (seus jogadores têm boa técnica, executam bem os fundamentos do jogo, mantém a posse de bola por mais tempo que o adversário e outros atributos que os fazem ser invejados); também se pode dizer que ela é bastante efetiva, pois frequentemente faz mais gols do que seus adversários e ganha as partidas; mas a maioria concordará que ela não é muito eficiente, pois seus gols são muito caros considerando a quantidade deles e as remunerações dos jogadores que os fazem. Portanto, efetividade tem a ver com fazer as coisas certas (ganhar a partida); eficácia com fazê-las bem feitas (jogar bem); e eficiência com fazê-las consumindo o menor número de recursos, ou seja, ao custo mais baixo, com maior produtividade por unidade de recurso utilizada.

Os três conceitos são importantes para a qualidade, uma vez que a assistência tem de ser feita com efetividade:

> "...quanto à medicina, tal como eu a concebo, penso que o seu objetivo, em termos gerais, é o de afastar os sofrimentos do doente e diminuir a violência das suas doenças, abstendo-se de tratar os doentes graves para os quais a medicina não dispõe de recursos. Curar algumas vezes, aliviar muitas vezes e consolar sempre...".[3]

[2] Publicada no Diário Oficial da União em 03.11.2011, seção 1, p. 81-82.

[3] Aforismos de Hipócrates. Disponível em: <http://www.fapunifesp.edu.br>. Acesso em: 13 nov. 2012.

Ou seja, no mínimo, não causar novos danos aos pacientes; com eficácia, ou seja, utilizando o máximo de conhecimento e de tecnologia disponíveis; e com eficiência, não gastando mais do que se possa razoavelmente gastar para tentar a cura de algum paciente.

A eficiência é, eminentemente, um conceito econômico de qualquer ação humana; tem a ver com produtividade, com o melhor uso dos recursos disponíveis, que sempre são escassos. Conseguir o máximo com o mínimo uso de recursos. Só com o aumento de produtividade há crescimento da economia, seja da firma, do indivíduo ou de um país. Um dos requisitos básicos para o sucesso do modelo assistencial é permitir aos pacientes obter cuidados à saúde de maneira fácil e conveniente, sempre que necessário, ou seja, que ele tenha acesso à assistência podendo obter os serviços de que precise no momento e local adequados em quantidade suficiente e a um custo razoável. Além disso, o modelo assistencial tem de prover o tratamento adequado dos pacientes, incluindo a presteza do atendimento e a qualidade dos serviços, com base nas necessidades deles, garantindo-lhes segurança, ou seja, eliminar ou diminuir os riscos potenciais de uma intervenção ou do ambiente do serviço de saúde, de causar danos ou prejuízos tanto ao paciente quanto a outras pessoas, incluindo os profissionais de saúde.

O modelo assistencial tem de estar centrado no paciente, atendendo-o com respeito, orientando-o para outro serviço ou profissionalquando necessário. Porém, deve sempre visar à máxima resolubilidade, ou seja, as necessidades dos clientes devem ser resolvidas, evitando-se o seu encaminhamento para outros serviços. O modelo deve criar condições para que, além de ter as necessidades satisfeitas, os valores dos pacientes também sejam respeitados, assim como as expectativas quanto a um atendimento com dignidade, cortesia e civilidade; manter a confidencialidade das informações prestadas e garantir o direito à informação, à autonomia; oferecer pronta atenção e conforto, além da escolha do provedor do cuidado. Em outras palavras, o modelo assistencial deve ser permeado do que se convencionou chamar de humanização do atendimento. De tudo isso, facilmente se depreende a importância do equilíbrio entre as ações do modelo assistencial e do modelo gerencial; ou seja, a relação efetiva entre a administração dos hospitais e o corpo clínico.

6.1 Protocolos baseados em evidências clínicas

Espera-se do modelo assistencial em um hospital que busca a excelência, que o atendimento esteja baseado em evidências clínicas. As ações médicas prescritas devem estar sustentadas por documentação científica que demonstre relação causal entre o tratamento e a melhora clínica ou cura que se pretenda.

Em outras palavras, as ações médicas devem estar baseadas em evidências como preconizado pela Medicina Baseada em Evidências (MBE), que propõe métodos de hierarquização e avaliação crítica das evidências com o intuito de auxiliar os médicos na tomada de decisão, embasando-a em resultados de estudos de pesquisa clínica: análises de eficácia, de segurança e de custo-efetividade das intervenções médicas.

A MBE é também uma prática definida como:

> "o uso consciencioso, explícito e judicioso da melhor evidência científica para a tomada de decisão no tratamento de pacientes, processo que envolve a integração entre o julgamento clínico e a experiência do médico com os dados da literatura disponível".[4]

Assim, um bom estudo de caso ou séries de casos pode ser o caminho para melhorar a evidência disponível quando nãofor possível a realização de estudos controlados.

A MBE é uma abordagem ao conhecimento médico baseada na aplicação do método científico; evidências, portanto, significam, aqui, provas científicas. Ela incorporou técnicas da engenharia e estatística como:

- revisões extensivas da literatura existente, chamadas de meta-análise;
- análise de risco-benefício;
- experimentos clínicos aleatórios e controlados, populacionais, entre outras.

Ela luta para que todos os médicos façam uso consciencioso, explícito e judicioso da melhor evidência disponível quando tomam decisões em seu trabalho. A prática da MBE implica conhecimento e experiência clínicas e saber procurar, interpretar e aplicar os resultados de estudos epidemiológicos aos problemas de seus pacientes. Logo, também é importante para a qualidade do modelo assistencial o uso dos conceitos da epidemiologia clínica e da epidemiologia hospitalar, que estudam as frequências das doenças e de seus determinantes em uma população. Com essas ferramentas, o médico deverá saber calcular e comunicar aos seus pacientes os riscos e benefícios de diferentes condutas médicas possíveis em cada caso.

A MBE, de certa forma, contrapõe-se à chamada medicina baseada na autoridade do médico. Por exemplo, se um médico diz que não há necessidade de realizar a assepsia de um aparelho antes de usá-lo, ele deverá fornecer uma evidência científica dessa afirmação. Assim, deverá procurar um estudo epidemiológico em que foi acompanhado um número suficiente de pacientes que tiveram o exame realizado após assepsia do aparelho, comparado com um número semelhante de outros pacientes que tiveram o exame realizado sem a referida assepsia, por um período de tempo adequado. Segundo a MBE, é apenas após a aplicação de um método estatístico adequado aos resultados de incidências de doenças de ambos os grupos que se poderá chegar à conclusão de que a realização da assepsia do aparelho é necessária ou não. Qualquer profissional que realize qualquer afirmação sobre a saúde de uma pessoa sema embasar em estudos científicos está fazendo medicina baseada em autoridade e não medicina baseada em evidências.[5]

---

[4] ELDIB, R. P. *Como praticar a medicina baseada em evidências.* J VascBras, v. 6, n. 1, 2007.

[5] ELDIB, R. P., 2007.

A medicina baseada em evidências requer a existência de padrões para o desenvolvimento de diretrizes ou protocolos clínicos. Esses protocolos padronizados visam orientar aos profissionais quanto às intervenções clínicas, fundamentadas na MBE e que buscam a qualidade no atendimento. As evidências devem ser prospectadas e criticamente analisadas em processo sistemático para evitar erros potenciais. Para isso, deve ser seguida uma metodologia semelhante à utilizada no processo de elaboração das revisões sistemáticas, como sugere o método Cochrane de revisão sistemática:[6]

- fundamentação;
- metodologia utilizada;
- análise crítica da literatura utilizada;
- os níveis de evidência;
- o grau de recomendação;
- as entidades que participaram da validação; e
- a forma de validação.

Os protocolos:

> "nada mais são que sugestões de condutas clínicas, baseadas nas melhores evidências científicas existentes, produzidas de maneira estruturada (frequência, diagnóstico, tratamento, prognóstico, profilaxia), com bom senso e honestidade. Na ausência de evidências com a qualidade desejada (bons ensaios clínicos, por exemplo), toma-se por base o consenso de especialistas no assunto. Dessa forma, informações relevantes adequadas para cada situação são cotadas em relação ao custo-benefício (eficiência) e passam a ser o elo final entre a ciência de boa qualidade e a boa prática médica. Isto se tem tornado rotina nos países desenvolvidos e é dramaticamente necessário nos países em desenvolvimento".[7]

De forma resumida, o processo de desenvolvimento de protocolos deve contemplar:[8]

- refinar os tópicos/questões;
- realizar uma revisão sistemática após a identificação dos estudos e sua avaliação crítica;
- elaborar cenários e desenvolver modelos de recomendações;
- estabelecer recomendações para pesquisa e atualização da diretriz;
- garantir a revisão por pares;

---

[6] RIBEIRO, R. C. Diretrizes clínicas: como avaliar a qualidade? *RevBrasClinMed* 2010; 8(4):350-355.

[7] ATALLAH, A. N. Medicina baseada em evidências: uma nova maneira de ensinar e praticar a medicina. *Rev Diag-Trat* 1996; 1(2):8-10.

[8] WORLD HEALTH ORGANIZATION. *Guidelines for WHO Guidelines*. Geneva, Switzerland: Global Programmeon-Evidence for Health Policy. 2003.

- disseminara diretriz;
- completar a documentação do processo de desenvolvimento da diretriz;
- submeter minuta da diretriz para aprovação.

> "Em suma, o médico, ao envolver sua conduta no compromisso com a boa evidência científica, não está diminuindo sua capacidade global de decisão, que é, e sempre será sua. A sensibilidade (*feeling*) do médico continua, só que com algo mais, com informações precisas a orientá-lo naquilo que já foi testado adequadamente à luz da ciência. Ele pode então ganhar experiência naquilo que funciona e evitar o que sabidamente pode comprometer os resultados do seu trabalho e a saúde dos seus pacientes".[9]

A utilização de comissões de apoio à Diretoria Clínica e à sua gestão é uma forma de materializar alguns aspectos do modelo assistencial que o hospital pratica. É uma forma de aumentar a participação dos profissionais na administração da organização, desconcentrar o poder e entregar aos especialistas as tarefas que dependem somente deles.

Muito se fala da falta de envolvimento dos médicos no dia a dia dos hospitais. De fato, por suas múltiplas tarefas, muitos se envolvem pouco com a faina diária das organizações em que trabalham. Uma forma de intensificar essa participação é por meio das diferentes comissões e comitês do corpo clínico. Na medida em que qualquer agente se sinta partícipe de uma ação, ele tende a se apropriar dela. Novas tendências em administração sugerem a importância de as tarefas serem conduzidas por grupos especiais, times ou equipes pequenas, permanentes ou não, que assumem a responsabilidade sobre ações específicas, desfazendo-se ou não após os resultados alcançados; esta é uma forma similar à administração por projetos, sempre com bons resultados pela autonomia conseguida e flexibilidade de ação.

A aplicação do modelo assistencial e de gestão melhora com a participação desses grupos, genericamente aqui chamados de comissões. Entre as possíveis comissões sugerem-se:

- de análise de óbitos;
- de bioética;
- de credenciamento do corpo clínico;
- de farmácia e terapêutica;
- de infecção hospitalar;
- de ética médica;
- de transplantes;

[9] ATALLAH, A. N.; CASTRO, A. A. Medicina Baseada em Evidências: o elo entre a boa ciência e a boa prática. *Revista da Imagem*.v. 20, n. 1, jan./mar. 1998.

- de prontuários;
- de ética em pesquisas (no caso de hospitais de ensino);
- interna de prevenção de acidentes (CIPA);
- e outras que a necessidade da particularidade de cada hospital poderá exigir.

Por exemplo, o Hospital Geral de Itapecerica da Serra, em São Paulo, público, sob gestão do Serviço Social da Construção Civil de São Paulo (SECONCI) como organização social de saúde (OSS), tem as seguintes comissões:

- de humanização;
- de iniciativa hospital amigo da criança;
- de mortalidade materna;
- CIPA;
- de nutrição parenteral;
- de óbitos;
- de gerenciamento de resíduos;
- de perinatologia;
- de revisão de prontuários;
- de transplantes;
- de planejamento familiar;
- de qualidade;
- de higiene das mãos;
- de curativos;
- de credenciamento médico;
- de bioética; e
- transfusional.

Em seguida serão apresentados detalhes de algumas dessas comissões e suas funções.

6.2 Comissão de credenciamento do corpo clínico

Compete à comissão de credenciamento médico analisar o ingresso de médicos no corpo clínico. De modo geral, a comissão espera que esses médicos, uma vez membros do corpo clínico, devam sempre:

- procurar o aperfeiçoamento técnico e científico, utilizando-os no interesse de seus pacientes;
- assistir, dentro dos melhores preceitos técnicos e éticos, os pacientes internados sob sua responsabilidade;

- promover o correto preenchimento dos prontuários dos pacientes, de forma que seja assegurada a fidelidade de seu conteúdo;
- propor e seguir, por meio das comissões médicas, modificações, ampliações, alterações de procedimentos e tudo que vise à melhoria da assistência aos pacientes e à elevação do padrão técnico da organização em queatuam;
- referir a entidade em que trabalham quando realizarem trabalhos científicos e estes forem desenvolvidos parcial ou totalmente dentro do seu âmbito interno de trabalho;
- supervisionar e orientar ética, técnica e cientificamente médicos auxiliares e eventuais colaboradores, devidamente cadastrados nacomissão de credenciamento, que atuam sob sua responsabilidade;
- colaborar com a administração da organização em que trabalham no aperfeiçoamento da assistência médico-hospitalar e no cumprimento de seus objetivos institucionais;
- prestar, a seu critério, quando necessário, assistência médica gratuita a pacientes carentes.

O corpo clínico geralmente é constituído por todos os médicos que regularmente trabalham na organização, tendo a principal incumbência de prestar assistência a pacientes que a procuram, gozando de autonomia profissional, técnica, científica, política e cultural, classificados nas possíveis categorias genéricas:

- Médico autorizado: profissional não cadastrado, porém, autorizado pelo corpo clínico a realizar um determinado procedimento;
- Médico credenciado: profissional cadastrado no corpo clínico para a realização de determinados procedimentos;
- Médico consultor: profissional de reconhecida capacidade que aceita colaborar, quando solicitado, com o corpo clínico, na forma dos dispositivos regulamentares internos da organização;
- Médico contratado: profissional admitido por indicação da diretoria clínica, observando-se a legislação trabalhista e a legislação civil em vigor e as normas previstas pela organização;
- Médico estagiário: autorizado pela diretoria clínica para a prática de sua especialidade, por prazo determinado, satisfeitas as condições de admissão.

Todos os membros do corpo clínico de uma organização deverão submeter-se ao processo de credenciamento previsto e regulado pelas normas que regem a atividade da comissão de credenciamento. Os médicos integrantes do corpo clínico que, porventura, sejam proprietários, sócios ou arrendatários de empresas prestadoras de serviços que concorram, direta ou indiretamente, deverão notificar expressamente essa condição à diretoria do hospital. Médicos não integrantes do corpo clínico de uma organização poderão ter o direito de internar e assistir seus pacientes nessaorganização (nesse caso, serão legalmente responsáveis pelo paciente durante a internação), desde que cumpridas algumas exigências:[10]

- Apresentação prévia e pessoal de credenciais ao diretor clínico ou a quem este indicar;
- Tomar conhecimento das normas técnicas e administrativas do hospital e comprometer-se a respeitá-las e aceitá-las;
- Nos casos de emergência ou risco de vida eminente, não serão previamente exigidos os requisitos anteriores, bastando apenas a qualificação do médico por meio da apresentação da carteira do conselho profissional aos serviços de recepção e de enfermagem.

Essa comissão deve estar relacionada com a governança do hospital, tal a importância que ela tem nos resultados finais da assistência médica. Será por meio de um bom recrutamento e seleção do corpo clínico que se poderão esperar bons resultados.

Mas, além de bom recrutamento, faltam ainda algumas iniciativas para valorizar o corpo clínico nas organizações: muito pouco tempo das reuniões de governança dos hospitais é dedicado a discutir problemas clínicos ou resultados da assistência, ou a satisfação de pacientes ou médicos.

A maior parte das reuniões de governança está dedicada a assuntos financeiros. Representantes do corpo clínico raramente são convidados para fazer apresentações nessas reuniões ou para discutir a qualidade ou os resultados dos atendimentos. Maus resultados da assistência raramente cheguem a essas reuniões, e as novidades negativas são sempre blindadas da governança. As lideranças médicas raramente são ouvidas nessas reuniões, as quais são sempre dominadas pelos principais executivos e presidentes dos conselhos. Muitas vezes, a governança dos hospitais fala em nome do corpo clínico, diminuindo-lhe a possibilidade de envolvimento nas decisões.

O corpo clínico, com muita frequência, também se isola, comunicando-se pouco com os outros departamentos e tendo pouca participação nas equipes multidisciplinares. De modo geral, os dados ventilados nessas reuniões são sempre "bons", não gerando oportunidades para melhoria. A assim chamada "gestão da qualidade" está mais dirigida a conseguir acreditações e outros "reconhecimentos" do que à melhoria da qualidade do atendimento. Raramente dados são usados para mudar práticas correntes ou para iniciar um processo de avaliação real da qualidade do atendimento.

[10] Regimento interno da AACD de São Paulo. Disponível em: <http://www.aacd.com.br/arquivos/regimentointerno-corpoclinico.pdf>. Acesso em: 13 abr. 2012.

6.3 Comissão de controle de infecção hospitalar (CCIH)[11]

Por ser uma das mais antigas e com abrangência em todo o hospital e por ter escopo fortemente vinculado ao acompanhamento da qualidade, parece apropriado que se inicie por ela.

Apresenta-se a seguir uma aplicação do modelo de gestão para CCIH, útil também para a gestão de outras unidades de hospitais, como se verá no Capítulo 7. Esse modelo permitirá aos membros de CCIH entenderem-na sob uma visão sistêmica, enxergando-a como um todo integrado e alinhado com osistema gerencial da instituição na qual ela está inserida. Trata-se de um bom exemplo da interseção do modelo gerencial com o modelo assistencial na organização. Entendida dessa forma, a CCIH poderá melhor cumprir sua missão e contribuir para a melhoria contínua da qualidade gerencial e assistencial do hospital em queatua. Os elementos do modelo, quando vistos sob a ótica da CCIH, podem ser descritos da forma como segue.

6.3.1 Liderança

A liderança está baseada nos documentos legais que regulamentamo funcionamento de CCIH, bem como dos emitidos pela alta direção dos hospitais em que se encontra. Ela é compostade dois itens: sistema de liderança e responsabilidade pública e cidadania.

Sistema de liderança

O sistema de liderança está calcado no artigo 1º da Lei n. 9.431, que dispõe sobre a obrigatoriedade da manutençãode programa de controle de infecção hospitalar nos hospitais do país. Esse artigo diz que "os hospitais do País são obrigados a manter Programa de Controle de Infecções Hospitalares - PCIH."

O artigo 2º dessa mesma Lei diz que "objetivando a adequada execução de seu programa de controle de infecções hospitalares, os hospitais deverão constituir Comissão de Controlede Infecções Hospitalares."

Como se vê, o ordenamento jurídico determina à autoridade hospitalar que constitua o PCIH e a CCIH, alinhando a liderança da comissão com poderes de uma liderança maior.

Por outro lado, a Portaria n. 2.616 do Ministério da Saúde expede "diretrizes e normas para a prevenção e o controle das infecções hospitalares." O Anexo I dessa Portaria define a organização e competências da CCIH. Diz que "caberá à autoridade

[11] Versão modificada desse texto já foi publicada em: BURMESTER, H. Modelo de gestão para CCIH. *Revista de Administração em Saúde*, v. 3, n. 11, p. 17-24, abr./jun. 2001; BURMESTER, H. (Org.) *Manual de Gestão Hospitalar do CQH - livro de casos práticos*. São Paulo: Yendis, 2009.

máxima da instituição constituir formalmente a CCIH e nomear seus componentes por meio de ato próprio". Essa constituição formal se faz, de certa forma, por delegação da sociedade como um todo, uma vez que a legislação assim o determina. É esse "ato próprio" que dá força à CCIH, sendo, portanto, a base do sistema de liderança.

Há um compromisso assumido da Comissão com a sociedade no sentido de protegê-la e garantir-lhe bom atendimento médico-hospitalar. Como se pode ver, no momento da constituição da CCIH, há todo um aparato legal que lhe dá sustentação, legitimidade e poder para executar suas ações. Esta é a base formal para o sistema de liderança da CCIH. Sobre essa base se define a missão da comissão que, naturalmente, deve estar alinhada com a da instituição e fluir das competências definidas na Portaria. As competências tornarão similares as missões de todas as CCIHs, enquanto o alinhamento com a missão da instituição lhe dará suas peculiaridades.

A missão da CCIH é uma extensão da missão do hospitale deve expor:

- o que faz a CCIH;
- para quem (quem são seus clientes);
- que valor agrega aos seus clientes;
- que contribuição dá ao hospital e à sociedade como um todo;
- no que ela é especialmente boa e diferente das demais.

Deve ser uma declaração curta, mas que traduza exatamente a razão de ser da comissão. A coerência, implícitana missão, ajuda as pessoas a focar em seus objetivos e a enfrentarem os desafios e conflitos inerentes às atividades da CCIH. O grau de adaptação das missões individuais dos elementos que compõem a comissão com a da própria faz a diferença entre uma boa CCIH e uma que está, apenas, "fazendo de conta". Como diz a sabedoria popular: "separa os homens dos meninos".

A missão da CCIH é consequência dos seus valores, dos de seus membros, que refletem aqueles manifestados nas leis mencionadas como valores da sociedade e, por extensão, do hospital.Valores são "um padrão ou qualidade de princípios considerados em si válidos ou desejáveis". São profundos, emocionais e dão força às pessoas e às organizações, porque lhes dão o poder de agir.

A observação dos valores pessoais e organizacionais nos permite agrupá-los em seis diferentes categorias:

1. os valores ligados à responsabilidade social;
2. à competência;
3. ao autodesenvolvimento;
4. ao relacionamento;
5. à continuidade (no caso da CCIH); e
6. ao estilo de vida prevalente ou desejável na comissão.

Os valores são os princípios e padrões que orientam como a CCIH conduz suas atividades; em caso de dúvida, são os que orientam o caminho a seguir.

A missão é o propósito central para o qual ela foi criada. Ea visão é a representação da excelência a que a CCIH aspira como sua melhor hipótese de futuro. É a base para seu planejamento estratégico. Sem uma clara visão que sublinhe as ações da CCIH, seus membros serão deixados com poucas opções, a não ser repetir comportamentos bem-sucedidos no passado, até que alguém lhes dê novas orientações e, neste caso, suas motivações para mudança serão sempre reacionais. Porque se não sabem para onde ir, consomem-se em devaneios de onde estiveram no passado.

Por fim, as políticas básicas da CCIH definirão as diretrizes da comissão para a própria conduta, bem como aquelas recomendadas para o hospital no sentido de prevenir a infecção hospitalar. Elas dirão respeito a:

- critérios diagnósticos das infecções hospitalares;
- sistema de vigilância epidemiológica;
- indicadores epidemiológicos das infecções hospitalares;
- utilização de antibióticos, antissépticos, desinfetantes e esterilizantes;
- lavagem das mãos;
- normas para higienização do hospital e para a lavanderia.

Missão, visão, valores e políticas básicas são as ferramentas básicas do sistema de liderança e estarão registrados no regimento interno da CCIH. São eles que dão consistência à liderança, e não a presença ou a figura de um líder.

O líder é importante como agente catalisador da aplicação dos elementos do sistema de liderança, atuando como seu definidor e guardião, com papel fundamental na sua disseminação e responsável pela sua observação; é o orientador na conscientização e prática das pessoas. Porém, o líder é subordinado ao sistema de liderança, não podendo modificar ou interpretar a missão, visão, valores e políticas básicas da CCIH à sua inteira discrição e arbítrio. Ele é parte do sistema de liderança e, como tal, seu fiel cumpridor; é mais um na CCIH. No modelo, não há espaço para líderes carismáticos, populistas, centralizadores, autoritários ou messiânicos, que queiram estar acima do sistema de liderança. O líder, no modelo, tem de executar o seu papel, dentro do sistema de liderança, como os demais membros da comissão.

Responsabilidade pública e cidadania

A liderança zelará para que não só a legislação seja cumprida, mas, também, que haja interesse em ir além disso, estimulando outros a fazê-lo, bem como procurando formas de contribuir com a comunidade e seus cidadãos, dando-lhes exemplos e procurando melhorar a vida de todos. É aqui que a liderança deverá ser, além de legal, principalmente, ética.

Importante, neste aspecto, a responsabilidade da CCIH com o controle no uso da antibioticoterapia, para evitar a proliferação de resistência, bem como com a manipulação e destino dos resíduos hospitalares.Também aqui se identifica a necessidade de:

- cooperar com a ação do órgão competente, fornecendo prontamente as informações epidemiológicas solicitadas;
- notificaros casos diagnosticados ou suspeitos de outras doenças sob vigilância epidemiológica (notificação compulsória), atendidos em qualquer dos serviços ou unidades do hospital e atuar cooperativamente com os serviços de saúde coletiva; e
- notificar ao Serviço de Vigilância Epidemiológicae Sanitária os casos e surtos diagnosticados oususpeitos de infecções associadas à utilização de insumose/ ou produtos industrializados.

Cabe à liderança estimular a participação de membros da CCIH em congressos e outros encontros para discutir tópicos ligados ao controle da infecção hospitalar; esta ação visa não só o desenvolvimento e treinamento dos membros como o compartilhamento de suas experiências, que também deverão ser publicadas em revistas e periódicos científicos. A responsabilidade pública e de cidadania dos membros lhes impõem o dever de compartir seus achados.

Da mesma forma, a liderança fará todo opossível para que os membros da CCIH emprestem sua colaboração às associações e entidades ligadas ao desenvolvimento da especialidade e dos conhecimentos sobre infecção hospitalar, facultando-lhes tempo livre para que participem de reuniões e assumam postos nessas organizações, dentro das tarefas constantes da descrição dos seus cargos. Caberá à liderança disponibilizar à comunidade informações pertinentes sobre infecção hospitalar a fim de orientá-la, alimentando o processo decisório de cidadão se consumidores, a fim de que possam fazer opções bem informadas com relação à compra e avaliação de serviços hospitalares.

6.3.2 Planejamento estratégico

No planejamento estratégico, examina-se como a CCIH formula suas estratégias, de forma que direcione e fortaleça seu desempenho, e como as desdobra em planos de ação.

O planejamento estratégico da CCIH deverá estar alinhado com o do hospital. Poucos hospitais, contudo, tem incorporada em sua prática gerencial a elaboração de planejamento estratégico; entretanto, essa situação não deverá perdurar para sempre, uma vez que os benefícios dessa prática já foram comprovados em outras indústrias que não a hospitalar. A sua necessidade pode ser compreendida quando se fala de "administração estratégica".

Formulação das estratégias

Aqui se verá como os membros da CCIH se envolvem e participam do desenvolvimento de estratégias, considerando as necessidades atuais e potenciais dos seus clientes, bem como as de outras partes interessadas, definidas pelo hospital. A formulação de estratégias não se faz, apenas, para novas atividades da CCIH, mas também para aquelas rotineiras, já incorporadas no dia a dia da comissão. Para a formulação das estratégias, será feita a análise dos ambientes interno e externo da comissão.

No ambiente interno, serão analisados os pontos fortes e oportunidades para melhoria. Podem ser pontos fortes da CCIH:

- recursos humanos;
- equipamentos e instalações;
- meios de comunicação etc.

Por outro lado, as oportunidades para melhoria podem ser o oposto destas, bem como:

- falta de estímulos para o grupo funcional;
- falta de treinamento;
- metodologia de trabalho inapropriada etc.

No ambiente externo, procura-se identificar as ameaças e as oportunidades ao desenvolvimento das atividades da comissão. Entre as ameaças podem-se listar:

- novas legislações e regulamentações;
- falta de apoio da alta direção do hospital;
- possibilidade de terceirização, no caso de ser serviço próprio;
- falta de entrosamento com os serviços de microbiologia, enfermagem, higiene, lavanderia e central de materiais esterilizados;
- falta de reconhecimento pelo corpo clínico etc.

Entre as oportunidades pode-se listar:

- o bom entrosamento com os serviços citados;
- o apoio e envolvimento da alta direção;
- a pressão da opinião pública;
- a disponibilidade de informação;
- as decisões do governo para estimular o trabalho das CCIHs etc.

Operacionalização das estratégias

Com base na análise de cenários, definem-se os fatores críticos de sucesso para a CCIH e, com base nestes, os focos estratégicos, que irão desdobrar-se em ações estratégicas, e estas, em planos de ação.

Os planos de ação contêm as tarefasa serem desenvolvidas, os agentes que irão desenvolvê-las, as metas a serem alcançadas e os indicadores para medi-las, os prazos a serem cumpridos e os recursos necessários.

O planejamento estratégico de uma CCIHdeve ter em média de três a cinco focos estratégicos que serão desdobrados em quatro a cinco ações estratégica se dez a 20 planos de ação, e deve cobrir de três a cinco anos, devendo ser revisto e atualizado, no mínimo, anualmente. Planos que necessitem ajustes mais frequentes ou intensos precisam ser profundamente reestudados, pois não devem estar alinhados com as estratégias do hospital; podem estar fora de contexto interno e/ou externo, não respondendo às necessidades da CCIH e/ou do hospital.

6.3.3 Foco no cliente e no mercado

O foco no cliente e no mercado diz respeito ao relacionamento da CCIH com seus clientes e sua posição em relação a outras comissões no hospital e CCIHs de outros hospitais. O cliente e o mercado remetem às noções de mercadologia e de epidemiologia (que é a ciência do marketing na área da saúde).

Peter Drucker diz que marketing bem feito torna o esforço de venda supérfluo; logo, este elemento, bem executado, facilitará muito a aceitação e o trabalho de "venda da CCIH", para seus diferentes públicos, no hospital. Este elemento está dividido em dois itens: conhecimento mútuo que a CCIH tem de seus clientes e vice-versa; e a forma como é encaminhada a gestão das reclamações/sugestões dos clientes da comissão.

Conhecimento mútuo

Diz respeito ao conhecimento da CCIH com relação aos seus clientes e destes com relação à Comissão. Para que isto aconteça é necessário, primeiro, que haja um conhecimento de quem sejam os clientes da CCIH. É preciso definir quem são os "compradores" de serviços da comissão. Genericamente, estes podem ser identificados como os pacientes e seus familiares; os médicos que internam pacientes no hospital; os serviços de enfermagem, nutrição, higienização, lavanderia e outros que "compram" treinamento e informações da CCIH; a alta administração do hospital; órgãos públicos ligados à vigilância sanitária e epidemiológica; órgãos de divulgação de massa; os tribunais e outros específicos de cada CCIH.

Para que haja maior conhecimento, é necessário segmentar esses grupos de clientes e classificá-los de maneira que se identifiquem as características específicas de cada um deles. Assim, por exemplo, os médicos podem ser classificados por especialidades; os "da casa" e aqueles que usam o hospital esporadicamente; por equipes que atuam em diferentes dias da semana; mais jovens e mais antigos no hospital e/ou de profissão etc.

Da mesma forma, os outros grupos profissionais podem ser segmentados por enfermarias/alas, turnos etc.

Os pacientes podem ser classificados por tipo de patologia, de procedimentos a que foram submetidos, tempo de permanência no hospital, grau de depressão imunológica etc. Essa segmentação é necessária para que se possam identificar as necessidades de cada um desses grupos de clientes, respondendo a cada um deles da maneira mais apropriada. Essa identificação de necessidades se faz por meio de:

- pesquisa formal;
- pesquisa informal;
- reuniões clínicas;
- contatos e observações diárias nas diversas clínicas;
- coleta de dados nos prontuários e nos laboratórios de microbiologia do hospital;
- em simpósios, congressos e encontros diversos, da especialidade e fora dela;
- leiturade livros, revistas periódicas e outras mídias, da especialidade e fora dela etc.

O conhecimento mútuo também pressupõe que a CCIH seja conhecida por seus clientes para que possa interagir com eles de maneira mais eficiente e eficaz para ambas as partes, em última análise, beneficiando o hospital, seus pacientes e a comunidade como um todo. É extremamente importante esse conhecimento para que haja respeito e confiança pelas/nas ações da comissão. O maior ou menor conhecimento que os clientes tenham da CCIH facilitará o desempenho desta: aumentando a confiança no seu trabalho; atraindo respeito para suas orientações e determinações; gerando adesão e aderência a seus protocolos; facilitando o diálogo e interação com os diversos serviços do hospital.

Relacionamento com os clientes

Neste item se verá como a CCIH disponibiliza canais de acesso, avalia e intensifica a satisfação e a fidelidade dos clientes para fortalecer e expandir as relações existentes, estabelecer novas parcerias, melhorar os serviços atuais e desenvolver novas oportunidades. Isto se fará por meio de atividades que possam colocar as pessoas da CCIH em contato com seus clientes, em diferentes ambientes, como:

- reuniões clínicas;
- cursos;
- debates para discussão de temas específicos de interesse de conjuntos de clientes que possam atuar como grupos focais;
- caixa de sugestões;
- contatos informais;
- pesquisas formais e dirigidas etc.

Este item pode ser subdividido em três componentes:

- acesso e gestão das reclamações ou sugestões, ou seja, como a CCIH seleciona e disponibiliza canais de acesso, estabelece padrões de atendimento e gerencia as reclamações ou sugestões de seus clientes;
- avaliação da satisfação, da fidelidade e da insatisfação dos seus clientes por meio de práticas, indicadores ou outras informações, salientando as eventuais diferenças nas práticas utilizadas pelos diferentes grupos de clientes;
- intensificação da satisfação e da fidelidade do cliente por meio de ações implementadas para obter referências positivas ou para o estabelecimento de parcerias que levem a isso.

6.3.4 Informação, análise e resultados

É aqui que se desenvolve a gestão com eficácia da utilização das informações da CCIH e das informações comparativas para apoiar os principais processos da comissão.

Na realidade, a CCIH é uma fornecedora de dados e informações. A gestão das informações pressupõe a criação de indicadores de desempenho integrados e correlacionados de maneira que permita a análise crítica do desempenho da CCIH em relação a:

- satisfação dos clientes;
- uso eficiente dos recursos colocados à disposição;
- satisfação das pessoas que trabalham na comissão;
- fornecedores;
- qualidade dos serviços prestados e de seus processos.

É importante salientar que os processos da CCIH visam à produção de informações para o hospital ou para outros grupos de interesse; neste sentido, a informação produzida pela comissão fará parte do sistema de informação do hospital. Portanto, é preciso não confundir a informação produzida pela CCIH em seu processo finalístico com aquela tratada no elemento "informação, análise e resultados", que diz respeito à informação interna para gestão da própria comissão. Este elemento pode ser dividido em três itens:

1. sistema de informação;
2. gestão das informações comparativas; e
3. análise crítica do desempenho da CCIH.

Esses três itens permitem transformar dados em informação, e esta em conhecimento.

Sistema de informação

O sistema de informação a que se faz referência aqui é o da própria CCIH, ou seja, como são selecionados, captados, utilizados e atualizados os dados necessários para apoiar as operações, a tomada de decisão e a melhoria no desempenho da CCIH.

Esse sistema deve responder às principais necessidades dos usuários, incluindo disponibilidade, acesso, confiabilidade eatualização dos dados. É aqui que se define o elenco de indicadores da CCIH para as necessidades das operações diárias da comissão e do seu desempenho global.

Para definir o sistema, é preciso selecionar as informações necessárias para apoiar os principais processos, a tomada de decisão e a melhoria do desempenho da CCIH. Nele são definidos os critérios de seleção e as formas de obtenção das informações necessárias. Também é aqui que é decidido como as informações são colocadas à disposição e disseminadas aos usuários para assegurar a realização das principais metas da comissão.

A questão de informatizar, ou não, a CCIH também é decidida no contexto do sistema de informação. É preciso que a CCIH tenha bem claras as suas metas, todas as informações (processo fim da CCIH) importantes de todos os pacientes internados, sistematizadas e organizadas, para poder decidir sobre a informatização; a vigilância epidemiológica exigida da CCIH é, claramente, o tipo de informação rotineira e sistematizada que sugere o uso de informatização.Contudo, o porte do hospital e, portanto, das ações da CCIH, é que irá decidir sobre a opção de sistema manual ou informatizado. Podem ser sugeridos como indicadores para a CCIH:

- Número de visitas aos pacientes (prontuários)/pessoa da CCIH/dia;
- Número de prescrições de antibióticos autorizadas/mês;
- Horas-homem de treinamento ministradas pela CCIH/mês;
- Número de culturas bacteriológicas revisadas/mês;
- Horas-homem trabalhadas na CCIH/mês (discriminada por profissional e atividade);
- Número de contatos com clientes/mês;
- Controles microbiológicos feitos/mês;
- Imunizações feitas nas pessoas do hospital.

Gestão das informações comparativas

Neste item faz-se a seleção e utilização das informações comparativas para todas as principais operações da comissão.

A comparação se fará com outras comissões de hospitais próximos ou distantes, e por fim com a literatura; o objetivo é fornecer subsídios para o elemento seguinte, em que se fará a análise do desempenho. Esse processo se faz por meio de:

- visitas a outras comissões em hospitais similares ou não;
- participação em cursos, estágios no Brasil ou no exterior, participação em fóruns de discussão como a Associação Paulista de Estudos e Controle de Infecção Hospitalar (APECIH), o Núcleo de Aprimoramento no Controle da Infecção Hospitalar (NACIH) do Programa de Compromisso com a Qualidade Hospitalar (CQH);
- leitura de livros, revistas e *sites* da internet;
- contratação de consultores especialistas;
- intercâmbio de informações etc.

A comissão pode decidir fazer *benchmarking* com outra ou com quem tenha as melhores práticas em determinado aspecto da atividade da comissão. A referência mais utilizada atualmente para informações da CCIH é a metodologia do *National Nosocomial Infections Surveillance System* (NNISS), com a qual se alimenta o banco de dados do *Centers for Disease Control* (CDC) nos Estados Unidos, também utilizada no Brasil. Essa metodologia é utilizada com a finalidade de realizar a vigilância das infecções hospitalares em diferentes grupos de pacientes, permitindo a comparação entre hospitais.

Análise crítica do desempenho da CCIH

Aqui a comissão fará a análise dos seus resultados emrelação aos seisgrupos que têm interesse nela:

1. Clientes: grau de satisfação de médicos, enfermeiros e outros profissionais;
2. Responsáveis pelo pagamento dos custos da CCIH: a administração do hospital, que quer saber se os recursos estão sendo usados eficaz, efetiva e eficientemente;
3. O Conselho, que estará interessado em saber como os pacientes e comunidade veem o hospital com relação ao controle da infecção hospitalar;
4. Pessoas que trabalham na CCIH e seu grau de satisfação e desenvolvimento;
5. Fornecedores de insumos para a CCIH e para o hospital; e
6. A comunidade como um todo, que está interessada na qualidade dos serviços prestados pela comissão, para proteger os clientes do hospital, bem como o grau de proteção desenvolvido contra resistências bacteriológicas.

São estes os resultados que, em última análise, contam; nada mais interessa se esses resultados não forem bons do ponto de vista desses seis grupos citados. A cultura do resultado faz a diferença entre a boa e a má gerência da CCIH.

6.3.5 Gestão de pessoas

As pessoas, mais do que os processos ou a estrutura, são responsáveis pelos resultados da CCIH. Portanto, a gestão de pessoas é de fundamental importância para o sucesso ou fracasso da CCIH.

Geralmente não são muitas as pessoas designadas para trabalhar na CCIH; isto depende, naturalmente, do porte e características do hospital. Se, por um lado, o número reduzido de pessoas traz vantagens para coordenação e homogeneidade do grupo, por outro pode trazer dificuldades, às vezes, para realizar todas as tarefas necessárias. Isto, aliado às dificuldades inerentes ao trabalho da comissão, pode gerar conflitos, desmotivação e alienação do trabalho, demandando do gerente grande atuação nessa área.

A gestão de pessoas compreende três itens:

1. sistema de trabalho;
2. educação e desenvolvimento; e
3. bem-estar e satisfação.

Sistemas de trabalho

O sistema de trabalho diz respeito à forma como está organizado e estruturado o trabalho das pessoas da CCIH. Em outras palavras, como é o "departamento de pessoal" da comissão; como está estruturado seu organograma e a hierarquia funcional; como são distribuídas as tarefas efeitas as escalas de atividades e plantões (se for o caso); como são avaliadas, reconhecidas e remuneradas as pessoas.

É óbvio que alguns desses itens estão na estrutura maior do hospital ou da entidade na qual a comissão está inserida. Porém, a valorização e o reconhecimento das pessoas são de fundamental importância dentro de qualquer atividade humana organizada e, como tal, as atividades da CCIH deverão receber a devida atenção dentro de sua própria estrutura, além da dispensada no nível maior.

Educação e desenvolvimento

É um dos itens mais importantes da gestão da CCIH. É por meio de educação, treinamento e desenvolvimento das pessoas que a comissão vai ter capacidade para alcançar seus objetivos, conseguir respeito das demais equipes do hospital e, em última análise, realizar sua tarefa e obter resultados.

Aqui, como em qualquer outro processo educacional, o aprendizado se fará em três domínios: cognitivo, de habilidades e emocional. É preciso que as pessoas conheçam o que fazem, saibam como e queiram fazê-lo. Por isso, é mais apropriado designar esse processo de "educacional", em vez de treinamento ou outra designação; isto está mais compatível com as tendências atuais de gestão de recursos humanos.

Esse processo exige:

- um planejamento estratégico alinhado com o planejamento do hospital;
- análise e priorização das necessidades de treinamento (o que se pode fazer junto com a avaliação de desempenho);
- a definição de um plano de desenvolvimento individual;
- a análise e priorização das necessidades de treinamento por áreas de atuação;
- consolidação das necessidades e definição do programa geral de educação.

Outro momento importante para educação das pessoas é a integração dos novos funcionários da CCIH; é nesse momento que devem ser passados os valores, a missão, a visão e as políticas básicas, além das tarefas específicas que se espera a pessoa deva desenvolver.

Bem-estar e satisfação das pessoas

Aqui, basicamente, está se falando do ambiente de trabalho. Gestão de pessoas neste item significa fornecer as condições necessárias para que as atividades da CCIH se desenvolvam com segurança, conforto e bem-estar.

6.3.6 Gestão de processos

A gestão de processos compreende os processos fins da CCIH, bem como os de apoio relacionadoscom a finalidade da comissão e aqueles ligados aos fornecedores e parceiros. Da mesma forma como os detalhes do sistema de liderança aparecem no regulamento da CCIH, a descrição dos processos se encontra nos manuais de rotinas e procedimentos ou em manuais operacionais.

Gestão de processos relativos aos serviços da CCIH

Este item aborda como a CCIH projeta, introduz, produz, analisa e melhora os serviços e processos de trabalho.

Os projetos dizem respeito ao desenvolvimento e introdução de novos serviços ou condutas: à prospecçãoe identificação de oportunidades; à análise de riscos; à elaboração e execução de planos de implementação; e à liberação do novo serviço ou conduta.

O sistema de gestão dos processos de prestação de serviços da CCIH compreende:

- a vigilância epidemiológica;
- a prevenção e controle das principais infecções hospitalares;
- a proteção anti-infecciosa e os procedimentos de desinfecção, esterilização e antissepsia; e

- a educação das pessoas do hospital com relação à prevenção e controle das infecções, bem como à proteção anti-infecciosa e procedimentos de desinfecção, esterilização e antissepsia.

A vigilância epidemiológica é considerada um dos aspectos mais importantes de um programa de controle de infecção hospitalar. Na verdade, o sucesso da atuação da CCIH dependemuito da sua capacidade de captar, usar e disseminar informações geradas pela epidemiologia hospitalar. As formas de obtenção das informações são, basicamente, a busca ativa, passiva (atualmente pouco efetivaquando usada isoladamente), ou uma combinação das duas. O uso das informações diz respeito à alimentação de um banco de dados que permitirá a elaboração de estatísticas, séries históricas e relatórios.

Gestão dos processos de apoio

A gestão dos processos de apoio diz respeito aos processos para o funcionamento da CCIH e compreende:

- a informática, que fornece condições para o banco e tratamento estatístico dos dados, indispensáveis para o funcionamento da comissão;
- a farmácia, que atua na padronização de medicamentos, principalmente dos antibióticos, bem como no controle do seu consumo;
- o serviço de higiene, na execução das determinações da comissão no uso dos domissaneantes, na manipulação dos resíduos e controle dos animais sinantrópicos;
- a central de material, que provê esterilização dos materiais do hospital;
- a unidade de alimentação e nutrição, na elaboração das dietas enterais e lactário; e
- a engenharia clínica e a manutenção, principalmente do meio ambiente e na síndrome do edifício doente.

Gestão dos processos relativos a fornecedores e parceiros

Engloba as ações ligadas a:

- processos de enfermagem, na identificação das infecções, acompanhamento dos casos, isolamento, prevenção e treinamento;
- bacteriologia, na execução e interpretação das culturas;
- setor de suprimentos, não só na distribuição interna de materiais e medicamentos, mas também no relacionamento com fornecedores externos do hospital;
- relacionamento com terceiros que atuam no hospital, hoje em número crescente e que devem se submeter às mesmas normas e regulamentos emanados da CCIH como qualquer pessoa que trabalha na instituição.

6.3.7 Resultados

A CCIH deve ser capaz de prover, no mínimo, como resultado de sua ação, as seguintes informações:

- taxa de doentes com infecção hospitalar;
- taxa de infecção hospitalar;
- densidade de infecção hospitalar;
- taxa de infecção hospitalar por unidade de internação;
- localizações topográficas, nos doentes, das infecções hospitalares;
- taxas de infecções hospitalares por procedimentos de risco, selecionados;
- taxa de supuração de feridas cirúrgicas, de acordo com o potencial de contaminação e consumo de antibióticos;
- coeficiente de sensibilidade/resistência dos germes mais frequentemente encontrados associados a infecção hospitalar no hospital e a antimicrobianos padronizados para uso na instituição; e
- consumo de antimicrobianos.

6.4 Comissão de revisão de óbitos

Nos hospitais do estado de São Paulo, esta comissão é obrigatória por força de resolução do Conselho Regional de Medicina.[12]

Ela visa analisar os óbitos, os procedimentos e condutas profissionais realizados, bem como a qualidade das informações dos atestados de óbito.

Ela faz a análise de documentos médicos, mas, além disso, é também um instrumento de qualidade, de estudo e de investigação da estrutura do hospital. Serve para detectar a causa dos óbitos que mais contribui para os índices de letalidade e mortalidade do hospital.

São os atestados de óbito que constatam um fato médico caracterizado como óbito. O documento assinado pelo médico tem fé pública, podendo somente ser contestado por outro médico. A declaração de óbito orienta o médico sobre todos os itens em que se deve pensar no momento de registrar a morte de um paciente e isso é a base para orientar a própria Comissão de Revisão de Óbitos. No caso de morte de paciente internado em hospital, a declaração deve ser fornecida pelo médico que vinha tratando o paciente e, na sua falta, por médico substituto pertencente à instituição. Em regime ambulatorial, deve ser preenchida pelo médico que prestava assistência ou pelo Serviço de Verificação de Óbito (SVO) quando considerado como "mal definido".

[12] Resolução Cremesp n. 114, de 1.03.2005, publicada no DOE n. 55, de 23.03.2005. Disponível em:<http://www.cremesp.org.br/?siteAcao=PesquisaLegislacao&dif=s&ficha=1&id=3375&tipo=RESOLU%C7%C3O&orgao=Conselho%20Regional%20de%20Medicina%20do%20Estado%20de%20S%E3o%20Paulo&numero=114&situacao=VIGENTE&data=01-03-2005>.Acesso em: 14 nov. 2012.

Quando há morte fetal, os médicos que tratam a mãe ficam obrigados a fornecer o atestado de óbito. Já em caso de morte violenta ou não natural, a declaração deverá ser preenchida, obrigatoriamente, pelo serviço médico legal.

Regulamentada por resolução do Conselho de Medicina, é obrigatória em todos os hospitais (no caso do estado de São Paulo). Ela deverá ter no mínimo três membros cujos mandatos deverão coincidir com o do Diretor Clínico ao qual ela está diretamente subordinada. Os membros são considerados representantes do Conselho Regional de Medicina dentro do hospital; isso visa contribuir para garantir o exercício ético da medicina.[13]

São consideradas atribuições da Comissão de Óbitos:[14]

- analisar e emitir parecer sobre os assuntos relativos a óbitos que lhe forem enviados;
- elaborar normas para auditoria e revisão dos prontuários de pacientes que foram a óbito;
- realizar a revisão dos prontuários relacionados aos óbitos;
- normatizar e fiscalizar o adequado registro e preenchimento dos atestados de óbitos;
- convocar o médico que atestou o óbito caso as informações sejam conflitantes;
- criar instruções necessárias para melhorar a qualidade das informações dos prontuários de óbito;
- comparar o diagnóstico pré-operatório com os exames anatomopatológicos das peças cirúrgicas (avaliar amostra significativa, em porcentagem a ser definida pelaprópria comissão, respeitando sua disponibilidade);
- correlacionar os diagnósticos prévios com os resultados de necropsias, mesmo que realizadas pelo SVO;
- zelar pelo sigilo ético das informações;
- emitir parecer técnico ou relatório quando solicitado pela Comissão de Ética Médica ou outro serviço interessado;
- definir anualmente metas de melhorias e suas estratégias, sempre buscando a qualidade;
- desenvolver atividades de caráter técnico-científico com fins de subsidiar conhecimentos relevantes à instituição.

A comissão deve se reunir periodicamente, registrando em ata suas decisões. Dependendo do porte do hospital e do número de óbitos nele ocorridos, recomenda-se que se faça uma reunião da Comissão de Óbito, pelo menos, a cada mês. Durante o encontro, devem ser avaliados todos os óbitos do hospital. Essa avaliação vai permitir

[13] Disponível em: <http://www.fcmscsp.edu.br>. Acesso em: 14 nov. 2012.

[14] Comissões hospitalares. Disponível em: <http://www.fcmscsp.edu.br>. Acesso em: 14 nov. 2012.

que se conheça qual a taxa de mortalidade institucional, por clínica ou por setores do hospital, entre outros dados úteis para a epidemiologia hospitalar.

A seguir é apresentado um roteiro que pode orientar os membros da comissão como realizar a revisão dos óbitos ocorridos na organização. O total de óbitos ocorridos durante o período analisado deve ser distribuído em quantidades iguais entre todos os membros. Caberá ao membro designado revisar o prontuário e preencher o roteiro, trazendo-o para discussão com os demais membros na reunião seguinte. Segundo esse roteiro, as revisões que terminarem em"?" devem ser comunicadas ao Diretor Clínico e à Comissão de Ética Médica da entidade.[15]

Figura 6.1 Roteiro para revisão de óbitos I.

Folha de revisão de óbitos

Revisor:________________ Data: __/__/__ RG (paciente): _________ Idade: ______

Diagnóstico/Procedimento principal:________________________________

Causa da morte (como registrado no atestado de óbito):

1.____

2.____

3.____

Opinião do Patologista (autópsia ou SVO): ______________________

Instruções: Faça a revisão do prontuário do paciente e responda a cada uma das perguntas na coluna **SIM** ou **NÃO** apropriada até chegar a uma decisão **"J"** justificada ou"?" injustificada. Apresente os motivos das respostas.

Nº	PERGUNTA	RESPOSTA				MOTIVO
		SIM	Vá para	NÃO	Vá para	
1	Era um caso terminal, irreversível?		"J"		2	
2	O óbito foi em função de uma causa ou complicação esperada?		3		7	
3	Existem e estavam disponíveis medidas para evitar a causa?		4		7	
4	As medidas para evitar a causa foram tomadas?		5		6	

continua

[15] COMPROMISSO COM A QUALIDADE HOSPITALAR. *Manual de orientação aos hospitais participantes*. 2. ed. São Paulo: Atheneu, 1998.

continuação

Nº	PERGUNTA	RESPOSTA				MOTIVO
		SIM	Vá para	NÃO	Vá para	
5	As medidas tomadas foram adequadas e na hora certa?		7		"?"	
6	O paciente ou seu responsável quis que as medidas para evitar a causa fossem tomadas? (Responda SIM a menos que o prontuário registre especificamente o contrário)		"?"		7	
7	Há probabilidade de que manifestações da causa pudessem ter sido reconhecidas antes?		8		11	
8	Há registro no prontuário de manifestações da causa?		9		11	
9	Foram essas manifestações reconhecidas/comunicadas como evidência do desencadeamento da morte?		10		11	
10	Há razoável evidência de que o diagnóstico feito ou o problema identificado estavam de acordo com os achados?		12		"?"	
11	Foi reconhecida a presença da causa?		12		"?"	
12	O diagnóstico/condição era tratável?		13		"J"	
13	O tratamento foi feito da forma e no tempo corretos?		"J"		"?"	

O *Montana State Hospital* (MSH) é um hospital público para internações de longa permanência de pacientes com graves patologias psiquiátricas, localizado no estado de Montana, no norte dos Estados Unidos. Mesmo sendo um hospital psiquiátrico, faz revisão dos óbitos ocorridos ou de pacientes que sejam acompanhados ambulatorialmente após algum período de internação. Ele adota, em seu manual de rotinas e procedimentos, o seguinte roteiro para avaliação de óbitos:[16]

[16] Montana State Hospital. Disponível em: <http://msh.mt.gov>. Acesso em: 13 fev. 2012.

Figura 6.2 Roteiro para revisão de óbitos II.

1. Identificação: nome; número de registro do paciente; data de nascimento; data de internação; e data do óbito.

2. História da doença atual:
   - Descrever os eventos que diretamente levaram à admissão do paciente;
   - Descrever os achados anormais no exame físico, bem como o estado mental do paciente na admissão;
   - Listar os diagnósticos de admissão usando *multiaxial assessment system.*

3. História pregressa:

   Aqui se incluem os aspectos relevantes da historia médica e psiquiátrica que precedem os eventos que levaram à internação do paciente.

4. Internação:
   - Clínica, com breve resumo dos principais eventos médicos, incluindo o evento terminal e causa do óbito, se este ocorreu dentro do MSH;
   - Psiquiátrica, que examina o óbito do ponto de vista de um diagnóstico psiquiátrico, o tratamento dado e as implicações de casos similares;
   - Lista do diagnóstico final usando *Multiaxial Assessment System.*

5. Plano de alta:

   Cópia do plano de alta (apenas nos casos em que o óbito ocorreu fora do MSH).

   a) Circunstâncias do óbito:

      Inclui um resumo dos eventos terminais e da causa do óbito da melhor forma que possa ser determinada com base nas informações da instituição para onde o paciente foi referido ou em qualquer outra fonte (relatório de autópsia). Apenas nos casos em que o óbito ocorreu fora do MSH.

   b) Conclusão e recomendações:

   c) Esta seção inclui as dúvidas que surgiram na mente do revisor e suas recomendações, as quais devem ser relevantes para assistência ou resultados possíveis para casos similares ao analisado ou recomendações para melhoria do processo.

Assinaturas:

- Médico que preparou o relatório;
- Diretor clínico;
- Diretor técnico;
- Administrador hospitalar.

Estudo de caso: Óbito na UTI

Paciente é internado com dores abdominais; o diagnóstico de abdômen agudo cirúrgico demora a ser feito e, quando ele vai para cirurgia, já se passaram mais de 48 horas de início dos sintomas.

Na cirurgia é encontrada uma úlcera péptica perfurada, com disseminação de infecção pela cavidade abdominal. Feito o tratamento apropriado, o paciente começa a apresentar sinais e sintomas de septicemia no pós-operatório mediato: evolui mal nos 15 dias subsequentes, tomando doses maciças de antibiótico e retornando uma vez ao centro cirúrgico para revisão da cavidade. Vai a óbito na terapia intensiva no 16º dia de pós-operatório, e o médico plantonista se recusa a assinar o atestado de óbito alegando não ser seu o paciente e sugerindo verificação do óbito.

O diretor clínico do hospital alega que, na verdade, o paciente não é de nenhum médico em particular, pois procurou o hospital espontaneamente sem ter sido encaminhado para nenhum médico. Na verdade o paciente foi atendido na entrada ao hospital pelo médico plantonista, que solicitara exames para diagnóstico diferencial, cujos resultados só chegaram quando seu plantão já se encerrara. Analisados pelo plantonista seguinte, não se mostraram conclusivos, tendo o médico optado por manter o doente em leito de observação no pronto-socorro, solicitando outros exames. Quando os resultados chegaram, o plantonista convocou o cirurgião da casa, que ficou em dúvida e resolveu esperar mais tempo. A indicação cirúrgica foi feita pelo cirurgião do plantão seguinte, que operou o paciente. Encaminhado à terapia intensiva no pós-operatório, o paciente foi acompanhado pelos sucessivos plantonistas que o viram pelo menos em dois plantões seguintes. Portanto, argumentava o diretor clínico, ninguém era especificamente "dono" do paciente, mas alguém teria de assinar o atestado, pois não havia dúvida de que se tratava de óbito bem definido. Para evitar mais delongas, o diretor clínico acabou assinando, ele mesmo, o atestado. Contudo, ameaçou o plantonista da terapia intensiva com demissão por desobedecer, indevidamente, suas ordens. A família, que já não estava gostando muito de como o caso havia sido conduzido, irritou-se mais ainda com a demora da liberação do corpo; as dúvidas se acentuaram e a imprensa noticiou como um caso de má prática médica. A família ameaçou processar o hospital e os médicos que atenderam o caso. Diante da repercussão, o diretor do hospital resolveu instaurar uma sindicância e convocou uma reunião com os principais envolvidos. Usar a folha de revisão de óbito proposta para avaliar o caso.

6.5 Comissão de revisão de prontuários

Essa comissão tem por finalidade atender à Resolução do Conselho Regional de Medicina do Estado de São Paulo n. 70/1995 e a Resolução do Conselho Federal de Medicina n. 1.638/2002, que define prontuário médico como:

> "documento único constituído de um conjunto de informações, sinais e imagens registradas, geradas a partir de fatos, acontecimentos e situações sobre a saúde do paciente e a assistência a ele prestada, de caráter legal, sigiloso e científico, que possibilita a comunicação entre membros da equipe multiprofissional e a continuidade da assistência prestada ao indivíduo".[17]

A comissão de revisão de prontuários é um órgão de assessoria diretamente vinculado à governança do hospital e obrigatório nos estabelecimentos de saúde em que se presta assistência médica no Brasil. Ela deverá ser criada por designação da direção do estabelecimento, por eleição do corpo clínico ou por qualquer outro método que a instituição julgar adequado. A ela compete:

- observar os itens que deverão constar obrigatoriamente do prontuário confeccionado em qualquer suporte, eletrônico ou papel:
  - identificação do paciente: nome completo, data de nascimento (dia, mês e ano com quatro dígitos), sexo, nome da mãe, naturalidade (indicando o município e o estado de nascimento), endereço completo (nome da via pública, número, complemento, bairro/distrito, município, estado e CEP);
  - anamnese, exame físico, exames complementares solicitados e seus respectivos resultados, hipóteses diagnósticas, diagnóstico definitivo e tratamento efetuado;
  - evolução diária do paciente, com data e hora, discriminação de todos os procedimentos aos quais foi submetido e identificação dos profissionais que os realizaram, assinados eletronicamente quando elaborados e/ou armazenados em meio eletrônico;
  - nos prontuários em suporte de papel é obrigatória a legibilidade da letra do profissional que atendeu o paciente, bem como a identificação dos profissionais prestadores do atendimento. São também obrigatórios a assinatura e o respectivo número do conselho profissional;
  - nos casos emergenciais em que seja impossível a colheita de história clínica do paciente, deverá constar relato médico completo de todos os procedimentos realizados e que tenham possibilitado o diagnóstico e/ou a remoção para outra unidade;

[17] Disponível em: <http://portal.cfm.org.br> e <http://www.cremesp.org.br>. Acesso em: 13 jul. 2012.

- assegurar a responsabilidade do preenchimento, guarda e manuseio dos prontuários, que cabem ao médico assistente, à chefia da equipe, à chefia da clínica e à direção técnica da unidade.

A Coordenadoria de Serviços de Saúde da Secretaria Estadual de Saúde de São Paulo sugere que devem constar do prontuário:[18]

- identificação do paciente;
- anamnese;
- exame físico;
- tratamento (prescrição médica);
- evolução médica;
- evolução da enfermagem;
- exames;
- letra legível;
- identificação dos profissionais;
- folha de anestesia, quando se aplicar;
- boletim cirúrgico, quando se aplicar;
- recuperação anestésica, quando se aplicar;
- descrição de procedimentos médicos;
- partograma, quando se aplicar;
- declaração de nascido vivo, quando se aplicar;
- mudança de procedimento;
- procedimentos especiais;
- resumo de alta.

O prontuário é um documento único, constituído de um conjunto de informações, sinais e imagens registradas geradas com base nos fatos, acontecimentos e situações sobre a saúde do paciente e na assistência a ele prestada, de caráter legal, sigiloso e científico, que possibilita a comunicação entre membros da equipe multiprofissional e a continuidade da assistência prestada ao indivíduo.

Os profissionais têm o dever de elaborar o prontuário para cada paciente a que assistem. O prontuário é documento valioso para o paciente, para o profissional que o assiste e para as instituições de saúde, bem como para ensino, pesquisa e os serviços públicos de saúde, além de instrumento de defesa legal.

Compete à instituição de saúde o dever de guarda do prontuário o qual deve estar disponível nos ambulatórios, nas enfermarias e nos serviços de emergência para permitir a continuidade do tratamento do paciente e documentar a atuação de cada profissional.

[18] Comissões hospitalares. Disponível em: <http://portal.cfm.org.br>. Acesso em: 14 nov. 2012.

As instituições de saúde devem garantir supervisão permanente dos prontuários sob sua guarda, visando manter a qualidade e preservação das informações neles contidas. Para o armazenamento e a eliminação de documentos do prontuário, devem prevalecer os critérios médico-científicos, históricos e sociais de relevância para ensino, pesquisa e prática médica.

A responsabilidade pelo prontuário cabe:

- ao médico assistente e aos demais profissionais que compartilham do atendimento;
- à hierarquia médica da instituição, nas suas respectivas áreas de atuação, que tem como dever zelar pela qualidade da prática médica ali desenvolvida;
- à hierarquia médica constituída pelas chefias de equipe, chefias da clínica, do setor até o diretor da divisão médica e/ou diretor técnico.

A comissão de revisão de prontuários deverá manter estreita relação com a Comissão de Ética Médica da organização, com a qual deverão ser discutidos os resultados das avaliações realizadas.[19]

6.6 Comissão de bioética

Hoje, em função das exigências sociais, culturais ou legais, existem diferentes tipos de comissões de ética atuando nos hospitais.

As primeiras a surgir foram as comissões de ética e de ontologia médica, seguidas pelas de enfermagem; depois surgiram as comissões de ética em pesquisa e as comissões de bioética.

As comissões de ética e de ontologia médica ou de enfermagem tem por objetivo zelar pelo cumprimento dos deveres e direitos inerentes ao exercício profissional dos médicos ou enfermeiros.

As comissões de ética em pesquisa visam avaliar a adequação ética dos projetos de pesquisa que envolvem seres humanos.

As comissões de bioética, por outro lado, tem por finalidade refletir e avaliar questões e dilemas morais oriundos da prática e dos procedimentos realizados nos hospitais. Dessa forma, buscam ampliar a reflexão diante dos conflitos éticos inerentes ao exercício das profissões da saúde.

Bioética é a área de conhecimento voltada para a reflexão e discussão dos valores referentes à vida, à saúde humana e suas relações com o meio ambiente. Ela precisa ser evidenciada como um espaço não normativo, mas de auxílio na avaliação da complexidade gerada pelas demandas, tanto éticas quanto morais, desencadeadas com o

19 Resolução do Conselho Federal de Medicina n. 1.638, de 10.07.2002, publicada no DOU n. 153, de 9.08.2002, seção 1, p. 184-185. Disponível em: <http://www.cremesp.org.br/library/modulos/legislacao/versao_impressao.php?id=3101>. Acesso em: 14 nov. 2012.

avanço técnico da medicina, que conferiu ao profissional de saúde um forte poder de interferência na vida humana.

A bioética propõe-se a buscar respostas na leitura e interpretação de seus quatro princípios básicos: não maleficência, beneficência, autonomia e justiça.[20] É preciso destacar que não cabe a essas comissões discutir sobre políticas institucionais que não envolvam questões bioéticas,[21] uma vez que estão voltadas para a reflexão e discussão dos valores inerentes à vida e saúde humanas.[22]

Com a introdução de tecnologias cada vez mais sofisticadas nas práticas médicas, que se acelerou a partir da década de 1950, e o deslocamento do exercício profissional do consultório para os hospitais, ocorreu uma despersonalização do atendimento ao paciente. A relação médico-paciente tornou-se menos estreita entrando em cena outros profissionais, alguns ligados às técnicas surgidas com a diversificação das especialidades e outros que adquiriram nova personalidade profissional com o advento das equipes multiprofissionais.

Essas modificações vieram acompanhadas de novos dilemas, para os quais a deontologia médica e os conselhos profissionais já não se mostravam aptos a dar todas as respostas. Neste contexto, surgem novas demandas para as práticas nos hospitais, a serem acompanhadas primeiro pelas comissões de ética profissional e, mais recentemente, pelas comissões de bioética ou de ética hospitalar. Logo, as demandas sobre essas comissões são de natureza mais ampla do que as profissionais, não que o papel destas se extinga, mas, na verdade, se amplia.

As comissões de ética hospitalar ou de bioética, como agora passam a ser chamadas, caracterizam-se como colegiados que atuam nos hospitais, com composição multidisciplinar, formadas por membros não necessariamente vinculados à instituição (representantes da sociedade, religiosos e outros), com funções educativas, normativas e consultivas, com vistas a oferecer justificação ética às decisões consideradas moralmente complexas decorrentes da atividade hospitalar.[23]

O Regimento Interno da Comissão de Bioética do Hospital das Clínicas da Faculdade de Medicina da Universidade de São Paulo (HCFMUSP) e da Faculdade de Medicina da Universidade de São Paulo explicita as competências da comissão:[24]

---

20 Hospital Geral de Itapecerica da Serra, São Paulo. Disponível em: <http://www.hgis.org.br/comissoes.php>. Acesso em: 13 jul. 2012.

21 GOLDIM, J. R.; FRANCISCONI, C. F. *Os Comitês de ética hospitalar*. Disponível em: <http://www.bioetica.ufrgs.br/comitatm.htm>. Acesso em: 15 mar. 2012.

22 Comissão de Bioética do HCFMUSP. Disponível em: <http://www.hcnet.usp.br/adm/dc/cobi>. Acesso em: 15 mar. 2012.

23 FERNANDES JR., H. *Bioética e comissões nacionais no estado brasileiro*. Dissertação (Mestrado em Ciências da Saúde). Universidade de Brasília. Disponível em: <http://www.ghente.org/bioetica/conep.pdf>. Acesso em: 14 nov. 2012.

24 Comissão de Bioética do HCFMUSP. Disponível em: <http://www.hcnet.usp.br/adm/dc/cobi>. Acesso em: 15 mar. 2012.

1. Analisar, emitir pareceres, promover ações educativas e de divulgação sobre problemas bioéticos, destacando-se os referentes a:
   - início e fim da vida humana;
   - procedimentos relativos às ações e serviços de saúde;
   - direitos e deveres do paciente;
   - direitos e deveres do profissional de saúde;
   - pacientes terminais e eutanásia;
   - transplantes de órgãos, tecidos e partes do corpo humano;
   - recursos profiláticos, diagnósticos, terapêuticos e de reabilitação;
   - reprodução assistida;
   - prontuário do paciente;
   - Sistema Único de Saúde;
   - clonagem.
2. Zelar pelo cumprimento das normas nacionais e internacionais sobre bioética;
3. Expedir normas técnicas e instruções para disciplinar as relações entre os profissionais de saúde e pacientes;
4. Propor encaminhamento de questões disciplinares resultantes de relações conflitantes envolvendo médicos à Comissão de Ética Médica;
5. Opinar em procedimentos disciplinares que envolvam profissionais de saúde não médicos, pela prática de infrações de natureza ética.

No caso do HCFMUSP, essa comissão engloba também o Comitê de Humanização e o Grupo de Trabalho de Pacientes Terminais. O mandato dos componentes da comissão acompanha o do diretor clínico, podendo ser antecipado se houver motivo que justifique a cessação. Para que se possa melhor apreciar o trabalho dessa comissão, serão reproduzidos alguns tópicos nela discutidos visando à emissão de pareceres. Esses assuntos constam do *site* da comissão para consulta pública e transparência em suas ações, garantindo-se, obviamente, a privacidade dos envolvidos:[25]

1. Análise quanto à proposta do contrato de criopreservação de sêmen e parênquima testicular.
2. Disponibilidade de informações sobre os receptores dos órgãos e tecidos.
3. Termo de responsabilidade para expor vídeo sobre crises de epilepsia.
4. Transplante de pâncreas em pacientes diabéticos com retinopatia.

[25] Comissão de Bioética do HCFMUSP. Disponível em: <http://www.hcnet.usp.br/adm/dc/cobi/consultas>. Acesso em: 15 mar. 2012.

5. Solicitação da esposa de paciente em coma vegetativo, de prognóstico desfavorável, para retirada de sêmen.
6. Procedimento com materiais radioativos em gestantes.
7. Orientação para transplante isolado de pâncreas.
8. Orientação sobre fornecimento de medicamento de alto custo mediante imposição judicial.
9. Orientação para utilização de recursos da indústria privada para financiamento de projetos institucionais.
10. Parecer sobre doação de óvulo de parente.

Nos Estados Unidos, as competências de uma comissão de ética hospitalar são, genericamente, definidas como:

- revisar casos para confirmar o diagnóstico ou o prognóstico da condição de um paciente;
- revisar as decisões tomadas pelo médico ou responsável legal sobre tratamentos específicos;
- tomar decisões sobre tratamentos adequados para pacientes incapazes;
- promover programas educacionais gerais para todos os membros da instituição sobre como identificar e solucionar questões éticas;
- formular políticas para serem seguidas pelos integrantes da instituição em certos casos difíceis;
- servir como consultores para médicos, pacientes, familiares na tomada de decisões éticas específicas.

Como se pode notar, naquele país há uma tendência a atribuir às comissões de bioética certo poder decisório, inclusive para modificar condutas médicas, o que pode gerar polêmicas alicerçadas nos seguintes questionamentos:[26]

- a comissão, sendo deliberativa, retira a decisão ética e médica de quem é realmente responsável por ela; ao tratar pessoas que estão morrendo, o médico tem de tomar decisões éticas baseando-se em fatos médicos;
- dando poder decisório ou revisional à comissão, o processo de tomada de decisões éticas fica diluído, em vez de fortalecido. Uma decisão que é de todos pode ser de ninguém;
- as comissões, tendo poder decisório ou revisional sobre pacientes que estão morrendo, podem ter sua abrangência ampliada para avaliar o uso de alta tecnologia em diagnóstico e terapêutica.

[26] GOLDIM, J. R.; FRANCISCONI, C. F. *Os comitês de ética hospitalar*. Disponível em: <http://www.bioetica.ufrgs.br/comitatm.htm>. Acesso em: 15 mar. 2012.

6.7 Comissões de ética médica

Não se pode falar em assistência médico-hospitalar sem que ela esteja balizada por sólidos conceitos éticos. Para que haja qualidade no modelo assistencial, os profissionais que nela atuam devem ter sólida formação moral e ética; não se pode aceitar menos do que isso. Deve-se considerar que, com o advento das comissões de ética hospitalar ou de bioética vistas no item anterior, as comissões de ética específicas das profissões estão perdendo espaço, dando lugar àquelas que são mais abrangentes, em um processo natural de evolução. De qualquer forma, seja porque a maioria dos hospitais ainda as mantém (ou às vezes até mantêm as duas), ou porque suas funções não perderam importância, faremos a seguir um apanhado do que sejam essas comissões e como elas atuam.

As comissões de ética médica originaram-se em recomendação de 1970 do Conselho Federal de Medicina, tornando-se obrigatórias a partir de 1985, com a adoção da Resolução do Conselho Federal de Medicina n. 1.215/1985. O seu valor foi reconhecido no Código de Ética Médica em 1988. Atualmente elas apresentam estrutura e atividades regulamentadas pela Resolução do Conselho Federal de Medicina n. 1.657, de 19.12.2002. Com base nessa Resolução, elas constituem uma extensão do Conselho Regional de Medicina, junto às organizações nas quais os médicos pratiquem sua profissão, estando vinculadas e subordinadasa esse Conselho.

Desde seu início, têm funções opinativas, educadoras e fiscalizadoras do desempenho ético da medicina. No que se refere à didática, complementa a divulgação e a discussão dos princípios éticos que norteiam o exercício da profissão e o ensino da ética no curso de graduação em medicina. Na forma opinativa, traz orientações sobre os questionamentos específicos de determinadas situações e, na forma fiscalizadora, apura as denúncias contra o profissional, por meio do devido processo legal.

As comissões são constituídas por profissionais pertencentes ao quadro do hospital, familiarizados com os problemas do dia a dia da organização. Eles devem ser eleitos entre os integrantes do corpo clínico, obedecidas as normas regimentais de cada instituição, por meio de voto direto e secreto de seus pares, podendo ser reeleitos.

Algumas dessas comissões, embora tenham a palavra "médica" no nome, incluem também outros profissionais, ainda que, rigorosamente falando, as comissões criadas de acordo com as orientações do Conselho Federal de Medicina pressuponham apenas a participação de médicos. Em grandes hospitais, outros profissionais também buscam implantar comissões de ética de outras profissões de saúde, como a de enfermagem, por exemplo. Mas, com a tendência de consolidação das comissões de bioética, talvez não seja mais necessária a criação de comissões de ética deoutras profissões, sendo suas funções cobertas pela comissão de bioética.

6.8 Comissão de Ética de Enfermagem

As comissões de ética de enfermagem, nas instituições de saúde, surgiram por meio da Resolução COFEN n. 172/1994, que normatiza a sua criação como órgãos representativos dos conselhos regionais, com funções educativas, consultivas e fiscalizadoras do exercício profissional e dos profissionais de enfermagem.

Tem como finalidade garantir a conduta ética dos profissionais de enfermagem na instituição, zelar pelos exercícios éticos e notificar ao Conselho Regional de Enfermagem irregularidades, reivindicações, sugestões e as infrações éticas. Delas podem participar enfermeiros e técnicos de enfermagem, assim como auxiliares de enfermagem.

6.9 Comissão Interna de Prevenção de Acidentes (CIPA)

Talvez seja a CIPA em hospitais um bom exemplo do cruzamento dos modelos assistencial e gerencial.

Na sua atuação podem se identificar fortemente elementos de ambos, sendo considerada indevidamente, muitas vezes, um componente meramente administrativo. Dessa forma, ela está, talvez erroneamente, muito mais afeita à administração do que à assistência. Mais uma razão para que seja incluída no capítulo dedicado ao modelo assistencial e não ao modelo gerencial.

Por ser fortemente regulamentada, ela é naturalmente burocrática e, às vezes, pode se afastar de sua função preventiva e corretiva de agravos à saúde (função do modelo assistencial). Talvez por isso, também, em alguns casos, observe-se a existência de comissão como um mero cumprimento da Lei, sem ação real, o que, neste livro, se entende como um erro administrativo.

A CIPA é obrigatória segundo a Consolidação das Leis do Trabalho (CLT) e, portanto, aplica-se às organizações que tenham pessoas viculadas conforme essa legislação.

É uma comissão constituída por representantes indicados pelo empregador e membros eleitos pelos trabalhadores, de forma paritária, cuja finalidade é prevenir acidentes e doenças decorrentes do trabalho. Tem amparo legal no artigo 163 da Consolidação das Leis do Trabalho e na Norma Regulamentadora n. 5 (NR 5), aprovada pela Portaria n. 08/1999, da Secretaria de Segurança e Saúde no Trabalho do Ministério do Trabalho e Emprego.

A NR 5 trata do dimensionamento, processo eleitoral, treinamento e atribuições da CIPA. As empresas privadas devem constituir suas CIPAs de acordo com a atividade econômica e o número de empregados. O mandato dos membros da comissão é de um ano, sendo permitida uma reeleição.

A constituição da CIPA está assim definida:

- igual número de representantes do empregador (indicados pela empresa) e de representantes dos empregados (eleitos);
- o presidente da CIPA deve ser escolhido pela empresa entre os membros por ela indicados;
- o vice-presidente deve ser escolhido entre os representantes eleitos titulares, em eleição de que participam apenas os representantes eleitos, inclusive os suplentes;
- o secretário pode ser escolhido entre os membros da comissão ou até mesmo ser um funcionário que dela não faça parte, mas cujonome precisa ser necessariamente aprovado por todos os cipeiros (como são chamados os membros da CIPA), eleitos e indicados.

A Consolidação das Leis do Trabalho e a Constituição Federal brasileira garantem, aos membros titulares da CIPA eleitos, dois anos de estabilidade no emprego, durante os quais só poderão ser desligados por demissão com justa causa. O período de estabilidade tem duração um pouco maior do que dois anos, pois vai do momento de registro da candidatura do empregado até um ano após o término de seu mandato. Hoje é reconhecida também a estabilidade do suplente eleito, conseguida por meio de jurisprudência. São garantidas aos membros da CIPA condições que não descaracterizem suas atividades normais na empresa, sendo vedada a transferência para outro estabelecimento sem a sua anuência.

O objetivo da CIPA é observar e relatar as condições de risco nos ambientes de trabalho e solicitar medidas para reduzir ou até eliminá-las, se for possível. Sua missão é preservar a saúde e integridade física dos trabalhadores. Seu papel mais importante é o de estabelecer uma relação de diálogo e conscientização entre patrões e empregados, em relação à forma como os trabalhos são realizados. É importante notar que a CIPA é um órgão supracorporativo e independente, não subordinado a nenhuma área nem a nenhum funcionário das empresas. São atribuições formais da CIPA:[27, 28]

- identificar os riscos do processo de trabalho e elaborar mapa de riscos, com a participação do maiornúmero de trabalhadores, com assessoria do SESMT, onde houver;
- elaborar plano de trabalho que possibilite a ação preventiva na solução de problemas de segurança e saúde no trabalho;
- participar da implementação e do controle da qualidade das medidas de prevenção necessárias, bem como da avaliação das prioridades de ação nos locais de trabalho;

[27] Norma Regulamentadora n. 5. Disponível em: <http://portal.mte.gov.br/data/files/8A7C812D311909DC0131678641482340/nr_05.pdf>. Acesso em: 14 nov. 2012.

[28] CIPA. Disponível em: <http://pt.wikipedia.org/wiki/Comiss%C3%A3o_Interna_de_Preven%C3%A7%C3%A3o_de_Acidentes>. Acesso em: 14 nov. 2012.

- realizar, periodicamente, verificações nos ambientes e condições de trabalho visando à identificação de situações que venham a trazer riscos para a segurança e saúde dos trabalhadores;
- realizar, a cada reunião, avaliação do cumprimento das metas fixadas em seu plano de trabalho e discutir as situações de risco que foram identificadas;
- divulgar aos trabalhadores informações relativas à segurança e saúde no trabalho;
- participar, com o SESMT, onde houver, das discussões promovidas pelo empregador para avaliar os impactos de alterações no ambiente e processo de trabalho relacionados à segurança e saúde dos trabalhadores;
- requerer ao SESMT, quando houver, ou ao empregador, a paralisação de máquina ou setor em que considere haver risco grave e iminente à segurança e saúde dos trabalhadores;
- colaborar no desenvolvimento e implementação do PCMSO e PPRA e de outros programas relacionados à segurança e saúde no trabalho;
- divulgar e promover o cumprimento das Normas Regulamentadoras, bem como cláusulas de acordos e convenções coletivas de trabalho, relativas à segurança e saúde no trabalho;
- participar, em conjunto com o SESMT, onde houver, ou com o empregador, da análise das causas das doenças e acidentes de trabalho e propor medidas de solução dos problemas identificados;
- requisitar ao empregador e analisar as informações sobre questões que tenham interferido na segurança e saúde dos trabalhadores;
- requisitar à empresa as cópias das CAT emitidas;
- promover, anualmente, em conjunto com o SESMT, onde houver, a Semana Interna de Prevenção deAcidentes do Trabalho (Sipat);
- participar, anualmente, em conjunto com a empresa, de Campanhas de Prevenção da AIDS.

Cabe ao presidente e ao vice-presidente da Cipa mediar conflitos, elaborar o calendário de reuniões ordinárias e constituir comissão eleitoral para regular o processo de eleição subsequente. Cabe ao secretário elaborar as atas das reuniões ordinárias da comissão. Se o hospital não se enquadra na obrigatoriedade de constituição de Cipa, é exigida a designação de uma pessoa com treinamento específico para desempenhar as atribuições da comissão.

6.10 Comissão de gerenciamento de risco

A comissão de gerenciamento de risco tem natrureza investigativa e técnico-científica e como objetivo assessorar a governança do hospital na formulação de políticas nas áreas de prevenção de riscos relacionados com a imagem, bem como com os processos assistenciais e gerenciais, além de auxiliar na disseminação de conceitos de gerenciamento de riscos a todos os setores da organização. Para mais detalhes sobre esse tema veja o Capítulo 5.

6.11 Comissão de farmácia e terapêutica

A comissão de farmácia e terapêutica é um colegiado deliberativo e consultivo que tem por objetivo selecionar medicamentos a serem utilizados no sistema de saúde nos seus três níveis de atenção. Deve assessorar a diretoria clínica das organizações de saúde na formulação de diretrizes para seleção, padronização, prescrição, aquisição, distribuição e uso de medicamento dentro das instituições de saúde visando assegurar resultados terapêuticos e clínicos ótimos e com risco potencial mínimo.

A comissão de farmácia e terapêutica deve ser permanente, vinculada à direção geral ou à diretoria clínica, de natureza técnico-científica, e formulará e implementará uma política institucional para o uso racional de medicamentos, visando contribuir para a melhoria na qualidade da assistência prestada à saúde. Ela deve adotar critérios para seleção e padronização dos medicamentos ou produtos farmacêuticos:[29]

- registro no país em conformidade com a legislação sanitária;
- necessidade segundo aspectos clínicos e epidemiológicos;
- valor terapêutico comprovado, com base na melhor evidência científica em seres humanos, destacando a segurança, eficácia e efetividade de tratamento definido;
- composição com única substância ativa, admitindo-se apenas em casos especiais;
- princípio ativo conforme denominação comum brasileira (dcb) ou, na sua ausência, denominação comum internacional (dci);
- informações suficientes quanto às características farmacotécnicas, farmacocinéticas e farmacodinâmicas;
- preço de aquisição, armazenamento, distribuição e controle;
- menos custo do tratamento/dia e custo total do tratamento, resguardando segurança, eficácia, efetividade e qualidade de vida;
- concentração, forma farmacêutica, esquema posológico e apresentação, considerando a comodidade para a ministração aos pacientes, faixa etária, facilidade para cálculo de dose a ser ministrada e de fracionamento ou multiplicação de dose, bem como perfil de estabilidade mais adequado às condições de armazenamento e uso.

[29] SBRAFH. *Farmácia hospitalar*, n. 15, out./nov. 2011.

Essa comissão deve ser constituída por profissionais de saúde, em uma composição multidisciplinar e multiprofissional. Seus membros deverão, preferencialmente, ser profissionais com reconhecida experiência em sistema de informação de medicamentos, comissões e áreas de apoio hospitalar, sendo desejável ter conhecimento em Farmacologia, Epidemiologia e Administração Hospitalar.

A comissão poderá contar ainda com o apoio de membros consultores, que poderão ser convidados para prestar assessoria técnica em diferentes especialidades. Da mesma forma, poderá convidar profissionais ou entidades para colaborar com o desenvolvimento de ações voltadas a regulamentar o processo de seleção de medicamentos e promoção de uso terapêutico adequado. É importante que essa comissão conte com representantes das seguintes áreas, com autonomia de decisão:[30]

- diretoria clínica;
- administração;
- serviço de farmácia;
- serviço de enfermagem;
- CCIH;
- clínicas de especialidades médicas.

Será conveniente que todos os membros assinem um termo de ausência de conflito de interesses, demonstrando isenção principalmente quanto a vínculos empregatícios ou contratuais, compromissos e obrigações com indústrias produtoras de medicamentos, que resultem em recebimento de remunerações, benefícios ou vantagens pessoais. O Hospital Português da Bahia usa um formulário específico no qual os membros da comissão declaram ausência de conflito de interesses.[31]

Figura 6.3 Modelo de Declaração de ausência de conflito de interesses.

Comissão de farmácia e terapêutica

Declaração de conflito de interesse

NOME:

CARGO OU FUNÇÃO NO HOSPITAL:

Você, ou alguém de sua família, tem interesse financeiro ou de outra natureza em alguma indústria farmacêutica ou de materiais médico-hospitalares que poderá constituir um real, potencial ou aparente conflito de interesse em relação à sua participação nesta Comissão?

☐ SIM ☐ NÃO

[30] SBRAFH, 2011.

[31] Disponível em: <http://www.hportugues.com.br/unidades>. Acesso em: 27 mar. 2012.

Você teve, durante os últimos cinco anos, qualquer emprego ou relação profissional com alguma organização que é fabricante de medicamentos ou materiais médico-hospitalares ou que represente organizações desse tipo?

☐ SIM ☐ NÃO

Se você respondeu "Sim" a uma das questões acima, por favor, explique no espaço abaixo os detalhes.

Existe algum outro tipo de conflito que afete a objetividade ou independência em seu trabalho nesta Comissão?

Declaro que as informações acima são expressão da verdade e que nenhuma outra situação de conflito de interesse real ou potencial é conhecida por mim. Assumo o compromisso de comunicar-lhes sobre quaisquer mudanças nestas circunstâncias.

Assinatura: Data:

No Hospital da Universidade Federal de Santa Catarina as atribuições da comissão de farmácia e terapêutica (CFT/HU/UFSC) são definidas da seguinte forma:[32]

I. Ser responsável pelo desenvolvimento e supervisão de política e práticas de seleção e uso racional de medicamentos no hospital;
II. Elaborar e atualizar periodicamente a relação de medicamentos padronizados (guia farmacoterapêutico da instituição), divulgá-la e determinar seu uso como instrumento básico para a prescrição médica:
   a. padronizar medicamentos pelo nome do princípio ativo básico, conforme a Denominação Comum Brasileira (DCB);
   b. padronizar exclusivamente medicamentos de eficiência comprovada, sob o ponto de vista clínico, avaliados pelos critérios da medicina baseada em evidências;
   c. elaborar e viabilizar a prática de um sistema de prescrição eficiente e custo-efetivo com protocolos terapêuticos normatizados e coerentes;
III. Estabelecer formulário próprio para inclusão e/ou exclusão de medicamentos;
IV. Avaliar e emitir parecer sobre as solicitações de inclusão e exclusão ou substituição de itens da relação de medicamentos do HU/UFSC;
V. Promover a divulgação de informações relacionadas a estudos clínicos relativos aos medicamentos incluídos/excluídos da lista de medicamentos padronizados;
VI. Prestar assessoria ao corpo clínico e à administração do hospital em assuntos relacionados a medicamentos;

[32] Hospital Universitário Professor Polydoro Ernani de Thiago, Universidade Federal de Santa Catarina. Disponível em: <http://www.hu.ufsc.br/novo_site>. Acesso em: 14 nov. 2012.

VII. Estabelecer um plano apropriado de capacitação permanente para os profissionais de saúde envolvidos em assuntos relacionados ao uso de medicamentos, por meio do Serviço de Capacitação de Técnicos da Divisão Auxiliar de Pessoal do Hospital Universitário (SCT/DAP/HU) e do Departamento de Desenvolvimento de Potencialização de Pessoas da Universidade Federal de Santa Catarina (DDPP/UFSC).

A revista Farmácia Hospitalar recomenda como competências da comissão de farmácia e terapêutica:[33]

- Assessoramento farmacoterapêutico:
  - seleção e padronização dos medicamentos;
  - elaboração e atualização do guia farmacoterapêutico;
  - definição de diretrizes para o uso racional dos medicamentos;
  - elaboração de normas para prescrição, dispensação e uso de medicamentos.
- Investigação científica:
  - promoção de estudos de utilização de medicamentos e de fármaco-economia para analisar o perfil fármaco-epidemiológico e de impacto econômico dos medicamentos nas instituições de saúde;
  - atividades voltadas ao gerenciamento de riscos e farmacovigilância (queixas técnicas, reações adversas aos medicamentos e erros de medicação).
- Ações educativas:
  - desenvolvimento e apoio às ações de promoção do uso racional de medicamentos;
  - colaboração e participação em atividades de educação permanente de equipe de saúde;
  - elaboração e divulgação de instrumentos educativos, utilizando os meios de comunicação de massa;
  - incentivo e realização de campanhas para práticas seguras do uso de medicamento.

A CFT/HU/UFSC tem poder deliberativo de vetar a compra de medicamentos que se mostrarem ineficazes terapeuticamente e/ou com qualidade duvidosa e sem o devido registro, por solicitação dos médicos, respeitados os seguintes critérios: laudo técnico do medicamento realizado em laboratório oficial; e parecer técnico da Vigilância Sanitária do Estado (Visa/SES).[34]

A comissão do Hospital Português da Bahia usa como critérios para inclusão de novos medicamentos no seu formulário:

[33] SBRAFH, 2011.

[34] Hospital Universitário ProfessorPolydoro Ernani de Thiago, Universidade Federal de Santa Catarina. Disponível em:<http://www.hu.ufsc.br/novo_site>. Acesso em: 14 nov. 2012.

- selecionar apenas medicamentos de valor terapêutico comprovado (eficácia e segurança), preferindo os de menor toxicidade e aprovados pela ANVISA;
- evitar multiplicidade de princípios ativos para a mesma indicação terapêutica;
- evitar especialidades que sejam associações medicamentosas, dando preferência às monodrogas;
- adotar a designação genérica do princípio ativo na lista de padronização;
- selecionar medicamentos de menor custo de aquisição, armazenamento, dispensação e controle, sempre priorizando a qualidade;
- evitar a padronização de formas farmacêuticas de liberação prolongada, exceto quando as vantagens terapêuticas forem realmente comprovadas;
- padronizar medicamentos em forma farmacêutica, apresentação e dosagem que considerem acomodidade de administração, faixa etária, facilidade para cálculo de dose ou fracionamento, favorecendo a sua administração e estimulando a adesão do paciente ao tratamento;
- padronizar medicamentos de fornecedores que tenham sido avaliados tecnicamente por grupo interno de credenciamento;
- selecionar medicamentos cujo custo do tratamento/dia seja inferior, resguardada a qualidade prioritariamente.

E como critérios para exclusão do seu formulário:[35]

- eliminar da padronização os medicamentos que tiveram sua comercialização proibida por órgão competente (nacional ou internacional);
- substituir medicamentos que têm outro correspondente, com vantagens terapêuticas, de custo ou aquisição;
- excluir medicamentos que, em período de tempo determinado, não apresentem consumo que justifique sua manutenção em estoque como padronizado;
- eliminar da padronização medicamentos que, em pesquisa interna de vigilância de reações adversas, tenha apresentado índice preocupante de ocorrência desses efeitos nos pacientes.

É importante monitorar o desempenho das ações da comissão. Para essa finalidade, recomendam-se como indicadores:[36]

- taxa de itens incluídos (número de itens incluídos no período dividido pelo número de itens padronizados vezes 100);
- taxa de itens excluídos (número de itens excluídos no período dividido pelo número de itens padronizados vezes 100).

[35] Disponível em: <http://www.hu.ufsc.br/novo_site>. Acesso em: 14 nov. 2012.
[36] SBRAFH, 2011.

Por fim, não se pode falar em modelo assistencial sem considerar o lado espiritual dos pacientes e do binômio saúde/doença. Para tanto, citamos, em seguida, parte de um texto que aparece no início do manual de protocolos clínicos do Hospital Alemão Oswaldo Cruz de São Paulo:

> "[...] Temos ainda, [...] no cuidado ao paciente, um modelo assistencial denominado Relationship-Based Care (RBC) ou Cuidado Baseado no Relacionamento, que se propõe a instrumentalizar os profissionais do cuidado direto e indireto, para que transformem a prática do cuidar. As transformações necessárias para que o paciente e sua família sejam verdadeiramente o centro da prática dos profissionais do cuidar, pedem que estes reflitam sobre três pontos principais do RBC: o relacionamento com o paciente e a família, o autoconhecimento e o relacionamento com os colegas.
>
> Quando se refere ao autoconhecimento, a compreensão de que todos os seres humanos são formados por corpo, mente e espírito, é primordial para trazer a reflexão sobre a necessidade de equilíbrio entre esses três componentes para que haja a saúde, como também a promoção da cura.
>
> O profissional que se propõe a transformar sua prática, adotando o RBC como modelo de cuidar, deve iniciar essa transformação pelo autoconhecimento, por uma reflexão profunda sobre seus desejos pessoais e profissionaise sua visão de futuro. A grande reflexão consiste em 'se ver com os olhos do outro', enxergando desta forma como ele é percebido pelo outro e como ele se relaciona com o outro. Essa percepção consiste no momento vital para a construção de um ambiente em que os relacionamentos sejam baseados e constituídos verdadeiramente no respeito entre os seres humanos, respeito entre os membros da equipe multiprofissional e conseqüentemente no respeito pelo paciente e sua família. Esse respeito fará com que todos os envolvidos no processo de cuidar possam dizer que verdadeiramente foram vistos, ouvidos e receberam atenção.
>
> A construção de relacionamentos baseados no respeito mútuo criara verdadeiros ambientes de cuidado e decura, onde o cuidar técnico é extremamente importante, mas o cuidar por meio de relacionamentos de respeito entre os seres humanos pode promover a cura da alma, mesmo que por um breve momento, mas que será extremamente impactante para todos os envolvidos no processo do cuidar."[37]

[37] WEISSHEIMER,Vera Cristina.*Como eu trato a alma*. Disponível em: <http://www.hospitalalemao.org.br/haoc/repositorio/0/documentos/pdfs/Como_eu_trato_Parte1.pdf>. Acesso em:14 nov. 2012.

Nessa mesma linha argumenta o Padre Leo Pessini dizendo:

> "[...] a questão da dor e do sofrimento humanos, numa perspectiva ética filosófico-teológica para além da dimensão 'mistérica' portadora de difíceis interrogações existenciais não raramente sem respostas ao porquê, sempre exigem um cuidado que alie competência técnico-científica e humanismo. Um dos objetivos fundamentais da medicina, desde os tempos hipocráticos, é justamente minorar o sofrimento humano causado pelas doenças. Com o fantástico progresso da medicina high tech, chegou-se à ilusão de pensar que a gestão técnica da dor seria a solução, mas, independente de serem um problema de ordem técnica, a dor e o sofrimento situam-se na esfera ética e devem ser considerados nas suas várias interfaces, de ordem física, psíquica, social e espiritual. O desenvolvimento e implementação da filosofia dos cuidados paliativos, que se constitui num clamor unânime de todas as partes envolvidas nesta discussão, é uma grande esperança para a real efetivação de um cuidado digno das pessoas que têm dor e sofrimento atrozes causados por doenças.
>
> A dor e o sofrimento humanos foram vistos no nível fenomenológico enquanto sintomas dolorosos, que exigem uma intervenção urgente e por vezes emergente de cuidados médicos e de toda a equipe de saúde. Não foi nosso objetivo trabalhar a teologia ou antropologia do sofrimento humano, chave preciosa para alcançar um horizonte de sentido numa perspectiva de ética. Lembramos, ao finalizar esta reflexão, uma preciosa afirmação antropológica da exortação apostólica Salvifici Doloris, ao afirmar que: 'O sofrimento humano suscita compaixão, inspira também respeito e, a seu modo, intimida. Nele, efetivamente, está contida a grandeza de um mistério específico'.
>
> Refletimos conclusivamente sobre o sentido desta afirmação. O sofrimento suscita compaixão, isto é, empatia traduzida em ação solidária e não somente uma exclamação anestesiadora de consciência: 'que pena', 'que dó'. A indiferença, simplesmente, é um fator desumanizante que aumenta ainda mais a dor e o sofrimento. O sofrimento suscita respeito também. Em quem muito sofre acabamos por criar uma auréola de sacralidade. Uma criança que nasce com seríssimos problemas genéticos, por exemplo, os que a cuidam não se intimidam em dizer 'é um(a) santinho(a)'. O sofrimento igualmente nos infunde temor, medo, porque vemos como que num espelho nossa fragilidade, vulnerabilidade e mortalidade, dimensões de nossa existência humana que nem sempre gostamos de que sejam lembradas. É procurando traduzir em gestos concretos o valor da pessoa humana em termos de autocuidado que estaremos melhor preparados para cuidar da vida, com humanismo e competência técnicocientífica. Quem cuida do cuidador? Considerar a pessoa não simplesmente como um corpo, não reduzindo-a à biologia, pura e simplesmente, é um grande desafio. Uma visão holística, multi, inter e transdisciplinar, é imperiosa.

O ser humano é um todo uno, um nó de relações. Ser gente é possuir corpo, é ter um psiquismo e coração, é conviver com os outros, cultivar uma esperança e crescer na perspectiva da fé em valores humanos.

É zelando, promovendo e cuidando desta unidade vulnerável pela dor e sofrimento que estaremos sendo instrumentos propiciadores de vida digna. Quem cuida e se deixa tocar pelo sofrimento humano do outro torna-se um radar de alta sensibilidade, se humaniza no processo e, para além do conhecimento científico, tem a preciosa chance e o privilégio de crescer em sabedoria. Esta sabedoria nos coloca na rota da valorização e descoberta de que a vida não é um bem a ser privatizado, muito menos um problema a ser resolvido nos circuitos digitais e eletrônicos da informática, mas um bem fundamental, um 'mistério' e dom, a ser vivido prazerosamente e solidariamente partilhado com os outros."[38]

Na linha do cuidado espiritual, deve-se ponderar que, para a definição de um modelo assistencial que busca qualidade no atendimento, é importante destacar que o Código de Ética Médica, aprovado em 2009, salienta que o médico não pode deixar de usar todos os meios disponíveis de diagnóstico e tratamento, cientificamente reconhecidos e a seu alcance, em favor do paciente, porém, reforça o caráter antiético da distanásia, entendida como o prolongamento artificial do processo de morte, com sofrimento do doente, sem perspectiva de cura ou melhora.

Aparece aí o conceito de cuidado paliativo. O inciso XXII do Preâmbulo do Código observa que:

> "[...] nas situações clínicas irreversíveis e terminais, o médico evitará a realização de procedimentos diagnósticos e terapêuticos desnecessários e propiciará aos pacientes sob sua atenção todos os cuidados paliativos apropriados".[39]

E aí, quando o modelo assistencial já não puder mais evitar o inevitável, então é importante ceder às forças do ciclo da vida e admitir o fim:

> "[...] a morte é vista como inimiga a ser vencida a qualquer custo, muitas vezes às custas daquilo que podemos chamar de vida. A obstinação terapêutica, pode-se dizer, dela é fruto e os grandes combatentes da morte são os médicos aos quais é atribuído (e eles muitas vezes também o fazem), o papel de guardiães da vida [...]
>
> Numa perspectiva sistêmica, a morte pode ser entendida como um processo transicional, que envolve os mortos eos sobreviventes num ciclo de vida comum, que reconhece a finalidade da morte e a continuidade da

[38] Humanização da dor e sofrimento humanos no contexto hospitalar. Disponível em: <www.ufpel.tche.br/medicina/bioetica/Humanizacao%20da%20dor.pdf>. Acesso em: 26. mar. 2013.

[39] Conselho Federal de Medicina, *Código de Ética Médica,* 2009.

vida: cabe aos profissionais de saúde ajudar neste processo, colocando a perda numa perspectiva funcional o que significa ajudar as famílias a estar em harmonia com o passado, não em luta para recapturá-lo, escapar dele ou esquecê-lo. A família e o paciente tem como tarefas:

a. O reconhecimento compartilhado da realidade da perda
b. A reorganização do sistema
c. O investimento em outro projeto

No médico e na equipe de saúde de forma geral é depositado um 'saber/poder', um 'saber/fazer' que dá ao paciente e aos familiares a segurança de que haverá alguém em quem e a quem confiar sua dor[...]."[40]

[40] ESSLINGER, Ingrid. *O luto no contexto hospitalar*. Disponível em: <http://www.hospitalalemao.org.br/haoc/repositorio/0/documentos/pdfs/Como_eu_trato_Parte1.pdf>. Acesso em: 14 nov. 2012.

7 Modelo gerencial[1]

Neste capítulo é apresentada uma proposta sistêmica, integrada e coerente de gestão no setor de saúde, da mesma forma como em organizações de qualquer outro setor da atividade econômica.

Trata-se da incorporação de um modelo utilizado por organizações, assim chamadas de "classe mundial", em praticamente todo o mundo, trazido para o Brasil no início da década de 1990 pela Fundação Nacional da Qualidade e adaptado para uso na área de saúde pelo programa CQH.

O que aqui se chama de modelo é, na verdade, uma síntese de todas as funções desenvolvidas por gestores em qualquer organização privada, pública ou não governamental. Pode-se dizer que se trata de uma verdadeira "técnica" de administrar; é um método de administrar. Nele estão contidas propostas de praticamente todas as correntes de pensamento administrativo, que se resumem nas oito preocupações básicas de todo administrador: liderança, planejamento, relação com clientes, relação com a sociedade, gestão das informações, gestão das pessoas, gestão dos processos e resultados.

Subjacente a essas preocupações está um conjunto de valores cuja prática precede e favorece a aplicação do modelo; eles estão de certa forma imbricados no modelo e, em movimento tautológico, reforçam a sua aplicação, da mesma forma que a aplicação do modelo reforça a prática dos valores. Em seguida, é apresentada a descrição do modelo, começando pelos valores.

---

1 Versão modificada deste capítulo apareceu em BURMESTER, H. *Manual de gestão hospitalar*. Rio de Janeiro: FGV Editora, 2012.

7.1 Valores: fundamentos da excelência

> "Valores organizacionais são entendimentos e expectativas que descrevem como os profissionais da organização se comportam e sobre os quais todas as relações organizacionais estão baseadas".[2]

São crenças da organização que orientam seus membros como agirem em momentos de dúvida, da mesma forma que os valores pessoais ajudam as pessoas a se posicionarem diante de incertezas e dificuldades.

O modelo de excelência da Fundação Nacional da Qualidade foi desenvolvido e alicerçado em um conjunto de valores ou fundamentos observados em uma série de organizações bem-sucedidas gerencialmente; esse conjunto de valores ou fundamentos do modelo representam as características diferenciais das instituições com práticas de excelência.

Todas as organizações atuam em função de valores mais ou menos definidos e explicitados. O modelo de gestão proposto defende a necessidade de a alta cúpula disseminar claramente os valores da organização de maneira que todas as pessoas envolvidas com a organização os conheçam e pautem sua ação em função deles. Os valores fazem parte de e moldam a cultura organizacional. Em princípio, a aplicação do modelo de gestão pressupõe que as organizações sigam esses fundamentos da excelência para que o método proposto funcione de maneira integrada. Esses valores são apresentados a seguir.

7.1.1 Valorização das pessoas

Não à toa, este fundamento encabeça a lista. As organizações e os hospitais, mais do que qualquer outra empresa, são feitos de pessoas. São elas que trabalham num e noutro hospital e os diferenciam entre si.

Em um mundo competitivo, em que tecnologias estão ao alcance de quem tenha dinheiro para comprá-las (e se não tem, pode financiá-las), assim como a construção de instalações físicas também está ao alcance de todos, o fator diferencial entre as empresas é o potencial humano de que ela dispõe. São as pessoas que podem criar novas condições para a empresa, adaptando-a e flexibilizando-a conforme as necessidades do meio ambiente. Portanto, valorizar as pessoas deve ser mais do que uma figura retórica de efeito demagógico.

É preciso que seja entendido que a empresa depende de pessoas para formar a sua força de trabalho, sem as quais nada produzirá. Sem falar nas pessoas que constituem o mercado comprador. Valorizar as pessoas significa permitir que elas desenvolvam todo seu potencial humano e profissional dentro da empresa, a fim de que

[2] FUNDAÇÃO NACIONAL DA QUALIDADE. *Cadernos de excelência*: introdução ao modelo de excelência da gestão. São Paulo: FNQ, 2007a.

possam se realizar integralmente. O sucesso de uma organização depende cada vez mais do conhecimento, das habilidades, da motivação e da criatividade de sua força de trabalho. Por sua vez, o sucesso das pessoas depende cada vez mais das oportunidades para aprender, experimentar novas habilidades e utilizar a criatividade.

As organizações necessitam investir continuamente no desenvolvimento das pessoas por meio de educação, treinamento e novas oportunidades de crescimento profissional. Essas oportunidades podem incluir:

- treinamento em salas de aula e na execução das atividades;
- rodízio de funções; ou
- remuneração baseada no conhecimento, na habilidade e na criatividade.

A execução da atividade oferece uma forma eficaz de treinamento de baixo custo e integração com os processos de trabalho. Os programas de educação e treinamento podem requerer a utilização de tecnologias avançadas, como sistemas eletrônicos de apoio, aprendizado informatizado ou telecursos. O treinamento, o desenvolvimento e a organização do trabalho precisam, cada vez mais, ser ajustados à diversidade de pessoas e a práticas de trabalho mais flexíveis e de alto desempenho. Além disso, os aspectos de remuneração baseada em resultados, de "empregabilidade", de saúde e segurança no trabalho e de envolvimento nos processos de planejamento estratégico, decisório, padronização de rotinas, definição de necessidades de treinamento e melhoria contínua, entre outros, devem ser enfatizados. Os maiores desafios no desenvolvimento de pessoas são:

- a integração das práticas de recrutamento, seleção, desempenho, reconhecimento, treinamento, progresso profissional, substituição e afastamento;
- a gestão da mudança, ou seja, o alinhamento da gestão de pessoas com os processos de mudança estratégica.

A abordagem desses desafios requer a utilização de informações relativas ao conhecimento, habilidades, criatividade, satisfação, motivação, prevenção de acidentes de trabalho e bem-estar das pessoas. Essas informações devem estar vinculadas a indicadores que reflitam a satisfação de clientes e a produtividade da força de trabalho. Por esse enfoque, a gestão de pessoas pode ser mais bem integrada e alinhada às estratégias da organização.

7.1.2 Conhecimento sobre o cliente e o mercado

Em segundo lugar, mas não menos importante, vem a valorização dos clientes que compram os serviços do hospital, dando-lhe viabilidade financeira.

"Conhecimento e entendimento do cliente e do mercado, visando a criação de valor de forma sustentada para o cliente e, consequentemente, gerando maior competitividade nos mercados".[3]

A empresa existe porque há clientes para comprar sua produção, caso contrário, não haveria razão de existir para ela. São as necessidades e expectativas dos clientes que devem servir de base para o planejamento estratégico dos hospitais.

A qualidade é inerente ao serviço, mas julgada pelo cliente. Não existe "o cliente que não consegue captar a nossa qualidade". Assim, a qualidade deve levar em conta todas as características básicas e relevantes dos serviços que adicionam valor para o cliente, intensificam sua satisfação e determinam sua preferência.

Muitos fatores podem afetar o valor percebido e a satisfação dos clientes, influenciados que são pelas experiências vividas no processo de compra e utilização dos serviços adquiridos. Esses fatores incluem, principalmente, o relacionamento entre a organização e o cliente, o que conduz a confiança, fidelidade e lealdade.

A gestão centrada no cliente abrange não somente as características dos serviços que atendem a requisitos básicos, mas também as características relevantes que os diferenciam dos concorrentes. Tal diferenciação pode ser obtida pela oferta de novos serviços, serviços customizados, rapidez nas respostas ou relacionamentos especiais. A gestão centrada no cliente é, pois, um conceito estratégico, voltado à retenção de clientes e à conquista de novas fatias do mercado, demandando sensibilidade constante em relação às novas exigências dos clientes e do mercado e a identificação de fatores que promovam a satisfação e a retenção dos clientes. Exige, também, resposta rápida e flexível aos requisitos dos clientes e do mercado, sensibilidade quanto ao desenvolvimento da tecnologia e às ofertas dos concorrentes. A gestão centrada no cliente significa muito mais do que simplesmente a redução de erros e defeitos, mais do que o mero atendimento às especificações ou a redução de reclamações. De qualquer forma, a redução de erros e defeitos e a eliminação das causas de insatisfação contribuem significativamente para a percepção da qualidade pelo cliente e são, desse modo, parte importante da qualidade centrada no cliente. Além disso, o êxito obtido pela organização ao se recuperar de erros e defeitos, corrigindo-os, evitando sua repetição e compensando o cliente por eventuais falhas, é crucial para o relacionamento com os clientes e sua retenção.

7.1.3 Geração de resultado

Um sistema de gestão para a excelência do desempenho precisa ter seu foco nos principais resultados da organização. Os resultados demonstram, de forma objetiva, a eficácia na aplicação de métodos e práticas considerados excelentes pela organização, além do sucesso na implantação da estratégia.

[3] Furnas. Modelo de gestão. Disponível em: <http://www.furnas.com.br/frmQUModeloGestao.aspx>. Acesso em: 7 mar. 2013.

Os resultados têm de ser orientados e balanceados de acordo com os interesses de todas as partes interessadas: clientes; força de trabalho; proprietários, cotistas ou acionistas; fornecedores; parceiros; e a sociedade como um todo; "alcance de resultados consistentes pelo aumento de valor tangível e intangível de forma sustentada para todas as partes interessadas".[4]

Para atender aos objetivos, algumas vezes conflitantes e em constante mudança, é requerido que a estratégia da organização aborde explicitamente as necessidades de todas as partes interessadas, a fim de assegurar que as ações e os planos atendam a essas diferentes necessidades e evitem impactos adversos. A utilização de um conjunto balanceado de indicadores de desempenho oferece um meio eficaz para:

- comunicar as prioridades de curto ou longo prazo;
- promover o alinhamento da estratégia em toda a organização;
- monitorar o desempenho global da organização; e
- analisar de forma estruturada os resultados e propor melhorias nos processos.

7.1.4 Orientação por processos e informações

> "Compreensão e segmentação do conjunto das atividades e processos da organização que agreguem valor para as partes interessadas, sendo que a tomada de decisões e execução de ações deve ter como base a medição e análise do desempenho, levando-se em consideração as informações disponíveis, além de incluir os riscos identificados".[5]

As organizações modernas dependem do conhecimento profundo sobre seus processos e resultados e, portanto, da medição e da análise para poder administrá-los e tomar as decisões necessárias. As medições precisam ser uma decorrência da estratégia da organização, abrangendo os seus principais processos e resultados. As informações necessárias para a avaliação e melhoria do desempenho incluem, entre outras, as relacionadas com o cliente e o mercado, o desempenho dos serviços e dos processos organizacionais, os fornecedores, as pessoas e os aspectos financeiros.

A análise dessas informações significa extrair delas conclusões mais relevantes para apoiar a avaliação e a tomada de decisões nos vários níveis da organização. Tal análise implica a utilização de informações para determinar tendências, projeções e relações de causa e efeito, nem sempre tão evidentes. Esse conjunto de medições, informações e análises é básico para o planejamento, a análise crítica do desempenho da organização, melhorias das operações e comparações com a concorrência ou com

[4] Furnas. Modelo de gestão. Disponível em: <http://www.furnas.com.br/frmQUModeloGestao.aspx>. Acesso em: 7 mar. 2013.

[5] Furnas. Modelo de gestão. Disponível em: <http://www.furnas.com.br/frmQUModeloGestao.aspx>. Acesso em: 7 mar. 2013.

referenciais de excelência, isto é, os que possuem as "melhores práticas" ou os "melhores desempenhos".

Uma consideração importante para a gestão baseada em fatos envolve a criação e a utilização de indicadores de desempenho para avaliar produtos, processos e as operações. Os indicadores de desempenho devem ser selecionados para representar, da melhor forma possível, os fatores que levam à melhoria do desempenho organizacional. Um sistema de indicadores vinculados à estratégia da organização representa uma base clara e objetiva para alinhar todas as atividades e processos com a estratégia e as metas da organização. Por meio da análise das informações obtidas durante o monitoramento dos processos, os próprios indicadores podem ser a base para esse alinhamento.

7.1.5 Aprendizado organizacional e cultura de inovação

> "Busca e alcance de um novo patamar de conhecimento para a organização por meio da percepção, reflexão, avaliação e compartilhamento de experiências.
>
> Promoção de um ambiente favorável à criatividade, experimentação e implementação de novas ideias que possam gerar um diferencial competitivo para a organização".[6]

O sucesso em setores competitivos requer sempre ciclos cada vez menores de introdução de serviços novos, ou melhorados, no mercado. Além disso, a capacidade de resposta rápida e flexível no atendimento aos clientes constitui hoje um requisito crucial na gestão dos hospitais.

Melhorias relevantes no tempo de resposta exigem, frequentemente, que a estrutura e os processos de trabalho sejam simplificados. Assim, as medições dos tempos nos ciclos de controle e aprendizado dos processos devem ser enfatizadas e consideradas entre os principais indicadores de desempenho.

Existem ainda outros importantes benefícios resultantes desse enfoque. As melhorias obtidas no tempo são acompanhadas de melhorias simultâneas em qualidade e produtividade. Por essa razão, o tempo de resposta deve ser integrado com os indicadores de qualidade e de produtividade. Os hospitais devem enfatizar a proatividade e a prevenção de problemas e de desperdício. O momento mais adequado para a aplicação desses enfoques é na execução do projeto de novos serviços e dos processos.

Para atender às rápidas e contínuas mudanças nas necessidades dos clientes e do mercado, as organizações necessitam promover a "engenharia simultânea", isto é, a integração de todos os envolvidos. Cada vez mais o bom desempenho nos serviços depende da capacidade da organização em utilizar informações coletadas de diversas fontes e bases de dados, que combinem fatores como: preferências dos clientes,

[6] Furnas. Modelo de gestão. Disponível em: <http://www.furnas.com.br/frmQUModeloGestao.aspx>. Acesso em: 7 mar. 2013.

ofertas da concorrência, mudanças no mercado e descobertas oriundas de pesquisas externas à organização. Ênfase adicional deve ser dada ao aprendizado obtido com o desenvolvimento de projetos anteriores. Como já foi dito, o enfoque pró-ativo abrange tanto ações corretivas para evitar a repetição de falhas, como ações preventivas para evitar a ocorrência de falhas potenciais, inclusive no que tange aos fornecedores da organização. Esse enfoque conduz ao máximo de benefícios em termos de custo e de desempenho do produto.

Atingir os mais altos níveis de desempenho requer métodos e processos bem executados voltados para o aprendizado. O termo "aprendizado" refere-se à adaptação às mudanças, resultando em novos enfoques e/ou metas. O aprendizado precisa estar impregnado na forma de funcionamento da organização. Isto significa que o aprendizado:

- faz parte do trabalho diário de todos os setores;
- busca eliminar problemas em suas origens; e
- é motivado pela oportunidade de executar uma atividade de uma forma melhor, bem como pelos problemas que precisam ser corrigidos.

As fontes para o aprendizado incluem sugestões das pessoas; pesquisa e desenvolvimento; informações dos clientes; e comparação com referenciais de excelência. O aprendizado inclui:

- aumento da percepção do valor pelo cliente por meio de serviços novos e melhorados;
- desenvolvimento de novas oportunidades de negócio;
- redução de erros, defeitos, desperdícios e dos respectivos custos associados;
- rapidez de resposta e redução do tempo de ciclo;
- aumento da produtividade e eficácia na utilização de todos os recursos;
- melhoria no desempenho da organização, no cumprimento de suas responsabilidades públicas e no exercício da cidadania.

Desse modo, o aprendizado é direcionado não somente para a busca por melhores serviços, mas também pela necessidade de ser mais ágil, flexível e eficiente nas respostas, conferindo à organização vantagens adicionais de desempenho.

7.1.6 Pensamento sistêmico

> "Entendimento das relações de interdependência entre os diversos componentes de uma organização, bem como entre a organização e o ambiente externo".[7]

[7] Furnas. Modelo de gestão. Disponível em: <http://www.furnas.com.br/frmQUModeloGestao.aspx>. Acesso em: 7 mar. 2013.

É preciso cada vez mais que as pessoas consigam enxergar a floresta assim como as árvores que a compõe.

7.1.7 Desenvolvimento de parcerias

> "Desenvolvimento de atividades em conjunto com outras organizações, a partir da plena utilização das competências essenciais de cada uma, objetivando benefícios para ambas as partes".[8]

O conceito de concorrência tem hoje outra dimensão que engloba as interação entre organizações do mesmo ou de diferentes setores.

7.1.8 Responsabilidade social

> "Atuação que se define pela relação ética e transparente da organização com todos os públicos com os quais ela se relaciona. Refere-se também à inserção da empresa no desenvolvimento sustentável da sociedade, preservando recursos ambientais e culturais para gerações futuras; respeitando a diversidade e promovendo a redução das desigualdades sociais como parte integrante da estratégia da organização".[9]

Este valor é, às vezes, confundido, no caso de organizações sociais, com a própria missão nobre da organização. A alta direção da organização, por meio da liderança, deve enfatizar as responsabilidades sociais e o exercício da cidadania pelo hospital.

A responsabilidade social refere-se às expectativas básicas da organização quanto a aspectos legais, atenção à saúde pública, segurança e proteção ambiental. O enfoque relativo à saúde, segurança e proteção ambiental deve levar em conta o impacto externo das operações da organização, bem como o ciclo de vida dos serviços.

Alguns fatores como conservação de recursos e redução de rejeitos na origem precisam ser considerados. O planejamento no tocante à saúde pública, segurança e proteção ambiental deve prever impactos adversos que poderiam decorrer das instalações, uso e descarte ou reciclagem final dos produtos utilizados no hospital. Os planos de ação devem buscar a prevenção de problemas. No entanto, devem considerar a implementação de processos que propiciem reações imediatas, caso algum problema ocorra, tornando disponíveis ao público as necessárias informações para mantê-lo consciente, seguro e confiante.

---

8 Furnas. Modelo de gestão. Disponível em: <http://www.furnas.com.br/frmQUModeloGestao.aspx>. Acesso em: 7 mar. 2013.

9 Furnas. Modelo de gestão. Disponível em: <http://www.furnas.com.br/frmQUModeloGestao.aspx>. Acesso em: 7 mar. 2013.

A inclusão de áreas de responsabilidade social como critério de desempenho organizacional implica não somente o atendimento a todas as exigências legais e regulamentares, municipais, estaduais e federais, mas também que tais exigências e outros requisitos semelhantes sejam tratados como oportunidades para melhoria contínua, além da mera conformidade. Isto requer que indicadores adequados sejam criados e utilizados na gestão do desempenho.

O exercício da cidadania refere-se à liderança e ao apoio a objetivos de interesse social, abrangendo também os aspectos mencionados de responsabilidade social. Tais objetivos poderão incluir a melhoria em educação, assistência médica, excelência na proteção ambiental, conservação de recursos naturais, serviços comunitários, melhoria das práticas organizacionais, intercâmbio de informações não confidenciais relacionadas com a qualidade, a promoção da cultura, do esporte e do lazer (eventos ou outras iniciativas) e do desenvolvimento nacional, regional ou setorial.

A liderança quanto à boa cidadania implica influenciar outras organizações, públicas ou privadas, a se tornarem parceiras para atingir esses propósitos. Por exemplo, uma organização pode conduzir esforços para ajudar a comunidade a definir as necessidades, os direitos e os deveres dos cidadãos.

7.1.9 Comprometimento da alta direção

> "Atuação de forma aberta, democrática, inspiradora e motivadora das pessoas, visando o desenvolvimento da cultura da excelência, a promoção de relações de qualidade e a proteção dos interesses das partes interessadas".[10]

A busca da liderança de mercado requer uma forte orientação voltada para o futuro e a disposição de assumir compromissos de longo prazo com todas as partes interessadas: clientes, força de trabalho, acionistas, fornecedores, a comunidade e a sociedade.

O planejamento precisa antever muitas mudanças, como as relativas a expectativas dos clientes, novas oportunidades de negócio, desenvolvimentos tecnológicos, novos segmentos de clientes, novas exigências regulamentares, expectativas comunitárias e da sociedade, pressões da concorrência, além das mudanças nas relações e na força de trabalho.

É necessário que a estratégia, os planos de ação e a alocação de recursos estejam alinhados em toda a organização e reflitam esses compromissos e mudanças. Parte relevante de tais compromissos em longo prazo refere-se ao desenvolvimento da força de trabalho e dos fornecedores, bem como ao cumprimento de responsabilidades públicas.

---

[10] Furnas. Modelo de gestão. Disponível em: <http://www.furnas.com.br/frmQUModeloGestao.aspx>. Acesso em: 7 mar. 2013.

A liderança da alta direção no estabelecimento de valores claros e visíveis e na definição formal da missão e visão da organização é a força propulsora para o engajamento de todos.

O reforço dos valores e das expectativas requer comprometimento e envolvimento pessoal. Os valores e as expectativas devem levar em conta todas as partes interessadas, ou seja: clientes; força de trabalho; acionistas, cotistas ou proprietários de um modo geral; fornecedores, parceiros e a sociedade como um todo. Todos os membros da alta direção precisam tomar parte na criação de estratégias, sistemas e métodos para alcançar a excelência e desenvolver a capacitação da organização.

Essas estratégias e valores devem orientar todas as atividades e decisões da organização. A alta direção precisa estar comprometida com o desenvolvimento de todas as pessoas que trabalham no hospital, estimulando a participação, o aprendizado e a criatividade. Por meio do seu envolvimento pessoal em atividades como planejamento, comunicações, análise crítica do desempenho da organização e reconhecimento dos resultados obtidos pelas pessoas, a alta direção serve como modelo a ser imitado, reforça os valores e encoraja a liderança e a iniciativa na organização como um todo.

7.2 Liderança

Quando se fala em liderança, vem logo à cabeça a figura do líder: carismático, messiânico ou salvador da pátria; o líder herói. A sociedade gosta de criar heróis e superestimar o valor de um indivíduo, mitificando-o; parece que isto lhe dá segurança, na dependência ao mito.

Aquela pessoa que resolve tudo, que é responsável por tudo e sem cuja presença nada acontece só existe no realismo fantástico e na mente daqueles que se locupletam afagando personalidades vaidosas, ou nas próprias personalidades vaidosas. Quantas vezes já se ouviu a expressão: "sem mim nada acontece neste hospital; tudo para." Essas pessoas pensam estar exaltando sua competência e realçando o fato de que são imprescindíveis. Nada mais falso e de sentido deturpado. Às vezes, essa dependência nada mais é do que justificativa para, inconscientemente, criar o caos na organização que, então, "necessita" do líder para "sobreviver"; esse líder emerge na crise para "salvar" a organização. Se o hospital depende de uma pessoa para sobreviver, estará mal quando essa pessoa não estiver presente.

Logo, hospitais de sucesso não dependem de um líder para sobreviver, mas de um sistema de liderança forte, que tem no líder (nos vários líderes) seu principal executor, defensor e disseminador. São sistemas de liderança fortes que fazem instituições fortes; líderes fortes e autoritários fazem ditaduras nas organizações, assim como nas nações. Em momentos de crise ou de transição, contudo, pode ser importante a presença do líder carismático, que, simbolizando os ideais do grupo, ajude a passar pela crise; nesses momentos, o líder herói torna-se referência a ser seguida. Passada a crise, a organização precisará de outro tipo de liderança que lhe assegure estabilidade.

É no sistema de liderança e na cultura da excelência que se definem a identidade da organização, a qual será base para o seu processo de planejamento e gestão estratégicos. Com essa base se conhecem as condições atuais do hospital que servirão como ponto de partida para onde se quer chegar. Os valores, missão e políticas básicas (ou gerais) do hospital devem definir o que a organização realmente é no presente e a visão, o que ela quer ser no futuro. A gestão estratégica está relacionada com os propósitos, significados, valores e virtudes da organização e nesse sentido constituem a sua base filosófica.

Com frequência, as definições de valores, missão, visão, objetivos e filosofias da empresa confundem-se. Indiferentemente dos nomes que se deem a esses conceitos, o importante é que estejam presentes na base das atividades da empresa e que haja perfeita compreensão do que significam e que, em sintonia, sejam praticados.

Ao modelo de gestão não importa a interminável discussão se os líderes podem ser treinados ou se já nascem feitos; ou teorias que procuram explicar o papel dos líderes nas empresas e seu componente motivador da força de trabalho. O modelo considera importante três itens para a boa prática da liderança: o sistema de liderança, o estímulo à cultura de excelência e o preparo da liderança para fazer análise crítica do desempenho global do hospital.

7.2.1 Sistema de liderança

Por sua própria natureza, o sistema de liderança é definido no nível estratégico da organização. É, portanto, uma decisão que vem de cima para baixo, sem participação dos níveis operacionais.

Contudo, o sistema de liderança não terá força nem legitimidade sem que haja uma ampla disseminação e apropriação dos conceitos básicos dele emanados em todos os níveis da organização, incorporando-os e praticando-os no dia a dia, com base no exemplo da alta cúpula.

Pela importância do serviço de enfermagem (geralmente o maior contingente da força de trabalho e único a permanecer ininterruptamente no hospital), pesquisa-se sobre suas condições de poder na estrutura organizacional. Segundo o modelo de gestão proposto, o sistema de liderança compreende algumas questões que serão apresentadas a seguir.

Exercício da liderança

A ação da liderança deve promover o equilíbrio e a harmonia no relacionamento com as partes interessadas de modo que assegure o comprometimento de todos com a missão e a visão da organização. As partes interessadas têm interesses legítimos no sucesso da organização embora, muitas vezes, eles sejam conflitantes. Para isso é importante que a liderança interaja diretamente com as partes interessadas por meio de práticas definidas de forma objetiva e sem filtros de triagem.

Governança

É um sistema administrativo e de controles exercido sobre a gestão da organização pelos acionistas, proprietários, conselhos de administração, diretorias e executivos. Tem como princípios básicos transparência, equidade, prestação de contas e responsabilidade corporativa. Suas tarefas básicas são: análise dos objetivos estratégicos; avaliação e monitoramento do desempenho da organização como um todo; planejamento da sucessão; auditorias independentes; compensação dos executivos; gestão dos riscos empresariais etc. Em resumo: a governança é fundamental para a efetividade organizacional.

Gestão dos riscos empresariais[11]

Cabe ao líder implantar mecanismos para identificar, analisar e tratar (minimizar) os riscos organizacionais mais significativos que possam prejudicar a imagem e a capacidade de a organização realizar sua missão.

Tomada, comunicação e implementação de decisões

Neste item destaca-se o sistema de reuniões que as organizações devem definir claramente para estruturar seu processo decisório. Para que sejam eficazes, é importante que o sistema de reuniões tenha mecanismos bem definidos, especificando pautas, duração, forma de tomar decisão (consenso ou maioria), atas, periodicidade, participantes das reuniões, entre outros. A forma de comunicação dessas decisões depende do seu teor e a quem elas são destinadas. A comunicação interna se faz pelos meios disponíveis (internet, intranet, boletins, distribuição de atas, fóruns internos e outros). A implementação, tanto quanto possível, deve ser feita pelos próprios participantes do processo decisório, sendo importante o acompanhamento das ações implantadas.

Identificação e desenvolvimento de líderes potenciais

Faz-se geralmente por meio de avaliações formais ou informais em que competências são analisadas e indícios ou evidências reais de potencial são identificados. É importante lembrar que nem sempre (ou quase nunca) o melhor técnico é quem tem potencial para a liderança; assim como não será o cirurgião mais destacado quem será o melhor diretor do hospital; também não será o melhor mecânico quem terá condições de dirigir uma montadora de automóveis. Uma vez identificadas as lideranças potenciais, deve-se definir um programa de desenvolvimento que pode seguir os seguintes passos:

- rotação de funções ou tarefa, que consiste na indicação do candidato ou líder potencial para trabalhar em diferentes áreas da organização a fim de se familiarizar com vários aspectos dela;

[11] Veja mais no Capítulo 4.

- gerenciamento de programas específicos que exijam grandes responsabilidades em situações de pressão por desempenho em importantes operações da organização;
- treinamentos específicos para melhorar o conhecimento do candidato nas áreas em que foram identificadas oportunidades de melhoria para o candidato ou líder potencial.

Avaliação de líderes

Os conhecimentos, habilidades e atitudes dos líderes, em todos os níveis da organização, devem ser avaliados e desenvolvidos. A definição clara das competências para uma liderança eficaz ajuda na avaliação dos líderes. Essas avaliações podem ser feitas de diversas formas, porém as mais completas envolvem, em um processo participativo, os pares, subordinados e chefias para expressar suas opiniões livremente. A definição de competências para a liderança em organizações de saúde varia em função da cultura da organização, modelo assistencial praticado, personalidade jurídica, porte, localização geográfica, entre outras. Lembrar que uma das principais competências de líderes em qualquer organização é a capacidade de formar novos líderes e não seguidores.

7.2.2 Cultura da excelência

Aqui está compreendida a orientação do processo de liderança em direção a uma cultura de excelência e ao atendimento de todas as partes interessadas. Trata-se da criação de uma cultura organizacional voltada para a excelência.

A cultura organizacional pode ser definida como a forma de vida compartilhada pelas pessoas que atuam na organização, incluindo seus conhecimentos, crenças, senso estético, valores, usos, costumes, a legislação que as rege e suas habilidades e hábitos adquiridos na instituição. A perspectiva cultural nas organizações está focada nos significados que as pessoas atribuem às suas experiências de trabalho. As pessoas atribuem sentido às coisas, usam símbolos e contam histórias vinculadas à vida da organização. Pelas interações das pessoas na organização, continuamente são criados, mantidos e modificados os eventos, os processos e os resultados dessas organizações. Segundo o modelo de gestão proposto, é tarefa da liderança canalizar todas essas variáveis para uma cultura de excelência.

A figura do líder é extremamente importante aqui, pois é ele que será responsável pela transmissão da cultura da excelência para o hospital; ele será seu principal disseminador, guardião e praticante, dando exemplo com sua conduta e atitudes. Talvez uma das maiores funções do líder na organização é ser responsável por moldar uma cultura organizacional que busque a excelência. Em caso de mudanças nos valores da organização (o que é possível, mas não frequente), caberá ao líder identificar a necessidade e orientar o processo de mudança.

Na cultura de excelência destacam-se os conceitos básicos da instituição, que constituem sua identidade e são expressos por valores, missão, visão e políticas básicas ou gerais. Como consequência desses conceitos estratégicos básicos, desenvolvem-se normas, rotinas e procedimentos operacionais necessários à execução dos processos da organização. Os conceitos estratégicos básicos aparecem nos documentos maiores da organização: estatuto, regimentos e/ou regulamentos; enquanto as normas, rotinas e procedimentos operacionais aparecem nos manuais.

Estabelecimento de valores e princípios organizacionais

Valores

Os valores organizacionais são "o entendimento e expectativas que descrevem como os profissionais da organização se comportam e sobre os quais todas as relações organizacionais estão baseadas." Podem também ser definidos como "um padrão ou qualidade de princípios considerados em si válidos ou desejáveis."[12] São fontes de força e diante de incertezas dão às pessoas orientações de como agir do ponto de vista organizacional. "Os valores de uma empresa – o que ela defende e no que seu pessoal acredita – são cruciais para seu sucesso competitivo. Na verdade, os valores impulsionam o negócio."[13] Os valores compõem a filosofia administrativa da organização hospitalar para alcançar seus objetivos com sucesso.

As pessoas atuam e tomam decisões baseadas em um sistema de crenças e valores, geralmente, inconscientes; é o conjunto daquilo que é mais importante na vida de cada um. As pessoas são o que seus valores são, embora isto nem sempre seja explicitamente consciente e claramente admitido. Mas são os valores que fazem as pessoas serem o que são; comportarem-se da maneira como se comportam; vestirem-se da maneira como se vestem (os símbolos da moda são grandes reveladores dos valores de uma pessoa); votarem nos candidatos em quem votam; decidirem-se por uma profissão; fazerem os amigos que fazem; casar-se com os cônjuges com quem se casam; enfim, terem aquela personalidade, serem aquele indivíduo e cidadão.

Ora, as empresas nada mais são do que um conjunto de pessoas que trabalham juntas para alcançar determinados objetivos. Portanto, da mesma forma como as pessoas agem de acordo com seus valores, também as empresas atuarão de acordo com os seus valores definidos. Tão logo as pessoas sejam orientadas por um conjunto de valores organizacionais, estarão prontas para receber as metas e os objetivos e começar a trabalhar no sentido de realizar a missão e alcançar a visão da organização.

É preciso entender que quando se fala em valores das pessoas ou das empresas, nem sempre se fala em coisas "boas", mas sim daquilo que elas valorizam; das suas crenças. Se todos tivessem os mesmos valores, o trabalho em grupo seria, possivelmente, facilitado, mas cheio de vieses que só a unanimidade consegue. Contudo, a realidade é composta de uma diversidade de valores e crenças que, se por um lado dificultam a harmonia do grupo, por outro acrescentam-lhe riquezas de conteúdo e de resultado.

---

[12] FUNDAÇÃO NACIONAL DA QUALIDADE, 2007a.

[13] HAAS, M.; HANSEN, M. T. Different knowledge, different benefits: toward a productivity perspective on knowledge sharing in organizations. *Strategic Management Journal*, 28:1133-53, 2007.

Missão

A missão organizacional é a proposta para a qual, ou a razão pela qual, uma organização existe. Em geral, ela contém informações do tipo de produtos ou serviços que a empresa produz, quem são seus clientes e em que valores importantes ela acredita. É uma declaração muito ampla da diretriz organizacional. Uma boa declaração de missão ajuda:

- a concentrar esforços das pessoas para uma direção comum;
- a criar padrões de comportamento;
- a definir o escopo do negócio;
- a organização a voltar-se ao seu foco principal durante uma crise;
- a assegurar que a organização não persiga propósitos conflitantes;
- a servir de base lógica geral para alocar recursos organizacionais;
- a desenvolver valores ou cultura compartilhada;
- a estabelecer áreas amplas de responsabilidades por tarefas dentro da organização; e
- a atuar como base para o desenvolvimento de objetivos organizacionais comuns.

A missão é a razão de ser de uma organização, as necessidades sociais a que ela atende e seu foco fundamental de atividades. Ela comunica o propósito da empresa da mesma forma que a missão pessoal mostra o que você faz, o propósito para o qual você existe. Ela responde à pergunta existencial: *eu estou aqui para fazer o quê?* Algumas pessoas podem não querer explicitar sua missão por temor de ficarem atados por ela; a missão pessoal não é um fator de controle, mas de liberação das potencialidades de quem sabe o seu caminho. Indivíduos que compreendem a razão do que estão fazendo resistem melhor às solicitações estressantes da vida diária, porque a coerência de suas missões os ajuda a focar objetivos, definir prioridades, e não, simplesmente, reagir às solicitações do meio ambiente.[14]

Da mesma forma que foi dito para os valores, também aqui se pode dizer que a empresa é um conjunto de pessoas e que a missão dela tem paralelismo com a missão das pessoas que nela trabalham; dessa maneira, a missão das organizações é o conjunto das missões das pessoas que nela trabalham.

A missão é o foco da organização e sua razão de ser. Ela fornece a direção para o desenvolvimento da estratégia, definindo os fatores críticos de sucesso, localizando as oportunidades e ajudando na escolha do que satisfaz aos clientes e proprietários. É ela que distingue uma empresa de outra, tornando claro o que é exclusivo de cada uma. É a missão que dá foco coerente à empresa, com base no qual o processo de criação de bens ou serviços se realiza.

[14] SCOTT, W. R. et al. *Institutional change and healthcare organizations*. Chicago: The University of Chicago Press, 2000.

Parafraseando Peter Drucker, pode-se dizer que planejamento estratégico envolve o processo socrático, e da mesma forma, na definição da missão da organização, deve-se, como naquele processo, responder algumas perguntas:

- O que é a empresa? É importante responder a essa pergunta sobre a identidade da organização para distinguir o que ela *é* do que ela *faz*. Por exemplo: à pergunta "o que a Disney *é*?", talvez muitos respondessem que é uma empresa de entretenimento e diversões, quando, na verdade, o negócio da Disney é vender sonhos, ilusão e fantasia; há várias consequências de um e de outro entendimento. Outros exemplos: a Avon vende beleza, e não produtos de maquiagem; a Coca-Cola vende emoção, e não refrigerantes; a Esso vende potência para o motor do seu carro, e não combustível, e assim por diante. Portanto, a pergunta "*o que a empresa é e o que ela faz*?" é respondida com a definição da identidade da organização, que faz seus membros acreditarem no que a empresa tem de importante, diferente e duradouro.
- Quais são as necessidades básicas que a empresa deve satisfazer ou os problemas que ela deve tentar resolver? A resposta a essa pergunta dá uma justificativa à empresa para não se tornar um fim em si mesma.
- O que a empresa faz para reconhecer, se antecipar e responder a essas necessidades? Atenção a essas necessidades deve desencadear os ajustes da organização à missão, nível de produção de serviços, estrutura de custos, gestão e estrutura organizacional necessária para manter a efetividade.
- Como a empresa deve dar satisfação aos seus principais grupos de interesse? Essa pergunta força a organização a uma reflexão e definição em relação a que interesses ela deve, primordialmente, atender, como e quando.
- Quais são os valores, filosofia e cultura da empresa? Definições claras com relação a esses tópicos feitas antes do desenvolvimento de estratégias permite que se evitem muitos erros estratégicos graves que podem comprometer a instituição, se esses conceitos não estiverem claros.
- O que faz esta empresa única e diferente das demais? Se não existe nada diferente e único nesta empresa, então, por que não fechá-la?

Em suma, para definir a missão, a empresa deve responder a essas perguntas, que podem ser postas de maneira mais simples: o que a empresa faz? Como faz? Para quem faz? Qual o impacto maior dessa ação na comunidade?

A empresa deve ser capaz de reproduzir a missão com poucas frases. A concisão significa que os responsáveis pela definição da missão conhecem bem a empresa a ponto de poder exprimi-la de maneira concisa. Peter Drucker diz que a declaração da missão deve ser suficientemente curta a ponto de poder ser impressa na frente de uma camiseta a ser distribuída entre as pessoas que trabalham na empresa, para que elas levem no peito a mensagem principal. Algumas empresas imprimem a missão no verso do crachá para que as pessoas sempre estejam sendo lembradas do seu conteúdo.

É importante lembrar que a missão (assim como os demais conceitos básicos da empresa) não pode ser letra morta para ser exibida apenas nas paredes e documentos da empresa, mas deve estar presente em cada atitude dos seus membros, principalmente dos representantes da alta cúpula.

George James, ex-vice-presidente e diretor financeiro da Levi Strauss, diz que:

> "[...] a empresa pediu a cada uma de suas divisões que descrevesse sua própria missão, além da missão maior de toda a companhia. A declaração da missão deve conter somente alguns parágrafos descritivos do que a empresa está tentando ser. É revisada todos os anos, mas nós desencorajamos pequenas mudanças. A declaração de missão da empresa, como um todo, não tem sido mudada nos últimos cinco ou seis anos."

Dessa frase podem-se tirar duas conclusões:

- as empresas devem encorajar suas unidades ou subdivisões a também definirem suas missões; e
- os conceitos básicos não são imutáveis, podendo ser modificados na medida em que mudanças externas ou internas assim o exijam. Nossas missões e valores individuais mudam ao longo das nossas vidas, mas não mudam a toda hora; assim também as empresas não poderão mudar seus conceitos básicos a todo momento.

Visão

"A visão é o estado que a organização deseja atingir no futuro. A visão tem a intenção de propiciar o direcionamento dos rumos de uma organização". Lembrando a pergunta que toda criança ouviu, provavelmente se fez e respondeu várias vezes na infância "o que você quer ser quando crescer?", essa pergunta equivale à visão da empresa, assim como "o que você é?" equivale à missão.

Os cenários que se constroem com a visão, colocam o futuro em foco, permitindo ver a imaginação convergente (sintética), cria a grande meta para a organização. Aonde ela quer chegar? Onde quer estar daqui a cinco, dez, 20 anos? Que serviços estará prestando a seus clientes? Que tipo de imagem terá na população? Quanto e como terá crescido?

A complexidade do mundo moderno, suas ambiguidades e contradições, aliadas à rapidez das mudanças, exige da empresa uma visão clara de onde quer chegar, para poder dirigir-se com um mínimo de segurança ao seu objetivo. A visão deve encaminhar a organização para resultados, por meio de um processo contínuo de antecipar mudanças, aproveitar oportunidades que vão surgindo e correções de rumo em longo prazo.[15]

---

[15] MOTTA, F. C. P.; VASCONCELOS, I. F. G. *Teoria geral da administração*. São Paulo: Pioneira Thomson Learning, 2002.

A visão tem de ser inspiradora a ponto de despertar nas pessoas o desejo de compartilhar a ação, alinhada com as diretrizes da organização, para consecução da missão. Peter Senge[16] fala na visão compartilhada como resposta à pergunta "o que queremos criar?". A visão compartilhada seria uma imagem comum que as pessoas carregam, criando um senso de comunidade que permeia a organização e dá coerência às suas diversas atividades. É a visão do brilho individual, junto ao da escola de samba, que transforma em sucesso o potencialmente caótico espetáculo do carnaval.

Segundo Scott, uma declaração de visão poderosa deve:[17]

- mostrar aonde a organização quer chegar;
- ser fácil de ler e entender;
- abranger o espírito desejado pela organização;
- poder ser usada para orientar decisões;
- chamar a atenção das pessoas;
- descrever a situação escolhida para o futuro da organização;
- mexer com as pessoas;
- motivadora, mesmo em momentos difíceis; e
- ser considerada atingível.

A visão, assim como todos os conceitos básicos da organização, deve ser revista de tempos em tempos (por exemplo, durante o exercício anual de revisão estratégica) porque precisa ser focalizada novamente em função de mudanças demográficas, ou porque é preciso abandonar algo que não produz resultados, mas consome recursos, ou simplesmente porque o objetivo foi atingido e se necessitam novos patamares de desafios.

Políticas gerais ou básicas

As políticas gerais ou básicas são as "normas da casa", que a organização define para serem cumpridas por todas as unidades. Elas estão relacionadas com o uso ou aproveitamento dos diferentes recursos ou insumos da organização. Assim, tem-se:

- políticas relativas às pessoas que trabalham na empresa;
- políticas para o uso dos recursos materiais;
- políticas para o uso dos recursos financeiros; e
- políticas dos recursos organizacionais.

Também podem existir políticas gerais ou básicas para outros setores da organização, tais como: para os processos, comunicações etc. Como exemplos de políticas

[16] SENGE P. *The fifth discipline: the art and practice of the learning organization.* Nova York: Doubleday, 1994.
[17] SCOTT, W. R., 2000.

relativas às pessoas, podem ser citadas (não se trata de exemplos a serem seguidos; isto é mas apenas menção de políticas que possam ser encontradas em algumas empresas):

- todas as pessoas da organização deverão usar crachá de identificação dentro da empresa;
- não são admitidos parentes de pessoas que já trabalham na organização;
- o recrutamento se fará, preferencialmente, entre as pessoas que trabalham na organização;
- o hospital praticará remuneração acima (ou na média) do mercado;
- todas as pessoas deverão estar uniformizadas quando em ação na organização.

Como exemplos de políticas para uso dos recursos materiais, podemos citar:

- materiais só serão adquiridos dentro das especificações aprovadas pela comissão de compras e dentro da lista de produtos padronizados da empresa;
- decisões de compra serão tomadas após análise de, pelo menos, três cotações.

Comunicação dos valores e princípios organizacionais

É preciso não só definir os valores e princípios organizacionais, mas também disseminá-los pela força de trabalho e por todas as partes interessadas de maneira que consigam entender o seu significado e se identificar com eles. As pessoas não precisam saber repetir *ipsis litteris* os termos da missão formal da organização, mas devem poder expressá-la com suas próprias palavras demonstrando seu conhecimento e identificação com a organização.

A comunicação é uma das principais funções da liderança para criar relações de transparência, definir compromissos mútuos e oportunidades para a organização. Se a liderança não deixa claro quais são os valores e princípios da organização, as pessoas que nela trabalham e demais partes interessadas poderão defini-los de qualquer forma. Se um hospital define sua missão como "curar doenças", pode estar deixando de lado um papel importante na prevenção de doenças e promoção da saúde; considerando que nem todos os pacientes se curam, o hospital pode também precisar prover serviços de apoio psicológico, assistência social, aconselhamentos de diversas naturezas e assim por diante.

Uma missão clara e definida ajuda as pessoas a se orientarem quanto ao que se espera delas na organização. A comunicação dos valores e princípios organizacionais pode se fazer de diversas maneiras: reuniões, murais, internet, intranet, memorandos, correspondências em geral, comunicados, manuais e procedimentos operacionais padrão, *workshops*, boletins internos, e a velha e boa conversa "olho no olho", quando a liderança toma seu tempo para andar pelos setores da organização encontrando pessoas que neles trabalham; porém, nada substitui o exemplo como forma de disseminar valores e princípios.

Pelo comportamento, mais do que pelas palavras da liderança, as pessoas identificarão aquilo que a organização de fato valoriza. Ou a organização tem princípios e os pratica ou não os tem, tão simples quanto isto! Não há como ser hipócrita sem que as pessoas o percebam; e aí tudo o mais se complicará na vida da organização. Cabe sempre à liderança lembrar a todos quando alguém esteja se afastando dos valores e princípios organizacionais colocando as "coisas de volta nos trilhos". Qualquer processo de comunicação requer um *feedback* sobre o entendimento do que se deseja comunicar; a comunicação só acontece quando o receptor da mensagem atua com base nela. Para isso serão usados os mesmos mecanismos citados como forma de disseminar a comunicação.

Mudanças culturais

Já se disse que a única coisa constante no mundo moderno é a mudança. Talvez essa afirmação contenha algum exagero para destacar a importância do processo de mudança, mas o certo é que as coisas estão em constante movimentação no ambiente organizacional.

A realização das estratégias definidas pela liderança requer um processo estruturado de mudança, caso contrário não haveria por que definir estratégias que buscam realizar a visão de uma organização inexistente, mas pretendida. Portanto, a liderança deve entender as mudanças que possam ou devam acontecer na organização e atuar como facilitadora desses processos; ela deve também compreender que as mudanças não acontecem de uma hora para a outra e que as pessoas, ao absorvê-las, passam por um ciclo que compreende: negação, resistência inicial, exploração, aceitação e implementação.

As mudanças necessárias a serem implantadas na cultura organizacional devem ocorrer de forma cuidadosa e estruturada, garantindo-se que sejam entendidas, aceitas e bem-vindas. Elas geralmente causam desconforto e demandam um processo de gestão da mudança. Algumas ações que podem ser executadas pela liderança podem facilitar:

- a implementação de ações simbólicas, coerentes e alinhadas com a mudança desejada;
- a implementação de mudanças estruturais na organização como diminuição dos níveis hierárquicos;
- o envolvimento das pessoas, solicitando-se opiniões;
- a implementação de ações abrangentes e focadas na busca pela excelência.

Sistemas de aprendizado

Para melhorar as práticas de gestão, a organização deve implantar um sistema de aprendizado organizacional capaz de reunir os mecanismos que desafiem a forma como o trabalho está sendo feito e proponham ações de mudanças.

A organização que avalia periodicamente as suas práticas, processos, padrões, estratégias e seu sistema de gestão adapta-se mais facilmente às mudanças e tem mais condição de atingir e manter bom desempenho, aumentando sua competitividade. Alguns exemplos do que podem ser bons mecanismos para melhorar as práticas de gestão são:

- avaliações internas ou externas da gestão, promovendo reflexão sobre possíveis falhas no sistema gerencial;
- reuniões de análise crítica que promovam discussões sobre erros que possam ser corrigidos;
- uso de *benchmarking* para identificar e incorporar as melhores práticas gerenciais;
- auditorias genéricas ou específicas feitas com recursos internos ou de terceiros, identificando lacunas no sistema de gestão ou não conformidades maiores, induzindo ajustes em seus padrões de trabalho;
- pesquisas que avaliem o grau de satisfação das partes interessadas;
- mecanismos de geração de ideias e inovação, estimulando a criatividade gerencial;
- comitês temáticos e fóruns de reflexão para possibilitar intercâmbio de ideias entre diferentes atores do processo gerencial.

Desenvolvimento da inovação

A inovação é importante para a manutenção de vantagem competitiva. Porém, para que se torne sustentável, a organização precisa desenvolvê-la de forma intencional e contínua.

Não se deve confundir inovação com incorporação de nova tecnologia, como é muito comum na área da saúde, sem que haja uma definição clara de quanto uma nova tecnologia constitui inovação verdadeira ou apenas o mínimo desenvolvimento no produto.

A pressão da indústria produtora de equipamentos e medicamentos sobre os gestores de organizações de saúde é muito forte. O setor é, provavelmente, o único em que novas tecnologias não substituem as antigas, mas se somam, de tal forma que, ao invés de significar redução de custos (como acontece em todos os setores da atividade econômica), ocorre o contrário: novas incorporações de tecnologia só aumentam os custos pelo uso de mais uma tecnologia sem que nenhuma antiga seja substituída.

A organização inovadora é aquela que pratica um processo contínuo e permanente de inovações de qualquer natureza: processos, produtos, serviços ou de gestão. Isto é feito por times de melhorias, programas com premiação de ideias inovadoras, programas de solução de problemas em equipes, programas de participação nos resultados, sistemas de reconhecimentos específicos ou outros.

7.2.3 Análise crítica do desempenho global

Está na alta cúpula a responsabilidade de analisar:

> "criticamente o desempenho global da organização, considerando as necessidades de todas as partes interessadas, para avaliar o progresso em relação às estratégias e aos planos de ação, apoiar a tomada de decisão e permitir a correção de rumos." [18]

Este item liga os elementos cinco e oito do modelo, que se referem às informações e resultados da organização. A análise crítica do desempenho global é feita de acordo com um painel de controle, colocado à disposição da cúpula da organização pelo sistema de informação. Esse painel de controle será um condensado dos inúmeros indicadores coletados, armazenados e acessados do sistema de informação da organização. O sistema de informação transforma os dados em indicadores e a análise crítica do desempenho global os transforma em conhecimento para a organização.

Análise do desempenho

Essa análise é feita com base em comparações e correlações de indicadores. As comparações são feitas com séries históricas do próprio serviço, com empresas similares e/ou concorrentes, com as melhores práticas do mercado, com referenciais de excelência ou com metas definidas pelo planejamento estratégico. Nesse processo há quatro momentos importantes:

1. Integração de dados e análises setoriais. A integração dos resultados é a grande diferença entre a análise convencional e a análise global que permite uma visão sistêmica da organização;
2. Análise, tomada de decisão e definição de ações corretivas e preventivas. O *balanced scorecard* tem sido usado, pela alta cúpula das organizações, como um instrumento de análise crítica de desempenho, fazendo correlação de indicadores financeiros, processos internos, aprendizado e crescimento e de satisfação de clientes com as estratégias da empresa;
3. Comunicação das conclusões e decisões;
4. Implementação e acompanhamento das ações definidas.

Informações consideradas na análise do desempenho global

Entender que as causas e os efeitos das decisões tomadas não ocorrem entre os indicadores, mas, sim, entre os conceitos que estão por trás deles quando medem um requisito ou objetivo estratégico. Um bom desenho de mapa estratégico ajuda a definir as principais relações de causa efeito entre as ações tomadas pela organização,

[18] FUNDAÇÃO NACIONAL DA QUALIDADE, 2007a.

suas consequências e como medi-las. As informações advindas dessas medições serão dadas por:

- necessidades das partes interessadas;
- estratégias e planos da organização;
- informações gerais dos ambientes interno (pontos fortes e oportunidades de melhoria quanto a pessoas, finanças, materiais e administrativos) e externo (oportunidades e ameaças quanto ao setor em que atuam, do mercado, tecnológicos, econômicos, políticos e sociais);
- resultados dos processos principais e de apoio;
- referenciais comparativos pertinentes em outros setores da organização ou de fora dela.

Avaliação do alcance das estratégias

Esta avaliação é fundamental, uma vez que indica se a organização está atingindo seus objetivos estratégicos e, como consequência, os gerenciais e operacionais. Mas ela deverá ir, além disso, questionando também se as estratégias e objetivos foram definidos de maneira correta.

Comunicação das decisões

Traduz-se em ações de mudança concretas implementadas e para tanto podem estar associadas às seguintes atividades:

- ajustes nos planos de ação;
- implementação de novos planos;
- ações corretivas e preventivas;
- ações específicas nos processo principais e de apoio;
- alteração nos objetivos estratégicos;
- novas diretrizes de uma forma geral.

Acompanhamento da implementação de decisões

Para que as decisões tomadas na análise do desempenho da organização sejam adotadas, é preciso que sejam definidos os responsáveis pelas ações e os prazos para que sejam implementadas. Esse acompanhamento pode ser feito com maior ou menor sofisticação, podendo-se utilizar meios eletrônicos nas organizações de maior porte.

Estudo de caso: Liderança

O caso da CI[19]

Em seus mais de 50 anos de existência, a CI buscou continuamente a evolução em seus padrões de atendimento e prestação de serviços. Sua liderança vem exercendo um papel fundamental nessa evolução, como a principal indutora da incessante busca pela excelência em todas as suas atividades. A liderança é, genuinamente, exercida em nome das necessidades das partes interessadas e está inserida nas práticas e atividades do dia a dia.

1 Sistema de liderança

1.1 Definição, execução e controle das práticas de gestão

A estrutura organizacional conta com um colegiado de diretores que elege, periodicamente, um dos membros para atuar como porta voz do grupo junto da administração. É a esse diretor que o administrador executivo do grupo se reporta para as questões operacionais. Os membros do colegiado são, além de sócios da CI, médicos atuantes em suas respectivas especialidades; cada um deles é responsável por um dos serviços oferecidos pela empresa. O conselho se reúne semanalmente para deliberações gerais, aprovação de planos, projetos, investimentos e outras decisões estratégicas.

1.2 Aprendizado

Na avaliação do clima organizacional, realizada uma vez a cada dois anos, existem questões específicas para avaliar o impacto da liderança sobre a motivação da força de trabalho e a produção dos serviços. Por meio deste *feedback*, várias modificações já foram introduzidas nas práticas da liderança. Como todos os membros do conselho exercem o papel de representante do grupo, isto permite que exista muita interação entre os membros, que se monitoram e se avaliam mutuamente com consequências positivas para o exercício da liderança.

2 Cultura da excelência

2.1 Definição, execução e controle das práticas de gestão

Tendo em vista as necessidades das partes interessadas, foram definidos os valores, a missão e a visão da CI, conforme descritas no quadro abaixo.

[19] Clínica de Imagenologia.

Vale ressaltar que estas declarações foram elaboradas no conselho de diretores e disseminadas pelos seus membros, por diversos meios de divulgação, para toda a organização. A diretoria é a guardiã desses conceitos básicos da instituição, responsável por sua disseminação, assimilação e prática por todos os membros da força de trabalho, a começar pela própria diretoria.

2.1.1 Valores da CI

Qualidade e satisfação plena dos clientes

A qualidade dos serviços que a CI presta é a maior prioridade. Cada um dos membros da força de trabalho está intimamente envolvido na busca dos meios para aprimorar o atendimento ao cliente e a satisfação de suas necessidades.

Trabalho em equipe

O trabalho em equipe, envolvendo toda a força de trabalho, os membros do corpo clínico e os terceirizados, é estimulado e praticado por toda a organização.

Criatividade e inovação

Inovações são estimuladas em toda a organização. As pessoas são incentivadas a dispor de seu potencial criativo para a melhoria e o contínuo aperfeiçoamento de seus processos e atividades.

Desenvolvimento pessoal e profissional

As pessoas são o recurso mais valioso da CI. Em linha com esta crença, estimula-se a educação continuada para o crescimento pessoal e profissional das pessoas.

Confiança e respeito

Acredita-se que um bom clima organizacional seja fundamental para o pleno desenvolvimento das potencialidades das pessoas. Por isso há um esforço conjunto para tratar a todos com confiança e respeito: clientes, fornecedores e a força de trabalho.

Ética profissional

Todas nossas ações são pautadas pelos mais rígidos princípios éticos.

2.1.2 Missão da CI

Atender às necessidades e expectativas dos clientes e demais partes interessadas, prestando assistência e apoio à investigação com imagens, contribuindo para diagnósticos precisos.

2.1.3 Visão da CI

Ser reconhecida como a melhor clínica de apoio diagnóstico no país, inovando continuamente na aplicação de técnicas para investigação diagnóstica, no desenvolvimento das pessoas e na melhoria da qualidade de vida da comunidade.

2.2 Aprendizado

Há um grupo de trabalho formado por representantes da força de trabalho que monitora periodicamente as ações da empresa no cumprimento de seus conceitos básicos e de suas diretrizes, identificando desvios e recomendando formas de intensificar as práticas gerenciais voltadas para a cultura de excelência.

3 Análise crítica do desempenho global

3.1 Definição, execução e controle das práticas de gestão

A liderança analisa permanentemente o desempenho da organização por meio do acompanhamento semanal de um painel de controle que correlaciona informações relativas ao grau de satisfação dos clientes, qualidade dos serviços prestados, ligados ao grau de satisfação das pessoas que trabalham na CI, posição da clínica no mercado e fazendo *benchmarking* com seus concorrentes diretos e, por fim, analisa custos e desempenho financeiro da empresa.

3.2 Aprendizado

A diretoria está constantemente avaliando a forma de fazer o acompanhamento crítico dos resultados, no sentido de melhorar o desempenho. Nas reuniões semanais, sempre se questiona se o painel de controle existente é o que melhor avalia o desempenho, não deixando nenhum aspecto importante da empresa a descoberto. Como consequência desse acompanhamento, várias modificações foram introduzidas no painel de controle ao longo dos últimos anos, com substituição frequente de indicadores. Obviamente este trabalho é cuidadoso para evitar que a empresa fique sem séries históricas que permitam a análise de tendências ao longo do tempo. Quando indicadores são substituídos, os dados gerais ou as variáveis de controle que lhes davam origem continuam sendo coletados.

7.3 Planejamento estratégico

No planejamento estratégico, busca-se examinar como a organização de saúde define as estratégias e as desdobra em planos de ação que conduzam a uma gestão eficaz; também é aqui que se examina como um hospital pode definir o sistema de medição global, visto no item anterior (Liderança). O leitor notará que o conteúdo desse item flui da formulação de estratégias (intenção do que fazer) para o desdobramento destas em planos de ação (ação de como fazer e, às vezes, até de como fazer) e, por fim, o planejamento de como medir se o que se quis fazer foi, de fato, realizado.

De modo geral, não se considera muito difícil o processo de formulação de estratégias; qualquer grupo conhecedor da empresa e do ambiente em que ela se insere pode fazê-lo com relativa facilidade. A dificuldade reside em transformar essas estratégias em realidade concreta. Para que isso aconteça, é necessário que o planejamento seja realizado com o máximo realismo, por pessoas que conheçam muito bem a empresa e seu ambiente, sem divagar em fantasias e sonhos inalcançáveis. Aqui reside o grande desafio para o planejador: ser suficientemente capaz de ousar no desconhecido, sem perder contato com a realidade.

7.3.1 Formulação de estratégias

A formulação de estratégias visa definir os focos estratégicos (ou diretrizes, objetivos etc.) e se inicia com a chamada revisão da identidade da organização. Esta se constitui na revisão dos conceitos básicos que definem a cultura organizacional, principalmente: valores, missão, visão e políticas básicas. Fazendo-se uma analogia com a vida pessoal, seria a revisão feita pela maioria das pessoas no fim de ano quando avaliam o que se fez durante o ano que termina e se tomam as famosas "decisões de final de ano" (mudar de estilo de vida, organizar melhor as atividades etc.), que, aliás, depois, nem sempre serão cumpridas.

A revisão da identidade da organização, início de qualquer processo de planejamento estratégico, dá-se em reuniões da alta administração, das quais poderão participar alguns níveis gerenciais convidados, dependendo do porte e tipo de hospital. Não se pode esquecer que a definição dos conceitos básicos, e, portanto, suas revisões, é uma prerrogativa e um dever da alta administração. Deve-se começar pela revisão da visão que, sendo a "grande meta" da organização, será a orientadora de todo o processo de planejamento. Uma vez feita essa revisão, passa-se para os demais conceitos: se os valores ainda prevalecem; se a missão está de acordo com as exigências do mercado e respondendo a ele; e se as políticas básicas ainda ajudam a dirimir conflitos e dúvidas na convivência do dia a dia. Uma vez encerrada essa fase, passa-se para a seguinte, que se constitui na assim chamada análise Fofa (ou SWOT para os autores de língua inglesa, dos quais a técnica foi trazida até nós).

A análise Fofa constitui-se em um dos processos mais usados e importantes de formulação da estratégia. Seus conceitos básicos continuam a formar a base das disciplinas de estratégia nos cursos de graduação e pós-graduação em administração, bem como na prática da maioria das empresas que fazem planejamento estratégico. Seu nome deriva das abreviações das palavras *forte* e *fraco*, que adjetivam os recursos internos das empresas como sendo bons ou não para a estratégia poder se desenvolver em um ambiente externo em que existem *oportunidades* e *ameaças*. Com muita frequência preferem-se denominar pontos fracos como oportunidades para melhoria, não apenas por uma questão de gosto, mas porque esta denominação implica uma atitude mais positiva dos agentes diante de uma *oportunidade para melhoria*, e não um *ponto fraco*.

Na concepção de alguns teóricos, o que uma estratégia visa é atingir adequação entre as capacidades internas e as possibilidades externas. Porter diz que "a estratégia será vista como a união entre qualificações e oportunidades que posiciona uma empresa em seu ambiente." É sempre bom repetir que, para a formulação das estratégias, é necessário não apenas identificar as oportunidades e ameaças do ambiente externo, mas fazer um levantamento das forças e oportunidades de melhoria da organização (ambiente interno).

Análise do ambiente interno

As dimensões analisadas nesse aspecto podem variar muito de uma organização para outra, mas é sempre bom pensar nos recursos disponíveis na organização para saber se são suficientemente bons para ela (em quantidade e qualidade); aqui podem ser vistas, entre outras, gestão das pessoas, sistemas de informação, gestão de processos e gestão financeira.

As questões relativas à gestão de pessoas ou de recursos humanos estão relacionadas às condições proporcionadas às pessoas que compõem a força de trabalho, para desenvolver e utilizar seu pleno potencial, em alinhamento com as estratégias da organização, bem como os esforços para criar e manter um ambiente que conduza à excelência do desempenho, à plena participação e ao crescimento pessoal e da organização.

O uso crescente de serviços terceirizados de parceiros, convivendo no mesmo ambiente de trabalho com os funcionários da organização, faz que seja cada vez mais importante que as organizações que buscam um ambiente de trabalho de alto desempenho levem em consideração, em suas práticas, também as pessoas que trabalham nessas empresas terceirizadas. Para essa finalidade, cuidados devem ser tomados no ato de negociar contratos de fornecimento, de modo que as empresas terceirizadas tenham sistemas de trabalho compatíveis com os adotados pela organização.

O uso das informações para a análise crítica e tomada de decisão pode ser resumido como "decisões baseadas em dados e fatos". Para que isso ocorra, é necessária uma compreensão das principais correlações entre os indicadores de desempenho, nas diversas categorias (clientes, financeiros, assistências etc.).

Na gestão de processos analisa-se como são gerenciados os principais processos fim do hospital, bem como os processos de apoio. As questões relacionadas aos processos principais referem-se:

- à definição de novos produtos, serviços e procedimentos na organização, considerando as necessidades dos clientes e das comunidades;
- à abordagem preventiva para garantir que tais procedimentos sejam desenvolvidos isentos de não conformidades;
- aos métodos utilizados para gerenciamento dos processos principais, monitorados *on-line* por indicadores de desempenho.
- às questões relativas aos processos de apoio que se referem:
  - à definição de novos processos de apoio ou adequações nos existentes, considerando as necessidades dos clientes e das áreas-fim (clientes internos);
  - aos métodos utilizados para gerenciamento dos processos, monitorados *on-line* por indicadores de desempenho.

A análise da gestão econômica e financeira aborda como são gerenciados os elementos relacionados à sustentabilidade econômica do hospital, os aspectos financeiros que suportam as necessidades operacionais de curto prazo e aqueles relacionados à capitalização necessária às estratégias de crescimento no médio e longo prazo. A análise pode incluir ainda:

- gerenciamento de custos e acompanhamento orçamentário para assegurar os recursos financeiros necessários ao atendimento das necessidades operacionais;
- critérios para captação de recursos e recebimentos, de modo que se mantenha equilibrado o fluxo financeiro;
- definição de recursos financeiros para realizar os investimentos visando suportar as estratégias e planos de ação, incluindo a adoção de critérios e metodologias para avaliar e definir os investimentos e a forma de capitalização apropriada.

Análise do ambiente externo

Por outro lado, todas as empresas são mais ou menos afetadas por quatro forças presentes fora delas, ou seja, no ambiente externo: as forças político-legais, as econômicas, as sociais e as tecnológicas ("Pest").

Embora algumas vezes organizações muito grandes (ou várias empresas associadas) tentem influenciar a legislação ou, por meio de pesquisa e desenvolvimento (P&D), abram caminho para mudanças tecnológicas ou sociais, essas forças macroambientais não estão, em geral, sob controle direto das organizações. Portanto, o objetivo da administração estratégica é criar condições para que a empresa opere com eficácia diante de ameaças ou restrições ambientais e possa também capitalizar as oportunidades oferecidas pelo ambiente.

Um grupo importante de variáveis existentes no ambiente externo inclui as forças político-sociais. Aqui podem ser considerados os resultados de eleições, as legislações e sentenças judiciais, bem como decisões tomadas por várias comissões e instâncias em cada nível de governo. Como exemplo do impacto dessas forças, considerem-se as ações das agências reguladoras do governo federal na área de saúde (Anvisa e ANS). Em escala mais global, podem-se incluir aqui todas as medidas protecionistas à importação de certos produtos que os países incorporam em suas legislações, por pressão de grupos internos ou externos. O sistema político-legal de uma nação influencia muito suas operações comerciais e o padrão de vida de seus cidadãos.

As forças econômicas também têm grande impacto sobre a vida das empresas. Como principais exemplos, considera-se o impacto do aumento ou diminuição do produto interno bruto (PIB), bem como das elevações e quedas das taxas de juros, da massa salarial, da inflação e do valor do dólar. Essas mudanças representam tanto oportunidades quanto ameaças para os administradores estratégicos. Durante um período de recessão, as pressões competitivas sofridas pelas empresas aumentam; a lucratividade diminui e o número de falências aumenta.

No entanto, até mesmo a recessão oferece oportunidades a algumas empresas. Os cinemas geralmente têm um bom desempenho durante períodos economicamente difíceis, oferecendo uma fuga das preocupações financeiras a seus frequentadores. Por outro lado, taxas baixas de juros em curto prazo, por exemplo, são particularmente benéficas para varejistas, pois encorajam o gasto por parte do consumidor. As altas taxas de inflação geralmente resultam em restrições para as organizações empresariais. As altas taxas aumentam vários custos, tais como o de materiais, medicamentos e salários.

A inflação também pode, inversamente, oferecer oportunidades para algumas empresas; possivelmente todos se lembram dos inúmeros mecanismos utilizados para sobreviver desenvolvidos pela população brasileira, durante os vários anos de inflação alta. Por outro lado, variações cambiais importantes podem aumentar o endividamento de hospitais que importam equipamentos.

A intensidade da mudança tecnológica varia consideravelmente de um setor para outro. As mudanças na tecnologia afetam constantemente as operações de um hospital, bem como seus produtos e serviços. Os recentes avanços tecnológicos em biologia molecular, computadores, robóticas, lasers, redes de satélites, fibras óticas e outras áreas relacionadas proporcionaram importantes oportunidades de melhorias operacionais. No entanto, de outra perspectiva, a mudança tecnológica pode dizimar empresas existentes e até mesmo setores inteiros, já que a demanda passa de um produto para outro. As cirurgias videolaparoscópicas modificaram completamente o panorama da cirurgia geral.

Por fim, os impactos sociais se fazem sentir por meio de valores ou outros conceitos que uma sociedade tenha em alta conta; trata-se de crenças pessoais ou grupais, como já foi visto no capítulo anterior. Podem incluir, por exemplo, tradições, tendências sociais e expectativas que uma sociedade tenha com relação aos seus hospitais. Hoje, programas de televisão, como as telenovelas, por exemplo, podem afetar práticas sociais que repercutem no dia a dia dos hospitais.

As tendências sociais apresentam várias oportunidades e ameaças ou restrições para as empresas. Por exemplo, a tendência de cuidar da saúde e do corpo, que teve início vários anos atrás, trouxe sucesso financeiro para empresas de calçados esportivos, equipamentos de ginástica para academias e para os fabricantes de refrigerantes dietéticos e água engarrafada. Entretanto, essas tendências trouxeram riscos financeiros para outros setores como os de criação de suínos, processamento de derivados do leite, de tabaco e de bebidas alcoólicas. As tendências sociais também incluem mudanças demográficas que podem afetar as oportunidades de negócio, dos serviços de saúde, atividades de lazer e alternativas de férias.

Uma vez concluída a revisão da identidade da organização e a análise Fofa, o hospital está em condições de definir seus focos estratégicos (o que fazer). Estabelecer focos estratégicos não é uma tarefa simples. Uma organização possui vários grupos de interesse com objetivos diferentes. Assim, os focos estratégicos que por fim acabam sendo determinados devem equilibrar as pressões dos diferentes grupos, de modo que se garanta a continuidade da participação de cada um deles.

Enquanto a missão é a razão de existir da empresa, os focos estratégicos representam fins genéricos desejados, que traduzem a visão dela. As ações estratégicas são versões mais restritas dos focos estratégicos e frequentemente incorporam metas quantificadas. Por exemplo, a administração pode estabelecer um foco estratégico de expandir o tamanho do hospital por meio de um crescimento interno. De acordo com esse foco estratégico, várias ações estratégicas podem ser derivadas, tais como aumentar a produção de serviços em 5% a cada ano pelos próximos oito anos. Como outro exemplo, o foco estratégico da administração pode ser tornar-se um líder inovador no setor. Com base nesse foco, estratégico uma das ações estratégicas pode ser ter 25% da produção de cada ano provindos de novos serviços desenvolvidos durante os três anos precedentes.

Como se pode ver, os focos são mais verificáveis. Ou seja, com as ações estratégicas do parágrafo anterior, a administração seria capaz de perguntar: as ações estratégicas foram atingidas? Sem verificação e especificidade, as ações estratégicas não fornecerão uma orientação clara para uma tomada de decisão administrativa, nem permitirão uma avaliação do desempenho do hospital.

No nível corporativo, a questão estratégica básica que a alta administração enfrenta é: quais serviços prestar? A resposta a essa questão depende dos pontos fortes e fracos da empresa, bem como das oportunidades e ameaças impostas pelo ambiente externo. Destacam-se a seguir alguns pontos que são, geralmente, alvo de preocupação de estratégias corporativas:

- Reestruturação: a reestruturação empresarial pode incluir um amplo conjunto de decisões e ações, tais como modificar a própria organização de trabalho na empresa, a criação, aquisição ou liquidação de uma unidade de negócio;
- Estratégias de crescimento: idealmente, um hospital pode selecionar uma estratégia de crescimento que resulte em aumento das vendas dos serviços ou da participação de mercado; espera-se que esse crescimento possibilite um aumento do valor da empresa. Não inclui apenas o crescimento do mesmo negócio, mas também a criação de novos negócios, seja em direção horizontal ou vertical. O crescimento horizontal pode envolver a criação de novos hospitais ou centros médicos que operem em negócios relacionados ou não.

7.3.2 Desdobramento de estratégias

Este item busca verificar como um hospital desdobra as estratégias e acompanha a implementação e o alinhamento com os focos estratégicos dos principais planos de ação. Quer-se saber se as estratégias do hospital são desdobradas em planos de ação pelos diversos setores e unidades e se os recursos necessários à implementação dos planos de ação estão disponíveis e são alocados. E, de outro lado, saber se as pessoas que compõem a força de trabalho estão envolvidas no processo de definição e execução dos planos de ação; ou seja, se há disseminação dos planos de ação.

Uma vez definido o foco estratégico, é preciso desdobrá-lo em ações estratégicas, como foi visto anteriormente, e estas em planos de ação, os quais, por sua vez, serão desdobrados em atividades do dia a dia que significam a realização desses planos.

Fala-se em desdobramento "em cascata", com todas essas ações alinhadas entre si numa perfeita consistência interna do processo. Se a formulação das estratégias era uma atividade tipicamente da alta administração, aqui há maior participação do corpo gerencial e operacional responsável pela execução das tarefas, pois ninguém sabe melhor o que tem de ser feito do que as pessoas que realizam as tarefas. É aqui que o processo participativo acontece, e não na definição dos focos estratégicos, atribuição da alta administração.

Na aplicação do desdobramento das estratégias, o que se busca saber é se os planos de ação estão alinhados com as necessidades das partes interessadas e com os conceitos básicos da organização (valores, missão, visão e políticas básicas) e como é feito o acompanhamento periódico e formal da implementação dos planos de ação, como forma de comprovar que o desdobramento de fato acontece. Também busca-se saber se é feito acompanhamento periódico e formal da implementação dos planos de ação.

Em um painel de controle (também chamado painel de bordo, por associação com o painel de bordo de um avião), pode-se apreciar a correlação de cinco perspectivas dos grupos de interesse em uma organização:

1. Clientes;
2. Donos ou acionistas (cotistas ou o estado, em caso de organização pública), que têm interesse em indicadores financeiros para saber se o dinheiro aplicado no negócio está sendo bem administrado;
3. Pessoas que trabalham na organização;
4. Fornecedores;
5. A sociedade, que tem interesse na produção de serviços com a maior eficiência dos processos, sem desperdícios nem retrabalhos.

Essas perspectivas podem ser cruzadas com os objetivos da empresa, chamados de ações estratégicas, as quais poderão ser medidas por indicadores. Os planos de ação serão os fatores críticos de sucesso que a organização deverá realizar para ter bons resultados na consecução do foco estratégico definido.

7.3.3 Planejamento da medição do desempenho global

Neste item, examina-se como o hospital define e implementa o sistema de medição do desempenho global, ou seja, se as estratégias para a realização da missão estão sendo alcançadas: usando séries históricas de seus indicadores; definindo metas; e aprendendo com a avaliação. É o preparo do item discutido em liderança sob o título de análise crítica do desempenho global; ou seja, aqui se planeja como a liderança fará a análise do desempenho da organização.

O desempenho global é a realização das estratégias da organização e o valor agregado às partes interessadas. O sistema de medição deve mostrar se os efeitos procurados na formulação das estratégias foram alcançados de forma equilibrada. Ele usa indicadores de desempenho (dados numéricos relativos às atividades da organização) que medem se as metas estão sendo alcançadas. Os indicadores podem ser classificados segundo três critérios:

1. Nível hierárquico: estratégicos, gerenciais e operacionais;
2. Perspectiva do negócio: financeiros, de mercado etc.;
3. Utilização no processo decisório: de ações estratégicas e dos planos de ação.

A Santa Casa de Porto Alegre (ganhadora do Prêmio Nacional da Qualidade em 2002)[20] seleciona seus indicadores com base nos requisitos mais valorizados pelas partes interessadas, no que se refere aos resultados da organização e das práticas gerenciais. Uma das principais correlações analisadas pela entidade no desempenho da organização é a taxa de ocupação e a média de permanência dos pacientes assistidos no hospital, o que representa a comparação entre a capacidade ofertada e os respectivos níveis de utilização.

A correlação dos resultados operacionais (assistência aos pacientes) com os resultados financeiros, enfatizando-se análises que permitam identificar quais fatores são responsáveis pelo desempenho financeiro, é outro exemplo desta prática. A margem de resultados econômicos, que correlaciona isto com a produção e a receita dos serviços, é também um item de controle monitorado, no mínimo, mensalmente em todas as unidades produtivas. A correlação da margem de resultado com o tipo de convênio permite desenvolver ações de marketing dirigidas aos clientes dos planos de saúde mais lucrativos. Em relação aos clientes e acompanhantes, são considerados os indicadores de satisfação com os de educação e treinamento de pessoas. Também são correlacionados indicadores referentes à força de trabalho, como taxa de absenteísmo e custo da folha de pagamento, produção *versus* número de horas extras.

O comitê temático da Fundação para o Prêmio Nacional da Qualidade recomenda, em um de seus relatórios, que o planejamento do sistema de medição do desempenho global deve considerar os seguintes indicadores:

[20] Relatório de gestão da Santa Casa de Porto Alegre, ganhador do *Prêmio Nacional da Qualidade* em 2002.

- Financeiros: rentabilidade sobre o patrimônio líquido, liquidez corrente, crescimento da receita, margem bruta, geração de caixa e vendas de serviços;
- Mercado e clientes: manifestações dos clientes, participação no mercado, fidelização dos clientes, insatisfação ou satisfação, conhecimento da marca.
- Inovação: receita de novos produtos ou serviços, tempo para recuperar investimentos, aceitação de novos produtos ou serviços;
- Processos: conformidade do serviço em relação ao padrão, produtividade, desperdícios, qualidade dos serviços;
- Pessoas: melhoria contínua da produtividade, retenção de pessoas-chave, equidade de remuneração, bem-estar e satisfação, segurança, volume e eficácia do treinamento;
- Aquisição e fornecedores: produtividade de aquisição, qualidade dos produtos e serviços críticos fornecidos, eficácia da garantia de qualidade dos produtos adquiridos;
- Ambiente organizacional: qualidade do sistema de informações, acesso a informações comparativas, satisfação com a liderança, implementação estratégica;
- Responsabilidade pública: imagem pública, conformidade ambiental, investimento em responsabilidade social e gestão ambiental.

O relatório diz que a implementação de um sistema de medição estruturado é um daqueles projetos em que os subprodutos podem ser ainda mais atraentes do que o próprio produto final. Neste sentido, destaca que o sistema de medição influencia na criação da cultura para a excelência do desempenho pela constatação de que as metas estão sendo atingidas, pela criação de linguagem e objetivos comuns, pela clarificação das prioridades e pela transparência na divulgação dos resultados.

Estudo de caso: Planejamento estratégico

O planejamento estratégico da CI

A CI dedica-se a fazer planejamento estratégico há cinco anos, estando, portanto, no seu quinto ciclo de planejamento. Isto permitiu a implantação de uma cultura de planejamento dentro da empresa, o que faz que todos os agentes estejam preocupados com a execução dos planos de ação. O ciclo de planejamento da CI engloba um horizonte de cinco anos, sendo as metas do primeiro ano consideradas de curto prazo; do segundo e terceiro anos, médio prazo; e o quarto e quinto anos, de longo prazo. A cada ano o horizonte de cinco anos é empurrado um ano para frente.

1 Formulação das estratégias

1.1 *Definição, execução e controle das práticas de gestão*

A primeira etapa do processo de planejamento estratégico é a geração de focos estratégicos, tarefa de responsabilidade do conselho e da diretoria, auxiliados pelos gerentes de serviço e pelo administrador executivo. Anualmente é realizada uma reunião cuja pauta é a revisão da identidade da organização, sendo revistos os conceitos básicos (valores, missão, visão e políticas básicas), objetivos, diretrizes gerais, *core business*, as partes interessadas etc. Em seguida é feita uma análise dos cenários interno e externo da organização. Dessa análise resulta o alinhamento das pessoas com os focos estratégicos definidos, evitando-se a dispersão de esforços na execução das atividades a serem realizadas. Os focos estratégicos geram ações estratégicas, que, por sua vez, darão origem aos planos de ação.

1.2 *Aprendizado*

Ao longo destes cinco anos em que a empresa tem praticado o exercício de planejar estrategicamente as atividades, muito se aprendeu sobre o processo. Por exemplo, a importância da participação dos médicos em todas as fases do processo, por mais difícil que seja o envolvimento desses profissionais; sem ele a fase seguinte, de desdobramento das estratégias, fica quase impossível de ser cumprida. Da mesma forma, aprendeu-se que, se a fase de formulação das estratégias não é bem conduzida, todo o restante fica comprometido, uma vez que focos estratégicos mal formulados gerarão ações estratégicas impossíveis de serem cumpridas. Os primeiros ciclos de planejamento foram exercícios inócuos do ponto de vista de execução.

2 Desdobramento das estratégias

Os focos estratégicos são desdobrados em ações estratégicas e estas em planos de ação, em um processo de desdobramento em cascata, que nos leva a quem (agente) executa o que (ação), como (método), quando (cronograma) e a que custo (orçamento). Esses são os elementos que compõem anualmente o plano estratégico da CI. Entre as diversas ideias geradas durante a formulação de estratégias, a diretoria prioriza de três a cinco focos estratégicos cada um, dando origem também de três a cinco ações estratégicas que gerarão outros tantos planos de ação, de tal sorte que o plano estratégico da CI sempre é composto de 80 a 100 planos de ação.

2.1 Aprendizado

O acompanhamento da execução dos planos de ação permite que a diretoria faça as devidas correções de rumo à medida que eles vão sendo implantados. A dinâmica de implantação dos planos de ação ocorre no dia a dia da empresa de tal sorte que o plano executado nunca é o plano originalmente elaborado. Correções maiores de rumo ocorrem a cada três meses nas convenções trimestrais da empresa; correções menores acontecem constantemente. A diretoria aprendeu que, por melhor que seja a formulação das estratégias, elas de nada adiantam se não forem implantadas e transformadas em realidade; a maior dificuldade reside justamente neste ponto.

7.4 Relação com os clientes

Entre os vários significados possíveis para a palavra **cliente**, o Novo Dicionário Aurélio da Língua Portuguesa destaca: "o doente em relação ao seu médico habitual". E **paciente** "a pessoa que padece; doente ou pessoa que está sob cuidados médicos". **Usuário** é "aquele que possui ou desfruta alguma coisa pelo direito de uso; também chamado de utente".[21]

Os médicos mais antigos não ousavam referir-se aos consumidores de serviços de saúde por outra palavra que não fosse paciente. Entendiam que o paciente era o receptor dos serviços prestados por profissionais da saúde – entendam-se os médicos – e que todas as outras conotações possíveis a essa relação eram indevidas. Portanto, cliente, usuário, consumidor e todas as outras possíveis denominações àqueles que consomem seus serviços não se aplicariam à santidade da relação médico-paciente. É bem verdade que essa relação é especial e quase não encontra paralelo em outras relações de compra e venda de serviços. Porém, a entrada em cena de outros agentes que se interpuseram entre médicos e pacientes, devida ou indevidamente, criaram novas características para essa relação. Não cabe fazer aqui juízos de valor que aprovem ou desaprovem esta entrada em cena de novos atores; o fato é que eles estão aí, a caracterizar a relação médico-paciente também como uma relação de natureza comercial com todas as implicações disso. É importante lembrar aqui que o Código de Ética Médica, em seu artigo 58, veda ao médico o exercício mercantilista da Medicina.

Cliente, no contexto deste livro, é toda organização ou pessoa que recebe um produto, podendo ser consumidor, usuário final, beneficiário ou comprador. Os clientes-alvo são os atuais e os potenciais, foco de interesse para o fornecimento de serviços ou produtos, podendo incluir os clientes da concorrência, ex-clientes e usuários de

[21] FERREIRA, Aurélio Buarque de Holanda. *Novo dicionário Aurélio da língua portuguesa*. 4. ed. Curitiba: Positivo, 2009.

soluções alternativas aos serviços ou produtos da organização.[22] Quando se fala de clientes de serviços, é preciso entender a diferença com aqueles que adquirem um produto ou um bem.

Serviços são consumidos na hora em que são produzidos, em uma relação direta entre produtor e consumidor. Os serviços não são armazenados, estocados ou guardados para serem consumidos "depois". Ou o cliente gosta ou não gosta do serviço na hora do consumo. Depende muito do prestador do serviço, que não é uma equipe de produção trabalhando numa fábrica distante, mas que oferece seu serviço face a face com o consumidor.

Os serviços, por sua natureza, são intangíveis, e isto tem implicações. Kotler destaca quatro características dos serviços, importantes para organizar sua venda:[23]

1. A intangibilidade do serviço vendido requer confiança do comprador, que precisa acreditar em algo que não pode ver, degustar, sentir, ouvir ou cheirar antes de adquirir. O serviço de um cirurgião plástico só pode ser avaliado pelo resultado após algum tempo de estabilidade nas áreas operadas. Algumas coisas podem ser feitas para aumentar a tangibilidade do serviço: o cirurgião plástico pode projetar, com o auxílio de um *software*, o que pretende realizar; apresentar fotos de casos operados "antes e depois" etc.;
2. A inseparabilidade de um serviço com seu fornecedor; o serviço não pode ser apreciado em uma vitrine e comprado com base nessa exposição. O serviço requer a presença do fornecedor desejado;
3. A variabilidade do serviço depende de quem o executa e das condições em que o executor se encontra no momento da prestação do serviço;
4. A perecibilidade do serviço pressupõe que o fornecedor e o consumidor se encontrem em um mesmo ponto e hora de consumo.

Quando se fala na venda de serviços para clientes, está-se falando de mercadologia (marketing) o que, segundo a definição dos teóricos, significa conhecer as necessidades dos clientes para, então, poder satisfazê-las.

Peter Drucker[24] dizia que, se o marketing fosse executado corretamente não seria necessário fazer propaganda, porque, conhecendo exatamente o que os clientes realmente necessitam, poder-se-ia, facilmente, produzir os serviços necessários para satisfazê-los.

Necessidades são entendidas como o conjunto de requisitos, expectativas e preferências dos clientes. Note-se que na saúde é sempre importante diferenciar o que sejam as necessidades das expectativas. Também deve-se entender que um requisito é a tradução das necessidades e expectativas dos clientes ou das demais partes interessadas expressas de maneira formal ou informal em atributos do serviço a ser prestado.

---

[22] FUNDAÇÃO NACIONAL DA QUALIDADE. *Critérios Compromisso com a Excelência e Rumo à Excelência*. São Paulo: FNQ, 2009-2010.

[23] KOTLER, P.; FOX, Karen F. A. *Marketing estratégico para instituições educacionais*. São Paulo: Atlas, 1994.

[24] DRUCKER, Peter. *O gerente eficaz em ação*. Rio de Janeiro: LTC, 2007.

Na área da saúde, a ciência que estuda as incidências e prevalências das doenças entre as populações é a epidemiologia; conhecer a distribuição das doenças e saber as necessidades das populações por serviços para combatê-las é o objeto de estudo da epidemiologia. Logo, não há diferença entre os objetivos do marketing e da epidemiologia; a epidemiologia é o marketing na saúde.[25]

É comum ouvir-se que "o cliente é quem manda" ou expressões como "o cliente é rei"; fala-se em satisfazer "as expectativas que o cliente nem sabe que tem"; "encantar os clientes"; são todas expressões que se encontram com muita frequência para descrever uma possível relação de algumas organizações com seus clientes. O que se vê na prática, contudo, nem sempre corresponde essas intenções com ações condizentes. E isto está errado, pois cria um ambiente hipócrita e de dissimulações que, no final, acaba virando-se contra a própria organização. É importante destacar que não se deve querer entregar ao cliente mais do que ele esteja disposto a pagar e que o seu "reinado" pode e deve ter limites. Descrever qualidade como o atendimento aos desejos, necessidades e expectativas dos clientes é apenas parte da verdade. O cliente é, sim, importante, mas há outras variáveis da qualidade antes de apenas atender aos seus desejos, principalmente na saúde, quando ele pode ser facilmente induzido ao consumo de coisas que não necessita realmente nem sabe se quer.[26]

O elemento cliente no modelo de gestão proposto está diretamente ligado com o fundamento gestão centrada nos clientes, relacionando-o com a criação e entrega de valor a quem compra um serviço e o faz de forma sustentada. O elemento está estruturado em dois itens: imagem e conhecimento do mercado; e relacionamento com os clientes.

7.4.1 Imagem e conhecimento do mercado

Este item trata dos processos que a organização adota para conhecer seus clientes e os mercados (segmentação) e para ser conhecida, projetando sua imagem de maneira que os clientes saibam o que podem esperar dela. Está relacionado com todos os outros elementos do modelo, em uma visão sistêmica da organização, exceto, talvez, com a gestão de pessoas (também chamadas por alguns de clientes internos). No caso do modelo, quando se fala em clientes, está-se referindo aos clientes externos, aqueles que compram o serviço; quem trabalha nas organizações são as pessoas, e quando se refere ao elemento ligado a elas, fala-se de gestão de pessoas.

É também importante refletir sobre a palavra mercado, que às vezes suscita incompreensões na área da saúde. O mercado é entendido como o ambiente econômico pré-determinado em que se compete por recursos de qualquer natureza, e como exemplos podem-se citar o mercado de consumidores, o mercado financeiro, de capitais,

---

[25] Kerr White, em manifestação pessoal em aula, no CEAHS, dezembro de 1976.

[26] Vicente Falconi, na *Revista Exame*, de 16.06.2010.

de hospitais públicos ou privados, de operadoras de saúde, de trabalho e até os mais recentes mercados de créditos de carbono na área ambiental.[27]

A indústria de serviços de saúde compõe um mercado perfeitamente delimitado como um grande agente econômico, que gira mais de R$ 138 bilhões por ano[28] e do qual fazem parte hospitais públicos e privados, operadoras de planos de saúde, estabelecimentos de atenção primária, clínicas de diagnóstico e terapêutica e serviços de atendimento domiciliar. Nesse mercado não estão incluídas as indústrias produtoras de medicamentos, materiais e equipamentos médico-hospitalares. Na geração e circulação de riqueza, esse mercado gera também uma quantidade apreciável de empregos; em algumas localidades, a indústria da saúde chega a ser a maior empregadora de mão de obra.

Em imagem e conhecimento do mercado, devem-se considerar os marcadores destacados a seguir.

Segmentação do mercado e definição dos clientes-alvo

Estes são pontos básicos para poder identificar, analisar e compreender as necessidades e expectativas dos clientes. Os clientes-alvo são aqueles para os quais os esforços da organização devem ser dirigidos. A segmentação procura identificar grupos de clientes com necessidades semelhantes para fornecer-lhes o que de fato necessitam e desejam. É muito importante a diferenciação entre o que o cliente necessita e o que ele deseja. Diz-se que o comprador de serviços de saúde tem muita dificuldade para identificar e avaliar a qualidade daquilo que ele realmente necessita. Talvez por essa razão os serviços de saúde tenham a capacidade, como nenhum outro setor da atividade econômica, de induzir demanda. Os consumidores têm dificuldades de agir com racionalidade (se é que algum consumidor é racional) na escolha de suas demandas. Geralmente, o consumidor de serviços de saúde é cativo de decisões de consumo feitas por outros agentes. Com muita frequência ele se deixa levar pelas externalidades do serviço prestado.

A segmentação é uma forma de dividir o mercado em subgrupos de clientes que permitam um nível homogêneo de serviços a serem ofertados. A segmentação pode ser feita por critérios geográficos, demográficos, por patologias, operadoras de planos de saúde etc. Na realidade, pouca atenção tem sido dada à segmentação de mercados na saúde, senão como se explicaria a imensa concentração de hospitais ao longo do eixo da Avenida Paulista em São Paulo. Seguramente há um excesso de oferta naquela região, e os clientes desses hospitais não estão segmentados por um critério geográfico.

É importante também que as organizações de saúde segmentem seus clientes pelas diferentes patologias que eles apresentam quando procuram o serviço: cirúrgicas, cardiológicas, de ginecologia, obstetrícia, pediátricas, de gastroenterologia etc. Também é bom segmentar pela via de acesso ao serviço: pronto-socorro, ambulatório, consultório médico etc. A forma como os pacientes chegam ao serviço pode ser outra segmentação de interesse: a pé, condução própria, transporte público (ônibus, metrô,

[27] FUNDAÇÃO NACIONAL DA QUALIDADE, 2009-2010.

[28] VIANA, A. L. A.; SILVA, H. P. Economia e saúde. In: *Política e gestão pública em saúde*. São Paulo: Hucitec/Cealag, 2011.

táxi etc.), ambulância etc. Obviamente, o horário de chegada é um dado importante para avaliar a demanda potencial, principalmente em serviços de emergência: manhã, tarde, noite, madrugada, fim de semana etc.

Um cliente importante para os serviços de saúde são os médicos, que referenciam os pacientes, principalmente em serviços ditos de corpo clínico aberto, ou nos serviços de apoio diagnóstico e terapêutico. Nesse sentido, o médico é um cliente do serviço, e o paciente por ele encaminhado é apenas um usuário, muito embora possa ser também o pagador do serviço prestado e, nesse caso, atuará também como cliente. Diz-se, com alguma propriedade, que a caneta do médico é a grande geradora de custos para os serviços de saúde, pois é ela que que gera a maioria das ordens de despesa (assim como de receitas também).

Identificação, análise e compreensão das necessidades e expectativas dos clientes

Estas são formas de os serviços de saúde interagirem com os pacientes visando conhecer as necessidades ou expectativas e podem ser: grupos focais com clientes atuais e potenciais; pesquisas ou entrevistas; estreita integração com clientes-chave (principalmente operadoras de planos de saúde ou médicos, no caso de hospitais de corpo clínico aberto); treinamento da força de trabalho que atua na linha de frente em técnicas para ouvir clientes; técnicas do incidente crítico (reclamações, por exemplo) para entender o ponto de vista do cliente; entrevistas com clientes que deixaram de usar o serviço para saber suas razões.

Divulgação dos serviços, marcas e ações de melhoria

Presta-se a fazer a organização conhecida para que o público, os clientes e o mercado saibam o que se pode esperar dela. Isto serve para um ajuste de expectativas e evita conflitos e mal-entendidos. As pessoas não pretenderão o que a organização não esteja em condições de oferecer no momento. Para isto é necessário que planos de comunicação sejam estabelecidos definindo a utilização das diversas mídias. Dependendo do porte do hospital ou serviço de saúde, justifica-se a existência de uma estrutura de relações públicas, bem como uma assessoria de imprensa e de marketing. Isto está se tornando tão frequente que, em grandes centros urbanos, é comum mesmo médicos e clínicas pequenas disporem de assessorias de imprensa; é fácil saber: quando estes aparecem com muita exposição na mídia, significa que possivelmente disponham desses serviços.

Os meios mais frequentemente utilizados são:

- veiculação de anúncios nas diversas mídias, sejam elas grandes veículos de comunicação de massa (que são muito caros), ou na mídia dirigida a públicos específicos;
- materiais e folhetos geralmente com o perfil da organização, estatísticas e informações gerais de acesso e contato;

- meios eletrônicos estão cada vez mais populares, com as redes sociais de comunicação, como *blogs*, Facebook, *messengers*, Twitter, Orkut e outros, úteis na prática do chamado marketing viral;
- patrocínio e participação em eventos têm sido uma das mídias mais utilizadas pelas organizações de saúde. Dependendo dos eventos, acrescentam uma imagem de cientificismo e uma aura de respeitabilidade à organização, o que é sempre bem visto pelos clientes;
- visita a clientes preferenciais ou específicos é uma velha técnica de marketing sempre utilizada com bons resultados;

A visita dos clientes às instalações do hospital para conhecer antes o local em que se vai dar o atendimento, de maneira que diminui ansiedade e temores do desconhecido é uma prática que diminui as incertezas e reforça a segurança (ou não) na qualidade dos serviços a serem prestados.

Clareza, autenticidade e adequação de mensagens enviadas ao mercado

A comunicação cria expectativas no cliente e no mercado, portanto, prometer e não entregar constitui "propaganda enganosa" (Lei n. 8.078/1990 - Código de Defesa do Consumidor, artigo 37).

Níveis de conhecimento dos clientes e dos mercados

Por meio de diversos mecanismos pode-se aferir se os clientes e os mercados são capazes de se lembrar da organização e dos serviços prestados por ela. Isto se faz principalmente por meio de pesquisa de grau de satisfação dos clientes, tradicionalmente pela assim chamada *top of mind*. Essa pesquisa se constitui em um levantamento amostral relativo à primeira lembrança de serviço que vem à cabeça do entrevistado diante da pergunta: "qual o primeiro nome que lhe vem à cabeça quando se fala em hospital (ou laboratório, pronto-socorro etc.)?".

Imagem perante clientes e mercados

"A imagem organizacional é a forma como um indivíduo vê a organização."[29] Trata-se de um dos maiores bens intangíveis de qualquer organização e pode ter muito peso no processo de decisão de compra de um serviço de saúde, principalmente porque os clientes desses serviços sempre estarão interessados em colocar suas queixas, dores e padeceres nas mãos daqueles que tenham a melhor reputação para cuidar deles. Isto fica muito evidente quando se trata de um dependente de quem se deva tomar a decisão pelo atendimento; é óbvio que o instinto de sobrevivência de qualquer um motiva a busca da melhor reputação para cuidar de sua saúde. Um *clipping* diário

[29] KOTLER, P.; FOX, Karen F. A., 1994.

das manifestações em todas as mídias permite à organização avaliar como está sendo transmitida sua imagem para o grande público. Kotler sugere o uso de uma matriz de familiaridade-favorabilidade que mede quanto cada público conhece (familiaridade) e conceitua (favorabilidade) uma organização como forma de avaliar a imagem.

7.4.2 Relacionamento com os clientes

O relacionamento é um recurso fundamental para o entendimento e a gestão das necessidades e expectativas dos clientes; a organização precisa dessa informação para poder atender aos clientes. Para isso, é importante o estabelecimento de canais de comunicação que sejam colocados à disposição dos clientes para que eles possam manifestar-se já, seja para reclamar, sugerir, solicitar algo ou fazer elogios. Mais do que estabelecer canais, espera-se também que a organização retorne ao cliente, o mais rápido possível, dando-lhe satisfação quanto à manifestação dele. Como consequência, é importante que a organização avalie o grau de satisfação (ou, o que pode ser mais importante, a insatisfação) do cliente e o grau de confiança ou desconfiança que isto vai gerar. De nada adianta estabelecer esses canais se não for para, de fato, criar um relacionamento honesto e transparente com os clientes; se não for assim, melhor não fazê-lo. A seguir apresentam-se formas de conduzir o relacionamento com os clientes.

Definição e divulgação dos canais de relacionamento

É preciso que os clientes saibam como e o que eles podem fazer para se comunicar com a organização. Para isto existem as ouvidorias, CRM (*Customer Relations Management*), ferramenta de gestão do relacionamento com os clientes; SAC (Serviços de Atendimento aos Clientes); acessos por meio de telefone, internet, folhetos, pesquisas de opinião e até mesmo as modernas redes de comunicação social. É preciso que essas ferramentas sejam adequadas à missão, porte e perfil da organização.

Tratamento das reclamações ou sugestões

É crítico, no relacionamento com os clientes, a presteza e eficácia no retorno às sugestões ou reclamações recebidas. É importante que sejam levadas em conta todas elas, mesmo as colocadas de maneira informal.

Comunicação sobre os resultados da análise das reclamações ou sugestões e implementação das ações

As sugestões e reclamações dos clientes não podem ser vistas como um aborrecimento para as pessoas que trabalham na organização ou algo de que elas tenham de se desvencilhar rapidamente, gerando atitudes defensivas e hostis. É preciso que a cultura da organização se aproprie desses mecanismos como uma oportunidade de aprendizado e melhoria, ou seja, "aprender com os incidentes". É importante que as manifestações dos clientes e as respostas da organização sejam amplamente divulgadas para que todos possam aprender com elas.

Acompanhamento dos serviços prestados aos clientes

O acompanhamento após a prestação do serviço demonstra consideração para com o cliente, sendo um mecanismo de aumento da satisfação e fidelização. Esse mecanismo é comumente referido como de "pós-venda". Geralmente é feito por meio de telefonemas específicos, visitas programadas ou cartas.

Acompanhamento de novos serviços com novos (ou antigos) clientes

É uma forma específica de pós-venda para novos serviços prestados a novos ou antigos clientes. Pode se tratar de novas rotinas, equipamentos, técnicas ou exames. De acordo com o tipo de serviço, devem ser considerados apoios necessários para o início das atividades, que podem ser acompanhados de folhetos de boas-vindas e explicativos resumindo o que vai ser feito.

Avaliação e comparação da satisfação da fidelidade e da insatisfação

A avaliação da satisfação, fidelidade e insatisfação dos clientes pode ser feita de maneira qualitativa ou quantitativa. Uma avaliação eficaz está relacionada com a possibilidade de recompra no futuro e ao fornecimento de referências positivas ou negativas sobre a organização. Podem-se usar pesquisas, questionários, grupos focais ou entrevistas para avaliar a satisfação. Para monitorar o grau de fidelização, podem ser usados indicadores sobre a carteira de clientes, número de vidas cobertas pelo serviço, participação no mercado e frequência de vezes que o serviço foi usado. O grau de fidelização deve ser cotejado com dados de utilização dos serviços da concorrência.

Intensificação da satisfação

A busca da fidelidade é economicamente vantajosa, pois se sabe que custa mais caro conquistar novos clientes do que manter os antigos. A satisfação apenas não é suficiente para garantir a fidelidade, mas é o começo certo. É preciso estar atento às mudanças possíveis de expectativas dos clientes; naquilo que a concorrência está fazendo; ou nas novas tendências que estão chegando. Os planos de fidelização de clientes decorrem de análise constante e sistemática de pesquisas, estatísticas de reclamações e soluções adotadas para resolvê-las; monitoramento de fatores adversos; e de mecanismos específicos de incentivo à fidelização.[30]

[30] FUNDAÇÃO NACIONAL DA QUALIDADE. *Cadernos de excelência:* clientes. São Paulo: FNQ, 2007b.

Estudo de caso: Clientes

O caso da CI

A CI tem dois diferenciais no mercado que caracterizam sua imagem: o pioneirismo na aplicação de tecnologia de ponta e a preocupação com a qualidade dos serviços prestados e a satisfação dos clientes.

1 Imagem e conhecimento de mercado

1.1 Definição, execução e controle das práticas de gestão

A CI busca, ativamente, avaliar as tendências de mercado e as necessidades de seus clientes, da seguinte maneira:

- aquisição e leitura de boletins e periódicos das sociedades médicas brasileiras e estrangeiras;
- pesquisa na internet e nos bancos de dados científicos;
- acesso às pesquisas na área médica em escolas brasileiras e estrangeiras; e
- pesquisa de opinião e satisfação dos clientes.

Os clientes da CI são segmentados da seguinte forma:

- pacientes: pessoas que procuram a CI para se submeter a uma investigação diagnóstica, utilizando-se dos diversos serviços da clínica;
- familiares: parentes e amigos dos pacientes que estejam ou não os acompanhando na clínica;
- médicos: profissionais da saúde, cujos pacientes são encaminhados para exames diagnósticos nas dependências da CI; e
- convênios: feitos com planos de saúde e podem ser dos seguintes tipos: seguro-saúde, cooperativas, empresas de autogestão ou empresas de medicina de grupo.

A CI mantém ativa comunicação com o mercado por meio de diversas mídias:

- *folder* com informações gerais sobre a organização e os serviços oferecidos;
- inserções em revistas especializadas;
- boletins científicos distribuídos para os médicos; e
- *home page* na internet.

1.2 Aprendizado

Ao longo dos anos, a CI foi aprendendo a importância que os clientes têm para a definição dos planos de ação da empresa e para a própria sobrevivência.

A definição cada vez mais real do perfil e a observação do comportamento dos clientes davam mais e mais informações importantes para que a empresa pudesse satisfazer às necessidades e expectativas deles, a ponto de hoje a empresa ter muito bem definida sua estrutura mercadológica e não realizar nenhuma ação ou inovação sem ter presentes os interesses dos clientes. Como exemplo dessas ações, podem ser citadas a criação da *home page* na internet, os boletins científicos distribuídos aos médicos etc.

2 Relacionamento com clientes

2.1 Definição, execução e controle das práticas de gestão

Neste item deve-se destacar a acessibilidade e gestão das reclamações dos clientes que podem entrar em contato com a CI pelos seguintes canais:

- Serviço de Apoio ao Cliente (SAC) por telefone 0800, por carta, fax ou internet. Esses acessos são registrados e encaminhados aos setores pertinentes que têm um tempo máximo de 48 horas para se manifestarem. Após a análise da consulta, o cliente recebe uma resposta por escrito ou telefone da empresa. Mensalmente é feita uma estatística dos acessos, por tipo de informação/reclamação e serviço;
- Agendamento de exames que pode ser feito pelo telefone 0800;
- *Site* na internet elaborado de forma que proporcione o maior nível possível de acessos e comunicações dos clientes e da comunidade em geral. A estrutura do *site* permite acesso rápido a canais abertos a pacientes, familiares, profissionais de saúde e convênios. As principais informações que podem ser acessadas no *site* são as seguintes:
    - por pacientes e familiares, o agendamento de exames, histórico da CI, principais serviços, livro de visitas, informações sobre convênios e novidades de interesse sobre a clínica;
    - para os profissionais de saúde estão disponíveis informações técnicas e científicas.

2.2 Aprendizado

A CI aprendeu que o relacionamento com os clientes só tem sentido se vier acompanhado de ações. No princípio, esse relacionamento era feito com forte conotação demagógica e populista: fazia-se de conta que se ouviam as queixas dos clientes para que eles se sentissem importantes. Logo ficou claro que essa abordagem não funcionaria por muito tempo, na medida em que os clientes começaram a reclamar providências sobre suas demandas à empresa.

Foi aí que se descobriu o potencial de contribuição que os clientes tinham para dar à empresa e começou-se a usar esse potencial, não mais como um serviço de relações públicas, mas como captador de elementos para o planejamento. Foi então que grande parte dos serviços descritos no item anterior passaram a fazer parte das práticas de gestão da empresa.

Estudo de caso: Clientes

Clientes do laboratório

O Serviço de Atendimento ao Cliente (SAC) contratado por um grande complexo laboratorial de análises clínicas recebeu, por telefone, uma reclamação de parente de cliente que se sentiu mal atendida pela pessoa que lhe fez a coleta de sangue no laboratório. Após passar por inúmeros menus eletrônicos, o reclamante, por fim, conseguiu atendimento personalizado. A reclamação era com relação à dificuldade na punção venosa para coleta do sangue da esposa do reclamante, o que resultou em grande hematoma e flebite, que se irradiaram muito além do local da punção, com dor e desconforto para a paciente no pós-procedimento imediato e mediato. O atendente no SAC tentou desacreditar a paciente e descaracterizar a reclamação com mensagens padrão, inapropriadas para o caso. O reclamante, percebendo o comportamento do atendente, reclamou com mais ênfase e solicitou a presença de um supervisor para responder às suas queixas. Acontece que o reclamante é um advogado, com bom domínio da legislação sobre atendimento ao consumidor, e nem o atendente nem o supervisor sabiam que se tratava de tal pessoa. Assim, tentaram ludibriá-lo com desculpas infundadas, cujo único objetivo era "se ver livre" da reclamação e do reclamante. No final, o episódio tomou proporções descabidas e acabou resultando em um processo contra o laboratório baseado no código de defesa do consumidor e que, não só pelo custo, mas também pelo desgaste da imagem da empresa (houve repercussões e desdobramentos na imprensa), poderia ter sido evitado.

Os SACs no Brasil são regulados pelo Decreto Federal n. 6.523, que determina que as ligações para o SAC sejam gratuitas, o atendimento das solicitações e demandas não deverá resultar em nenhum ônus para o consumidor e o SAC garantirá ao consumidor, no primeiro menu eletrônico, as opções de contato com o atendente, de reclamação e de cancelamento de contratos e serviços.

E mais: a opção de contatar o atendimento pessoal constará de todas as subdivisões do menu eletrônico; o consumidor não terá a sua ligação finalizada pelo fornecedor antes da conclusão do atendimento; o acesso inicial ao atendente não será condicionado ao prévio fornecimento de dados pelo consumidor; o SAC estará disponível, ininterruptamente, durante 24 horas por dia, sete dias por semana; o número do SAC constará de forma clara e objetiva em todos os documentos e materiais impressos entregues ao consumidor no momento da contratação do serviço e durante o seu fornecimento, bem como na página eletrônica da empresa na internet. Quanto à qualidade do atendimento, o decreto garante que o SAC obedecerá aos princípios da dignidade, boa-fé, transparência, eficiência, eficácia, celeridade e cordialidade. O atendente, para exercer suas funções no SAC, deve ser capacitado com as habilidades técnicas e procedimentais necessárias para realizar o adequado atendimento ao consumidor, em linguagem clara. Ressalvados os casos de reclamação e de cancelamento de serviços, o SAC garantirá a transferência imediata ao setor competente para atendimento definitivo da demanda, caso o primeiro atendente não tenha essa atribuição. Neste caso, a transferência da ligação será efetivada em até 60 segundos; nos casos de reclamação e cancelamento de serviço, não será admitida a transferência da ligação, devendo todos os atendentes ter atribuições para executar essas funções; o sistema informatizado garantirá ao atendente o acesso ao histórico de demandas do consumidor; os dados pessoais do consumidor serão preservados, mantidos em sigilo e utilizados exclusivamente para os fins do atendimento, sendo vedado solicitar a repetição da demanda do consumidor após seu registro pelo primeiro atendente.

Quanto aos procedimentos para resolução de demandas, as informações solicitadas pelo consumidor serão prestadas imediatamente e suas reclamações resolvidas no prazo máximo de cinco dias úteis a contar do registro, e o consumidor será informado sobre a resolução de sua demanda e, sempre que solicitar, ser-lhe-á enviada à comprovação pertinente por correspondência ou por meio eletrônico, a seu critério. A resposta do fornecedor será clara e objetiva e deverá abordar todos os pontos da demanda do consumidor.

7.5 Relação com a sociedade

As organizações não existem em um vácuo social; a sociedade é sua razão de ser. Porque é da sociedade que saem os clientes e a mão de obra que vai permitir à organização realizar sua missão com sucesso.

O valor da organização depende de sua credibilidade e do seu reconhecimento público; dessa forma, o zelo com a imagem é fundamental para o sucesso e perenidade delas. É preciso sempre lembrar que as organizações só existem porque a comunidade ao redor delas sanciona positivamente esta existência; a sociedade sempre é uma das partes interessadas de qualquer organização.

Existem relações de interdependência muito fortes entre as organizações e os ambientes nos quais estão inseridas. Isto cria um compromisso e responsabilidade social que exige da organização algo mais do que simplesmente realizar sua missão; ela deve retribuir à sociedade não só produzindo bens ou serviços da melhor qualidade ao menor custo, como também gerando riqueza e empregos.

Sua responsabilidade social exige que não gaste mal os recursos que lhe são colocados à disposição para a consecução desse fim, independentemente de sua capacidade de pagar por eles (lembrar que em tempos de "apagão", não importa quanto dinheiro qualquer empresa ou pessoa tenha, ela não terá acesso à energia elétrica de que precise quando o fornecimento estiver suspenso), como também que se preocupe com a manutenção de sua sustentabilidade, bem como da sociedade como um todo.

A organização que queira desenvolver uma cultura de excelência precisa estar atenta para atuar proativamente quanto ao atendimento das necessidades da sociedade. Empresas feitas para durar[31] cumprem com suas responsabilidades sociais; é só prestar atenção e olhar ao redor para comprovar esta afirmação. Todos terão exemplos para citar de organizações de classe mundial de excelência e poderão facilmente constatar que elas cumprem um ritual que comprova seu comprometimento social, que vai além da realização de suas missões. É preciso não confundir esses esforços com manifestações hipócritas e descaradamente mercadológicas praticadas por algumas organizações com o intuito exclusivo de se promoverem; quando essa manobra é percebida pela comunidade (o que não é difícil), a ação acaba retroagindo negativamente.

Às vezes fica difícil entender esses conceitos quando se trata de organizações de saúde, cuja missão já parece tão nobre e de necessidade comprovada do ponto de vista social. Contudo, o envolvimento social dessas organizações impõe-se por causa de suas características como referência para a sociedade; elas não passam imperceptíveis aos olhos das pessoas como poderia ocorrer com um estabelecimento comercial ou industrial, por exemplo. Existe uma consideração implícita das pessoas pelas organizações de saúde, seja pelo que elas representam ou por experiências pessoais que cada um tenha a relatar com relação a elas. É só lembrar a importância de uma Santa Casa para as pequenas comunidades do interior do país; ou dos grandes hospitais de referência nos centros urbanos. Dessa forma, mais ainda se impõe este papel de modelo que elas devam representar para a sociedade como um todo. Esta liderança na cidadania permite que influenciem outras organizações.

Cumprir com sua função social implica, em primeiro lugar, cumprir a lei em todos seus aspectos; esta é uma manifestação mínima de respeito pelos cidadãos que compõem o grupo social no qual a organização está inserida. Mas apenas cumprir a lei não faz uma "organização cidadã"; para isto, é preciso que elas se preocupem com

[31] COLLINS, James C.; PORRAS, Jerry I. *Feitas para durar:* práticas bem-sucedidas de empresas visionárias. São Paulo: Rocco, 1995. É um livro fruto da investigação dos professores e de dezenas de outros pesquisadores da Universidade de Stanford.

que os outros também a cumpram. Assim, as organizações não só devem cumprir a lei, como também orientar, direta ou indiretamente, as pessoas a elas associadas para que o façam; e a melhor forma de fazer isto é pelo exemplo. Isto passa uma sensação de ordem institucional que terá impacto na vida das pessoas envolvidas com a organização e criará confiança e respeito. Para as organizações de excelência, não é suficiente cumprir os requisitos legais; elas buscam superá-los na convicção de que, ao longo do tempo, eles serão mais exigentes, em função dos níveis cada vez maiores de conscientização da sociedade.[32]

O elemento sociedade do modelo contempla dois itens: responsabilidade socioambiental; ética e desenvolvimento social.

7.5.1 Responsabilidade socioambiental

Os requisitos deste item visam orientar a organização para a importância de minimizar impactos negativos que seus processos e instalações possam representar para a sociedade, para a conservação dos recursos e do meio ambiente. Organizações de saúde (hospitais, laboratórios etc.) são grandes consumidores de recursos (água, energia etc.), assim como poluidores pela criação de grandes quantidades de resíduos orgânicos contaminados, tóxicos ou radioativos. É importante destacar a preocupação com aspectos sociais e ambientais. A responsabilidade socioambiental compreende os itens destacados a seguir.

Eliminação ou minimização dos impactos sociais e ambientais

Para que se consiga eliminar ou minimizar os impactos é preciso primeiro conhecê-los. A identificação abrange todas as fases do processo até a disposição final dos resíduos, cuja responsabilidade, mesmo que transportados por terceiros, permanece da organização de saúde.

Comunicação dos impactos sociais e ambientais à sociedade

A comunicação dos impactos pela organização à sociedade deve ser feito com transparência e para obter credibilidade; essa comunicação pode acontecer em duas situações:

1. Normais: quando o processo ou o serviço prestado estão dentro da normalidade e geralmente é feito por meio dos chamados "relatórios sociais" ou por práticas do tipo *open house*, quando pessoas da comunidade são convidadas a conhecer as instalações e verificar *in loco* as preocupações socioambientais da organização. Serviços de imagens e radioterapia, por exemplo, devem ter seus equipamentos e as pessoas que com eles trabalham constantemente

[32] FUNDAÇÃO NACIONAL DA QUALIDADE, 2007b.

monitorados para saber se não está havendo vazamento de radiação e que precauções impostas pela legislação estão sendo cumpridas; e

2. Anormais: quando algum desvio ocorre e é preciso informar à sociedade de alguma ação específica que a organização tomou para remediar o erro ou para minimizar os efeitos do problema. Neste caso, quanto antes a organização agir, melhor será; uma postura antecipatória é recomendável.

Tratamento de pendências e sanções legais, regulamentares e contratuais

Neste caso, é aconselhável que a organização mantenha equipes permanentemente atualizadas com respeito à legislação e regulamentações pertinentes, bem como aos seus contratos. No caso de sanções pelo não atendimento de alguma legislação, as respostas têm de ser rápidas e de conhecimento da sociedade.

Preservação dos ecossistemas e conservação dos recursos naturais

As organizações são entendidas como organismos sociais vivos em constante adaptação ao meio ambiente no qual estão inseridas e, para que tenham um desenvolvimento sustentável, precisam contribuir para preservação dos ecossistemas e conservação dos recursos. Para isto, precisam identificar as ações em que sua contribuição poderá ser feita e atuar sobre elas. Exemplos disto são os tratamentos dos efluentes; reaproveitamento de águas pluviais; campanhas internas para evitar desperdícios de energia; conservação de recursos não renováveis, como água, combustíveis, madeira, plástico e metais; também aqui estão os esforços para deixar os ambientes de saúde livres da presença de mercúrio.

Conscientização quanto à responsabilidade socioambiental

Usando sua influência disseminadora de boas práticas, é esperado que as organizações de saúde atuem como elementos de multiplicação de ações de responsabilidade socioambiental perante as partes interessadas com as quais se relaciona. Exemplos disso podem ser:

- cláusulas contratuais que requeiram adesão a compromissos sociais e ambientais;
- introdução nos instrumentos de avaliação de desempenho de requisitos ligados a aspectos sociais e ambientais;
- programas de incentivo à certificação de sistemas de gestão ambiental ou de responsabilidade social.

7.5.2 Ética e desenvolvimento social

Talvez em nenhum dos itens do modelo as organizações de saúde tenham tanto a contribuir quanto neste. Por serem as organizações de saúde essencialmente sociais e a ética ser uma disciplina inseparável da prática dos profissionais da saúde, não se pode imaginar onde mais este item possa se manifestar com maior desenvoltura nem mais apropriadamente. Em uma expressão mais simples da ética, pode-se dizer que ela está relacionada com o respeito pelos direitos de cada um: onde começa o de um acaba o do outro, e vice-versa.

Pelas características das ações de saúde, pode-se entender a importância desses preceitos éticos, uma vez que as pessoas se desnudam (às vezes, literalmente) diante dos profissionais da saúde, contando-lhes coisas que não contariam nem a seus amigos mais íntimos, confidentes ou confessores. Fazem isto na esperança de que, agindo assim, contribuam para que o profissional possa descobrir o que está errado com eles. Ora, um profissional que mereça tanta confiança de seus pacientes deve, no mínimo, retribuir com o mesmo grau de confiança dele esperado pelos relatos feitos.

Não à toa, os códigos de ética dos profissionais de saúde exijem deles sigilo no trato das informações confidenciais que lhes forem repassadas no contexto de uma consulta ou relacionamento profissional. São assim também os juramentos que os formandos dessas profissões professam (a começar pelo de Hipócrates, o "Pai da Medicina") no momento em que ingressam na profissão e estabelecem que não farão mal uso das informações a que tiverem acesso na prática profissional. Isto é assim e assim deve ser para que a confiança, base dessa relação profissional, permaneça e prospere.

Aqui se analisam: o relacionamento ético da organização com as partes interessadas e, principalmente, com a concorrência; como a organização colabora para fortalecer a comunidade ao redor; a prática de políticas não discriminatórias voltadas à inserção de minorias na força de trabalho. Essa análise se faz por meio de:

- relacionamento ético: "a ética é a base da responsabilidade social, expressa nos princípios e valores adotados pela organização. Não há responsabilidade social sem ética nos negócios."[33] Para que isto se transforme em prática, é aconselhável que as organizações adotem um código de ética que explicite os princípios adotados pela organização e as regras de comportamento esperados de todos que nela militam. Nele estarão especificados os comportamentos esperados com relação à sociedade (governo, comunidade, imprensa e ambiental); as relações internas (liberdade de expressão, preconceitos, oportunidades, conflitos, etc.); as relações com fornecedores e parceiros, com clientes e com os concorrentes;
- o estímulo ao comportamento ético se faz pela divulgação ampla dos compromissos éticos assumidos pela organização e pelo comportamento compatível com esses compromissos de suas lideranças. O papel dos médicos como exemplo desse comportamento é fundamental, especialmente em hospitais-escola, quando eles também são os professores que formam novos profissionais;
- identificação de necessidades, que se inicia pela segmentação das comunidades no entorno da organização (populações vizinhas, escolas, órgãos públicos, associações de bairro). Hospitais de periferia ou próximos de comunidades mais carentes podem sofrer ações de vandalismo e violências patrimoniais e contra as pessoas.

[33] Instituto Ethos. Disponível em: <www.ethos.org.br>. Acesso em: 16 nov. 2012.

Para minimizar os efeitos dessas ações, é importante a aproximação da organização (por meio de seus agentes) com as lideranças do entorno. Com essa aproximação pode-se, então, desenvolver ações de comum acordo com a comunidade;

- projetos sociais serão desenvolvidos com o conhecimento das necessidades e expectativas da comunidade, conforme visto no tópico anterior. Ao desenvolver projetos especiais, a organização deve também estimular seus fornecedores, clientes etc. a participar desses esforços; pode-se considerar a possibilidade de sinergias com órgãos governamentais ou ONGs. É sempre bom estimular a participação da força de trabalho nesses projetos, mesmo em horário de trabalho, portanto, remunerado; neste caso, é necessário que os recursos sejam compatíveis com as disponibilidades;
- avaliação do grau de satisfação da sociedade – uma vez desenvolvidos os projetos, é preciso fazer avaliação do grau de satisfação da sociedade com eles. A forma mais fácil e comum de fazer isto é por meio de pesquisa dirigida a representante da comunidade;
- políticas não discriminatórias e trabalho infantil devem fazer que a organização respeite, em suas práticas e relações de trabalho, a diversidade de raça, gênero, classe social, nacionalidade, religião, orientação sexual, idade, filiação político-partidária e sindicalização. A organização não deve contrariar o estatuto da criança e do adolescente em suas práticas trabalhistas e incluir nos critérios de seleção de fornecedores cláusulas contra a exploração de mão de obra infantil e utilização de trabalho forçado;
- a imagem que a sociedade tem da organização está relacionada à visão global com base no conjunto de atuações dessa organização ao longo de sua história, seja na realização da missão, seja de suas ações éticas e de desenvolvimento social.

Estudo de caso: Relacionamento com a sociedade

O caso da CI

1 Relacionamento com a sociedade

1.1 Definição, execução e controle das práticas de gestão

A CI sempre demonstrou compromisso com a comunidade por meio de práticas de segurança, proteção do meio ambiente e cidadania. A empresa mantém convênios com universidades, para segurança dos seus equipamentos de medicina nuclear. Da mesma forma, há grande preocupação com a estocagem e descarte de resíduos potencialmente radioativos. Semestralmente é feita a medição de radiação em todas as salas das unidades de serviço, para detecção de possíveis fugas para o ambiente.

Houve sempre grande preocupação na época da construção ou reforma das unidades no sentido de ir além daquilo que a legislação vigente exige quanto à proteção do meio ambiente. Desde o início do funcionamento da clínica, existe o compromisso de reservar até 1% do movimento mensal para exames gratuitos de pessoas que não disponham de recursos, planos de saúde nem possam realizar esses exames em hospitais da seguridade social. Médicos da clínica frequentemente são chamados a proferir palestras e conceder entrevistas aos meios de comunicação de massa sobre problemas ligados às especialidades. A clínica incentiva seus profissionais para que participem ativamente da vida associativa; vários profissionais já exerceram mandatos em sociedades das especialidades praticadas na CI.

Áreas arborizadas e jardins públicos próximos das unidades são mantidos pela CI por meio de convênio com a prefeitura. A empresa libera alguns funcionários, um dia de trabalho por mês, para realizarem atividade voluntária em instituições de caridade ligadas às atividades da empresa. A empresa reserva 5% das admissões à sua força de trabalho para deficientes físicos. A CI não adquire produtos de fornecedores que empreguem crianças. O CECI oferece cursos de aperfeiçoamento e seminários abertos a todos os médicos (não apenas seus clientes), bem como realiza estudos na área de diagnose por imagem, os quais são apresentados em congressos e seminários.

1.2 Aprendizado

Várias ações iniciais da CI dirigidas à comunidade mostraram-se inócuas ou ineficazes. Anualmente, são revistas as áreas de apoio à comunidade nas quais a empresa está envolvida e redirecionadas, se necessário. Por exemplo, já houve um tempo em que a clínica investia em programas culturais, pensando, com isso, estar contribuindo com a comunidade; análises mais detalhadas comprovaram que essas atividades serviam apenas para consolidar mercadologicamente a imagem da empresa, adicionando pouco à comunidade. Esses apoios poderão continuar existindo sob o ponto de vista mercadológico, mas não serão computados no balanço social da empresa, pois não estão ligados a aspectos de responsabilidade pública e cidadania.

7.6 Informações e conhecimento

Diz-se que este elemento constitui a inteligência do modelo; é com o conhecimento advindo das informações que se pode fazer a gestão tender à excelência. Pode-se dizer que seria o elemento integrador do modelo; por essa razão, em uma apresentação gráfica, estaria representado por um círculo envolvendo os demais elementos do modelo.

O círculo é a representação geométrica da integração por não ter destaques e por ter todos os pontos equidistantes do centro. Dados gerados no nível operacional da organização são analisados e correlacionados entre si de maneira que formem indicadores; pela análise de desempenho, tendências e relevância desses indicadores, podem-se criar séries históricas e conhecer a organização.

As organizações tratam uma enorme quantidade de dados, gerando informações que são armazenadas e disponibilizadas aos usuários internos e externos por meio dos sistemas de informação disponíveis; essas informações subsidiam a tomada de decisões na organização. De fato, diz-se hoje que, diante da pletora de informações disponíveis em todos os níveis, o grande desafio, dentro e fora das organizações, é saber usá-las bem, selecionando aquilo que realmente faz diferença para o processo decisório daquilo que se constitui em poluição informativa. Por este prisma, serão mais bem-sucedidas as organizações (e as pessoas) que souberem resolver melhor esta equação.

O sistema de informação refere-se à gestão eficaz da utilização das informações da organização e das informações comparativas, para apoiar os principais processos e a gestão do desempenho da organização. O sistema de gerenciamento das informações e do conhecimento pode ser considerado como o centro de atividades, no "cérebro" da organização, para o alinhamento das operações com as diretrizes estratégicas. Embora o foco principal recaia sobre informações para a gestão eficaz do desempenho, a informação em si, a tecnologia da informação, frequentemente tem importância estratégica. Por exemplo, tecnologia da informação pode ser usada para acumular e disseminar conhecimento sobre clientes e mercados, o que capacitaria o hospital a rapidamente personalizar serviços, por meio da gestão de preferências. Também a tecnologia da informação e as informações tornadas disponíveis por essa tecnologia podem ser uma vantagem adicional nas redes ou alianças estratégicas. Como se verá a seguir, os aspectos mais importantes para o gerenciamento das informações dizem respeito:

- ao processo de seleção, de uso e de gerenciamento das informações necessárias para apoiar as operações, a tomada de decisão e as melhorias no desempenho da organização;
- ao desenvolvimento e integração do sistema de indicadores de desempenho da organização;
- ao atendimento das necessidades dos usuários das informações, incluindo disponibilidade, tempo de acesso, nível de atualização e confiabilidade; e
- a disseminação das informações aos usuários para assegurar a consecução das principais metas da organização.

Como se pode facilmente perceber, todos os elementos do modelo estão fortemente relacionados com este. Os itens que o compõe são: informações da organização, informações comparativas e ativos intangíveis.

7.6.1 Informações da organização

Primeiro parece ser apropriado (embora desnecessário para alguns) fazer uma clara distinção entre os conceitos de informação e comunicação. Informação, como se verá ao longo de todo este capítulo, constitui o produto da análise de indicadores, enquanto comunicação diz respeito à troca de mensagens (que podem até ser informações) entre dois agentes. Também é importante conceituar: sistemas de informação são como um sistema automatizado (ou não) formado por pessoas, máquinas e métodos organizados para a coleta, processamento, transmissão e disseminação de dados que representam informações de usuários; no caso de ser usado para a tomada de decisão, o sistema se caracteriza como de gerenciamento.

É importante destacar que o sistema pode ou não ser informatizado; os livros usados para registro de ocorrências da enfermagem ou de outros setores ou finalidades (controle de coleta e transfusão de sangue etc.) existentes em todos os hospitais do mundo (independentemente da sofisticação dos aplicativos informatizados disponíveis) fazem parte do sistema de informações desses hospitais. Se pela simplicidade e economia esses sistemas não informatizados satisfazem às necessidades da organização, não há porque sofisticá-los ou encarecê-los desnecessariamente.

Informações para apoiar as operações diárias são aquelas usadas nas rotinas da organização, como os prontuários que contêm todos os dados sobre o diagnóstico e tratamento dos pacientes internados, em acompanhamento ambulatorial ou domiciliar. Essas informações, geralmente usadas pelos profissionais que atuam na organização, têm, ultimamente, com a evolução da internet, sido estendidas também a outros usuários, mesmo fora da organização (não é o caso dos prontuários dos pacientes que permanecem protegidos pelo sigilo médico).

Informações para acompanhar o progresso dos planos de ação são aquelas usadas para acompanhamento pela direção e demais lideranças dos projetos e ações desdobrados das estratégias formuladas.

Informações para tomada de decisão são aquelas compiladas de diversas instâncias de processos da organização que produzem dados qualitativos (e quantitativos) para avaliar a evolução de resultados e o alcance de metas no âmbito da análise do desempenho e do gerenciamento dos processos. O que caracteriza tais sistemas é o seu emprego para a tomada de decisão.

Neste último item há cinco processos gerenciais importantes que veremos a seguir.

Identificação das necessidades de informações

As organizações devem elaborar, implementar e manter periodicamente um plano de informatização, considerando as necessidades dos usuários. Existem três necessidades principais para os usuários da informação:

1. Apoiar as operações diárias;
2. Acompanhar os progressos dos planos de ação; e
3. Subsidiar os processos de tomada de decisões.

O levantamento de necessidades para os sistemas de informação não informatizados deve seguir a mesma lógica.

Estruturação de sistemas de informação

Os sistemas de informação compreendem o *software* e o *hardware* disponíveis na organização para receber, armazenar, processar e disponibilizar sistematicamente as informações para apoiar as operações do dia a dia, acompanhar o progresso dos planos de ação implementados e apoiar os processos de tomada de decisões. Em virtude da complexidade e dos altos custos dos sistemas de informação, o emprego de mecanismos gerenciais é importante para evitar desperdícios e atender às necessidades da organização. Esses mecanismos devem envolver as fases de definição, desenvolvimento, implantação e atualização dos sistemas.

Atualização tecnológica dos sistemas desenvolvidos

É difícil gerenciar a atualização tecnológica dos sistemas de informação principalmente pela dificuldade de avaliar as tecnologias disponíveis e necessárias para sustentar as estratégias da organização. Para isso, é preciso recorrer a especialistas internos e externos que acompanhem a evolução dos estados da arte da tecnologia disponível.

Disponibilidade das informações aos usuários

Ela tem a característica de uma prestação de serviço interna, cuja complexidade varia de acordo com o perfil da organização. Eventuais deficiências nesse serviço podem criar problemas sérios para as organizações, em muitos casos até paralisando suas atividades. Por essa razão, não raro as organizações de certo porte terceirizam essas operações, em razão também da especialização necessária e atualização constante. É importante que a organização monitore a disponibilidade desse serviço, incluindo serviços regulares de *help desk* para suporte e resposta a problemas surgidos.

Segurança das informações

A gestão da segurança das informações cada vez mais preocupa as organizações. Ela visa garantir a atualização e preservação da confidencialidade, a integridade e a disponibilidade das informações. É de todo aconselhável que as organizações estabeleçam políticas de segurança das informações que avaliem e tratem dos riscos relativos, definam responsabilidades, alçadas, níveis de classificação, disponibilidade para acesso e propriedade das informações, implementem ferramentas de proteção de instalações e de bancos de dados, além de mecanismos que assegurem a continuidade dos serviços de informação em situações de emergência. A gestão da segurança das informações deve levar em conta:

- Atualização das informações – o nível de atualização pode variar de acordo com as necessidades dos usuários. Essas necessidades podem ter limites técnicos ou financeiros. Por exemplo, sabe-se que a recuperação de dados *on-line* consome mais recursos computacionais para assegurar bom tempo de resposta do que se forem fornecidos em pacotes (*batch*). Nem sempre uma área abastecedora de dados tem recursos para alimentar os sistemas em tempo real; por isso a organização deve gerenciar o nível de atualização de acordo com os recursos disponíveis, sem perder a atualização possível e necessária;
- Confidencialidade das informações – é comum em grandes organizações que as regras de confidencialidade sejam incorporadas em códigos de conduta da força de trabalho, em cláusulas de confidencialidade em contratos ou em classificações que incluem dados "somente para uso interno", "confidencial", "confidencial restrito" ou "confidencial registrado". Na área da saúde, em grande parte, a confidencialidade é garantida por meio dos códigos de ética das categorias profissionais ou, o que está se tornando cada vez mais frequente, das próprias organizações;
- Integridade das informações – é importante a preocupação com a exatidão e integridade das informações que circulam dentro das organizações; no caso da saúde, a inexatidão de uma informação pode significar a morte de um paciente. Para garanti-las, sugere-se a implantação de mecanismos para:
  - verificação da autenticidade de documentos de entrada ou de saída, eletrônicos ou impressos;
  - checagem da consistência, integridade e exatidão de dados de entrada no sistema de informações;
  - controle de arquivos armazenados por qualquer meio: microfilme, eletrônico etc. Há muita controvérsia quanto à conveniência e necessidade dessa guarda por longos períodos de documentos de pacientes, principalmente com as constantes evoluções tecnológicas na área de diagnóstico; questiona-se a importância de dados com muita antiguidade e a pertinência (exigência) legal dessa prática;
  - inspeções de qualidade de relatórios, controle de versões e licenças dos aplicativos informatizados e de outras ferramentas;
- Disponibilidade das informações – por meio dos mecanismos que asseguram pronto acesso às informações, como o emprego de sistemas *on-line*, canais de acesso via internet, computadores e dispositivos de acesso remoto para os usuários, proteção física do *hardware* e utilização de sistemas redundantes permite-se o pronto restabelecimento do acesso e a continuidade do serviço no caso de perda de informações ou de desastres.

7.6.2 Informações comparativas

Quando se fala em desempenho, está-se falando em informações comparativas; da mesma forma, não é possível falar em aumento de competitividade sem pensar nas informações comparativas. São essas informações que: permitem às organizações conhecerem os seus graus de competitividade; lhes possibilitam definir metas baseadas em fatos; por meio de *benchmarking*,[34] conhecer novos aspectos de seus serviços (ou produtos), processos operacionais e gerenciais. O gestor precisa se comparar com outras organizações do mesmo ou de outro setor de atividade e com referenciais de excelência conhecidos ou mencionados na literatura nacional ou internacional.

Para isto, é preciso estar atualizado com o que acontece no setor por meio de publicações especializadas, científicas ou não; pela participação em associações representativas; pela frequência a encontros, palestras, seminários ou congressos, e assim por diante. Em último caso o gestor tem de, no mínimo, se comparar consigo mesmo, analisando as séries históricas de dados, o atingimento de metas quantificáveis definidas em seu planejamento estratégico etc. É aconselhável ao gestor da área de saúde buscar referenciais fora do setor, principalmente para processos gerenciais. Nenhum lugar melhor para fazer *bechmarking* de acolhimento do que em uma indústria hoteleira; de agendamento e de segurança, do que nas empresas aéreas; de uso da informática, do que nos bancos etc.

Os NAGEH[35] do CQH são grupos de *benchmarking* que reúnem profissionais de várias organizações (de diferentes setores da indústria hospitalar) para periodicamente discutir formas de melhorar os seus processos e conduzi-los de maneira mais eficiente e eficaz.

Genericamente, o *benchmarking*[36] abrange quatro processos gerenciais:

1. Definição das necessidades das informações comparativas;
2. Identificação de organizações consideradas referenciais;
3. Identificação de fontes, obtenção e atualização das informações comparativas; e
4. Utilização efetiva das informações comparativas.

Diz-se que o gestor que não se compara não está fazendo gestão. Muitos são tentados a dizer que seus negócios (empresas, organizações etc.) são únicos e não há nada parecido com que se possa comparar; afirmações dessa natureza não são incomuns. Facilmente se percebe por trás desse raciocínio alguma arrogância (ainda que velada)

---

[34] Trata-se de metodologia para investigação de características de produtos, serviços ou processos similares em outras organizações, dentro ou fora do setor de atuação da organização, com a finalidade de identificar oportunidades de melhoria. O nível de desempenho de produtos, serviços ou processos é uma das características que devem ser investigadas. Ver item 5.18 deste livro.

[35] Núcleos de Apoio à Gestão Hospitalar do Programa CQH. Os participantes desses grupos são orientados por rígidos códigos de conduta que permitem a troca transparente e amadurecida de informações. A riqueza das discussões nesses grupos é incomparável.

[36] FUNDAÇÃO PARA O PRÊMIO NACIONAL DA QUALIDADE. *Benchmarking*: relatório do comitê temático. São Paulo: 2007.

em se pretender único e diferente de todos os demais. Às vezes há, subjacente nesse comportamento, alguma dose de receio mal disfarçado em aparente soberba. Receio de se comparar com os concorrentes e sentir-se diminuído ou rebaixado. É fácil dizer que nada se compara com a organização da qual se faz parte; difícil é isto ser verdade.

É difícil estabelecer metas desafiadoras e buscar melhorias contínuas, se não se compara o desempenho de uma organização com o de outras. Informações comparativas, inclusive de referenciais de excelência, normalmente provocam melhorias significativas e podem alertar a organização sobre ameaças da concorrência e novas práticas e ainda ajudam na compreensão dos próprios processos. Como se verá a seguir, os aspectos mais importantes de serem levantados são:

- a seleção de organizações que possam ser referenciais para outros hospitais;
- os métodos de obtenção das informações comparativas;
- os tipos de informações e indicadores comparados;
- o uso das informações para melhorar o entendimento dos processos, estabelecer metas audaciosas e promover melhorias de grande impacto no desempenho da organização.

Identificação das necessidades das informações comparativas

As informações mais relevantes são as que estão relacionadas com a missão, visão e focos estratégicos da organização, e não aquelas que são as mais fáceis de obter. As informações quantitativas estão relacionadas à avaliação do desempenho e à definição de metas para apoiar a tomada de decisões; as qualitativas estão relacionadas às formas para melhorar os serviços e processos. Há dois tipos de informação que as organizações necessitam para fazer comparações:

1. Informações comparativas de resultado – são as mais frequentemente utilizadas e mais facilmente coletadas e também as de contribuição mais restrita, uma vez que, dependendo dos resultados comparados (de preferência os alinhados com a missão, visão e focos estratégicos da organização), pode haver limitações nas comparações possíveis. É importante primeiro definir os indicadores que serão comparados e depois as informações comparativas ideais e a estratégia de comparação; e
2. Informações comparativas para melhorar serviços e processos – definem as necessidades de *benchmarking* de serviços e processos com base em três premissas:
   - problemas identificados;
   - cultura de aprendizado;
   - observação de diferencial de competitividade desfavorável em desempenho comparado.

- Identificação de organizações consideradas referenciais

A identificação das organizações consideradas como referencial comparativo deve ser feita de acordo com critérios definidos pela organização em função do propósito da comparação. Esses critérios podem estar relacionados com a qualificação da força de trabalho, do material e equipamentos utilizados, de resultados comprovados. É importante neste aspecto não se deixar levar por modismos ou pela "pirotecnia" das promoções mercadológicas, muitas vezes até escamoteadas como "científicas". Há muita atividade pseudocientífica na área da saúde: é preciso separar o joio do trigo.

- Identificação de fontes, obtenção e atualização das informações comparativas

Estratégias válidas e lícitas devem fazer parte do padrão gerencial para obtenção das informações. A Santa Casa de Porto Alegre identifica referenciais comparativos por meio de critérios dentre os quais se destacam: a capacidade de disponibilizar as informações com qualidade e nos prazos desejados; perfil e complexidade similares; ser referencial no mercado. Neste processo, são contempladas as seguintes etapas: disponibilidade interna para análise das informações; utilização das informações comparativas; e estabelecimento de metas.

Uso efetivo das informações comparativas

O uso efetivo das informações levantadas requer dos gestores das organizações disciplina e método. O uso deve ser fomentado pelos valores e princípios organizacionais de incentivo e aceitação da referência externa como algo natural e salutar para o desenvolvimento das organizações. É óbvio que essas referências tem de ser submetidas a um processo de adaptação interna à cultura e realidade da organização.

7.6.3 Ativos intangíveis

Este item trata de ativos intangíveis que geram diferenciais competitivos. É importante destacar este aspecto do item ligado à geração de diferenciais competitivos, uma vez que os conceitos aqui envolvidos nem sempre são de fácil compreensão; se os ativos se perdem no emaranhado das relações operacionais do dia a dia, então, não serão considerados aqui. Trata-se do capital intelectual da organização, cuja gestão requer quatro processos básicos destacados a seguir.

Identificação dos ativos

Os ativos que podem estar no reconhecimento ou posicionamento no mercado (marcas); nos recursos humanos (capacidade, conhecimentos, habilidades e experiência desenvolvida na organização); na propriedade intelectual (patentes); no capital de relacionamento com as partes interessadas; no modelo de atendimento; na flexibilidade comercial; nos serviços inovadores; na satisfação dos clientes; em *software* desenvolvido na organização; na infraestrutura gerencial e de processos. Uma vez identificados os ativos, é preciso avaliar sua expansão com fatos já que não é possível quantificar.

O desenvolvimento dos ativos

O desenvolvimento é feito por meio de práticas de *benchmarking*, de pesquisa e desenvolvimento, de busca e incorporação de novas tecnologias e de qualquer outra maneira que promova o aumento do diferencial competitivo. Isto pode ser feito pelo incentivo à produção interna de conhecimento, pelo desenvolvimento do pensamento criativo e inovador, premiando novas ideias e sugestões implementadas. Deve-se estimular a participação em feiras e congressos, leituras de publicações científicas, visitas e missões de estudo etc.

A manutenção e proteção desses ativos

A manutenção é um dos grandes desafios para qualquer organização. Por serem intangíveis, não se pode trancá-los em um cofre, nem fechar as portas para evitar sua saída. As maneiras mais comuns são por meio dos registros de propriedade e patentes; pela restrição de acesso a certas áreas e processos produtivos; políticas de incentivo para atração e retenção dos melhores profissionais, bem como pelo registro do conhecimento desses profissionais em bancos de dados e manuais que permaneçam na organização mesmo se e quando eles forem embora.

O desenvolvimento e preservação do conhecimento

Isso é feito após a identificação e reconhecimento daquilo que é criticamente associado a cada ativo identificado, a fim de possibilitar um foco especial no seu desenvolvimento. Isso pode ser alcançado pela análise feita por gestores e especialistas envolvidos com o ativo.

Estudo de caso: Gestão de informações

O sistema de informações gerenciais da CI

O sistema de informações gerenciais da CI tem como requisitos básicos: acesso rápido, disponibilidade, confiabilidade e atualização dos dados. As informações são geradas, organizadas e utilizadas com vistas a proporcionar à empresa os instrumentos necessários para sua gestão estratégica. A principal função do sistema de informações da CI é montar um painel de controle que permita a todos os níveis da empresa fazer o acompanhamento da implementação das estratégias e avaliar resultados para os grupos de interesse.

1 Gestão das informações da organização

A gestão das informações na CI implica um empenho para ter algo mais do que apenas uma lista de indicadores. Dados gerais ou variáveis de controle estão na base desta pirâmide de informações e servem para montar indicadores que tragam implícita a definição de metas; apenas neste caso são considerados para fazer parte do painel de controle da empresa. Os indicadores do painel de controle estão divididos segundo sete perspectivas dos grupos de interesse na CI:

1. Indicadores que traduzam o grau de satisfação na relação da empresa com seus clientes. São informações relacionadas aos clientes externos, definidos no perfil. A empresa utiliza a pesquisa de opinião para avaliar o grau de satisfação dos seus clientes. Trata-se de questionário completo que procura avaliar o grau de satisfação dos diferentes tipos de clientes em cada fase do atendimento, sendo atribuídas notas de 0 a 10 e respectivos comentários. As pesquisas são bimestrais e os resultados são utilizados por todos os níveis da organização. Como indicadores típicos desta perspectiva estão: a satisfação dos pacientes; dos acompanhantes; dos médicos; a taxa de retorno dos clientes; comparativos de preços com concorrentes; o *market share* da clínica; e a taxa de adesão dos médicos que encaminham pacientes à clínica.
2. Indicadores financeiros que demonstrem aos sócios a eficiência no uso dos recursos postos à disposição da empresa para alcançar seus objetivos ou cumprir sua missão. Os indicadores desta perspectiva são captados das práticas de gestão descritas no item sobre gestão financeira e compreendem: faturamento líquido, custo total, lucro líquido, margem líquida e retorno para o acionista. O relatório de resultados gerenciais permite, mensalmente, o acompanhamento do desempenho de todas as unidades com indicadores de receita, custos e produtividade por unidade. Para melhorar o planejamento financeiro, a empresa faz uso do fluxo de caixa que gera o indicador de liquidez diária.
3. Indicadores que demonstrem a satisfação na relação da empresa com as pessoas que nela trabalham. Aqui estão incluídos os resultados das pesquisas de opinião com relação ao atendimento dos clientes; o índice de absenteísmo; a rotatividade do pessoal; valores investidos em treinamento das pessoas; quantidade de horas de treinamento por pessoa; leituras dos dosímetros; e produtividade por pessoa (exames por técnico, faturamento por pessoa que trabalha na CI etc.)

4. Indicadores que reflitam o grau de satisfação na relação da empresa com seus fornecedores e terceirizados. Aqui estão indicadores de compras feitas dentro das especificações padronizadas; índice de retorno de material defeituoso; tempo de espera para manutenção corretiva; e percentual de execução de contratos de manutenção preventiva.
5. Indicadores que demonstrem o desempenho dos processos relativos aos serviços prestados pela clínica aos seus pacientes. Aqui se avalia a qualidade dos serviços prestados e dos processos fins. Neste grupo estão indicadores de qualidade dos exames realizados e laudos emitidos (por amostragem, comparados com padrões estabelecidos); índice de repetição de exames; quantidade de filmes desperdiçados; e tempo de espera em cada setor para realização do exame.
6. Indicadores que demonstrem o relacionamento da CI com a sociedade como um todo. Aqui se encontram indicadores que medem as ações descritas no item Relacionamento com a Sociedade (ver página 183): número de exames realizados gratuitamente; horas de trabalho voluntário; gastos com manutenção de parques e jardins; e horas consumidas em palestras e visitas com a comunidade. Para as atividades do CECI,[37] o indicador utilizado é a quantidade de trabalhos aceitos para publicação e/ou apresentação em congressos ou seminários; e a quantidade de eventos realizados e número de participantes.
7. Indicadores que demonstrem o desempenho dos processos de apoio e organizacionais. Aqui estão o tempo de espera na recepção, para liberação dos laudos, de máquina parada por problema de manutenção e ocioso de máquinas e de pessoal.

1.1 Aprendizado

O painel de controle dos diversos níveis operacionais e estratégicos da empresa tem se modificado ao longo do tempo por causa do processo de aprendizado dos diversos agentes da empresa no uso do instrumento. Não se trata de um produto acabado, mas em constante evolução. Frequentemente novos indicadores são criados para atender melhor às necessidades de acompanhamento estratégico da empresa; sempre que isso acontece, outros são retirados do painel para não sobrecarregá-lo de indicadores, o que confundiria a análise do desempenho da empresa.

[37] Centro de Estudos da Clínica de Imagenologia.

2 Gestão das informações comparativas

2.1 Definição, execução e controle das práticas de gestão

A CI tem procurado estar na liderança do mercado em termos de tecnologia e resolubilidade. Os sócios estão permanentemente informados sobre as novas tecnologias disponíveis no mundo. Para isso, eles se servem das informações oriundas dos fornecedores e participação nos principais congressos mundiais e nos países desenvolvidos, das especialidades e congêneres. Rotineiramente os principais concorrentes locais são monitorados por "clientes fantasmas" quanto a preços e novos serviços. O *benchmarking* de processos é feito com dois ou três grandes serviços dos Estados Unidos e Alemanha.

2.2 Aprendizado

As decisões de investimento são tomadas em função de avaliações comparativas com o mercado; portanto, a CI está constantemente colocando em prática aquilo que aprende com o mercado e a concorrência. Os projetos de investimento são incluídos no modelo de simulação de resultados da empresa, o qual é, basicamente, uma matriz de comparação. As definições para montagem de tabelas de preços são tomadas em função de comparações com o mercado, assim como a estrutura de salários.

7.7 Gestão de pessoas[38]

Qualquer ação eficaz, mesmo nas grandes empresas, ocorre em um nível pessoal. À medida que se caminha para um mundo de equipes de trabalho autogeridas, com menos comando e menos controle da gerência, a maneira como se lida com as pessoas é fundamental. Em uma organização comprometida com a tarefa de melhorar constantemente o desempenho, as equipes representam instrumento fundamental para a excelência gerencial. No caso de hospitais, onde o serviço é prestado a pessoas fragilizadas pela doença e vulneráveis em sua sensibilidade, mais do que em qualquer outra empresa, o fator humano é fundamental.

A humanização no atendimento não pode ser considerada como um fim em si, mas, sim, como consequência de uma ação integrada que leve à excelência gerencial e, na sequência, à assistência humanizada. Esforços para humanizar hospitais fora de um contexto gerencial que crie condições para isso são pouco eficazes; melhor seria concentrar esforços em desenvolver um modelo de gestão sistêmico, integrado e que crie condições para que o atendimento humanizado aconteça naturalmente, e não artificialmente.

[38] FUNDAÇÃO NACIONAL DA QUALIDADE. *Cadernos de excelência:* pessoas. São Paulo: FNQ, 2007c.

É muito comum falar sobre a valorização das pessoas sem que esta intenção venha acompanhada de ações concretas. O discurso da valorização das pessoas é politicamente correto e ninguém ousa contradizê-lo, porém, atuar de acordo com ele nem sempre é visto na prática. Quase todos se vangloriam, em público, de que "as pessoas são o maior capital que a empresa tem", mas as ações praticadas nem sempre se coadunam com essa afirmação. É preciso deixar a hipocrisia de lado quando se trata de fazer boa gestão de pessoas, porque ninguém engana ninguém.

Os produtos e serviços hospitalares tornam-se cada vez mais complexos exigindo uma cultura de excelência gerencial humanizada, para compensar a avassaladora presença da tecnologia intermediando os contatos humanos. É preciso sempre relembrar que serviços médico-hospitalares são prestados por pessoas para pessoas. O sucesso de uma organização depende cada vez mais do conhecimento, habilidades, criatividade e motivação das pessoas que nela trabalham. O sucesso das pessoas, por sua vez, depende cada vez mais de oportunidades para aprender e de um ambiente favorável ao pleno desenvolvimento de suas potencialidades.

Neste contexto, a promoção da participação das pessoas em todos os aspectos do trabalho destaca-se como um elemento fundamental para obtenção da sinergia dentro das equipes. Pessoas com habilidades e competências distintas formam equipes de alto desempenho quando lhes é dada autonomia para alcançar metas bem definidas. A valorização das pessoas leva em consideração a diversidade de anseios e necessidades que, uma vez identificados e utilizados na definição das estratégias, dos planos e das práticas de gestão, promovem o desenvolvimento, o bem-estar e a satisfação delas.

Este modelo divide o elemento gestão de pessoas em três itens: sistemas de trabalho; educação, treinamento e desenvolvimento; e bem-estar e satisfação.

7.7.1 Sistemas de trabalho

Neste item, destacam-se como as pessoas estão organizadas, são estimuladas e capacitadas e como são mantidos um ambiente de trabalho e um clima organizacional adequados para o bom desempenho das tarefas.

O organograma mostra, graficamente, a estrutura formal com que estão organizados os cargos no hospital. Ele demonstra os níveis de função em que está dividida a estrutura organizacional; é desejável que esses níveis sejam poucos, de maneira que não distanciem o nível estratégico do operacional. Grandes empresas transnacionais não têm mais do que três níveis hierárquicos. Dependendo de como a alta cúpula estruture o hospital, serão definidas as posições das equipes, times, comissões ou outras formas encontradas para organizar os esforços das pessoas. As bases dessa estrutura devem se fundamentar em critérios e fixação de responsabilidades atribuídas racionalmente, tornando claras e precisas as relações de trabalho, de maneira que integrem, desenvolvam e coordenem as atividades para atingir objetivos definidos.

Essa estrutura deve criar condições para que a iniciativa das pessoas se manifeste, acompanhada da decorrente responsabilidade; estimular flexibilidade e reações mais rápidas aos requisitos de mudanças no hospital; e assegurar comunicações eficazes entre as unidades de trabalho que precisem atuar em conjunto para atender as necessidades dos pacientes.

Da mesma forma, a estrutura permite estabelecer um enfoque para a remuneração e reconhecimento das pessoas que trabalham no hospital. Estes aspectos referem-se a todas as formas de pagamento e recompensa, incluindo promoções, benefícios, bônus etc. Podem ser utilizados vários enfoques de premiação e recompensa – monetárias ou não, formais e informais, individuais ou grupais. Mais recentemente alguns hospitais particulares têm, seguindo tendência de outras indústrias, adotado formas de participação nos resultados e remuneração com base no aprimoramento de habilidades ou competências. Peter Drucker diz que, no futuro, ninguém trabalhará mais por salários, mas por formas de remuneração vinculadas aos resultados das organizações. Essas formas de remuneração podem também levar em conta a ligação com a lealdade de paciente ou outros objetivos de desempenho. Aqui é contemplado o alinhamento dos interesses das pessoas com os do hospital, por meio de incentivos financeiros.

Outros elementos da tradicional administração de pessoal das empresas também fazem parte deste item como recrutamento, seleção, admissão, integração, avaliação de desempenho individual ou grupal, promoções e demissões. Outros elementos incluem os níveis de supervisão existentes, a presença de responsáveis pelos grupos de trabalho e as comissões existentes no hospital.

Também neste item aplicam-se os ciclos de controle e aprendizado para medir e avaliar as práticas de gestão de pessoas. Para isso, podem ser usados fatores como absenteísmo e rotatividade da mão de obra; outras maneiras de fazer essas avaliações é por meio de informações conseguidas em entrevistas de desligamento, comparações com a concorrência ou referenciais de excelência.

Como se verá a seguir, questões importantes que podem ser analisadas em relação aos sistemas de trabalho são:

- organização do trabalho e da estrutura de cargos para iniciativa, autonomia, criatividade e inovação, individual e em grupo, e responsabilidade na definição, gestão e melhoria dos processos de trabalho da organização;
- flexibilidade, cooperação, resposta rápida e aprendizado para atender às necessidades de clientes e aos requisitos operacionais;
- comunicação eficaz e compartilhamento de conhecimentos e habilidades entre os setores e unidades para melhor atender às metas da organização;
- sistemas de remuneração e reconhecimento das pessoas, individualmente e em grupos, em todos os níveis da organização, para reforçar as metas de desempenho, de aprendizado e dos sistemas de trabalho.

Definição e implementação da organização do trabalho

É importante a forma como as pessoas estão organizadas, como estão distribuídas em grupos com características afins, seja de natureza profissional ou ligadas à tarefa a ser executada; como as pessoas interagem entre si e como as responsabilidades são divididas.

A organização deve definir a melhor forma de organizar a força de trabalho em função de particularidades das especialidades, porte, localização, personalidade jurídica etc. A melhor representação gráfica formal neste aspecto é o organograma, porém, inclui mais componentes do que ele. Uma das primeiras decisões que qualquer organização deve tomar ao definir sua organização do trabalho é com relação ao número de níveis hierárquicos (atualmente se recomenda, para facilitar o processo de comunicação interna, que as organizações tenham poucos níveis). Ao definir como distribuir o trabalho internamente, a organização deve ter em conta dois aspectos desejáveis: a necessidade de ela poder dar respostas rápidas às suas demandas de qualquer natureza e a necessidade do aprendizado organizacional constante. Por organização do trabalho se entende:

- repartição de responsabilidades e autoridades (lembrar que autoridade se delega, porém responsabilidade não);
- agrupamentos das pessoas em áreas e departamentos;
- estrutura de cargos, salários e níveis hierárquicos que diz respeito às responsabilidades, autonomia e tarefas atribuídas às pessoas individualmente, também conhecidas como perfil de cargos, descrição de cargos, descrição de funções ou perfil das funções;
- a organização do trabalho inclui equipes de trabalho; equipes de solução de problemas; áreas funcionais; equipes departamentais e multidepartamentais, autogerenciadas ou não; comitês; comissões; grupos de trabalho e similares;
- instrumentos colocados à disposição da força de trabalho para estimular participação e iniciativa;
- graus de autonomia das diversas categorias de pessoas para definir, gerir e melhorar os processos. Lembrar que:

> "[...] autonomia não significa ficar sem nenhum controle e deixar as pessoas fazerem tudo o que quiserem. Autonomia produtiva requer disciplina e profissionalismo da parte dos funcionários, que devem merecer a confiança e comprovar maior capacidade de agir, por terem mostrado que eles irão usar o poder com responsabilidade. A gerência pode correr o risco de delegar poder quando tiver confiança de que seus funcionários estão comprometidos com um conjunto homogêneo de padrões profissionais elevados. Quando as organizações tiverem compartilhado metodologias para execução de tarefas e tiverem compartilhado valores para orientar decisões elas poderão ter maior autonomia".[39]

[39] KANTER, R. M. On the frontiers of management. *A Harvard Business Review Book*. Boston: Mass: Harvard Business School Press, 1997.

Cooperação e comunicação eficaz entre pessoas de diferentes localidades e áreas

A necessidade desta cooperação e comunicação eficaz se depreende do fato de que o sistema organizacional é composto por diversos subsistemas inter-relacionados e interdependentes. Daí a importância do pensamento sistêmico como um substrato à comunicação eficaz e cooperação entre as pessoas, uma vez que todas são clientes ou fornecedoras umas das outras no fluir dos processos internos de transformação dos insumos em resultados. Instala-se o caos se as pessoas trabalham sabotando ou prejudicando o trabalho umas das outras.

Seleção e contratação

São duas funções fundamentais para a boa gestão de pessoas, uma vez que, se não forem conduzidas de maneira apropriada, podem comprometer todas as iniciativas da organização, que não terá as pessoas apropriadas e com competência para conduzi-las.

As práticas de seleção e contratação devem levar em consideração os requisitos de desempenho, igualdade e justiça perante a força de trabalho. O desempenho das pessoas vai depender em grande medida da definição clara dos requisitos do cargo a ser preenchido: dos conhecimentos, habilidades e atitudes necessários para a pessoa que irá ocupar o cargo. A necessidade de o candidato apresentar competências nessas três áreas dependerá muito das características do cargo a ser preenchido e das expectativas de quem o contrata. Para aquelas que, na área de saúde, terão contato com pacientes e acompanhantes vulneráveis pela doença, as atitudes sempre serão valorizáveis.

O recrutamento interno é desejável por apresentar vantagens, visto que oferece oportunidades de carreira, aumentando o comprometimento da força de trabalho; além disso, expõe pessoas cujos pontos fortes e necessidades de treinamento já são conhecidos. A desvantagem do recrutamento interno é sua incapacidade de injetar "sangue novo" na organização.

Integração dos novos membros da força de trabalho

Pressupõe-se que as pessoas entram em uma organização para nela trabalharem durante anos. Portanto, não existe tempo perdido se a organização dedicar algumas (ou muitas) horas para proceder à devida integração de um novo membro à força de trabalho. É a oportunidade que a organização tem de dizer ao novo colaborador o que se espera dele; como é a organização de fato e não como seus novos colegas irão iniciá-lo nela (às vezes, mesmo sem má intenção, nos seus possíveis vícios e más práticas). É um momento único e uma oportunidade que não se repetirá para a organização dizer ao novato, por meio dos seus representantes: "nós somos assim! Com nossos defeitos e virtudes esperamos que as pessoas que se juntam a nós façam as coisas dessa e dessa maneira..." Esta atitude trará benefícios futuros e evitará muitos conflitos e mal entendidos. Porém, há que se reconhecer que esta ainda é uma prática pouco comum nas organizações de saúde (embora em vias de mudança); principalmente com médicos, que quase nunca são integrados na organização porque se pressupõe (erroneamente) que eles sabem o que fazer e, também, porque sua autonomia profissional não requer que ninguém lhes diga o que devem fazer.

Os programas de integração devem ser desenvolvidos em diferentes fases: institucional, setorial e local ou na função a ser desempenhada. A intensidade e amplitude dessas fases dependem de características específicas de cada caso. Na fase institucional, a ênfase deve ser nos conceitos básicos da organização: valores, missão, visão e políticas básicas; nas outras fases, a ênfase se impõe pelas características de cada caso. É importante lembrar que a integração não deve se restringir às pessoas com vínculo direto com a organização, mas deve estender-se às pessoas de firmas contratadas na, assim chamada, terceirização.

Gerenciamento do desempenho

É consequência direta do item anterior, pois sinaliza para as pessoas o que a organização quer delas. Muitas organizações têm sistemas de avaliação atrelados ao alcance de metas que estão contidas em um esquema de remuneração variável. Porém, mais importante que alcançar metas e remuneração variável, é o estímulo à cultura da excelência e ao desenvolvimento profissional das pessoas. Deve-se também destacar que muito mais do que avaliar pessoas, hoje se recomenda o gerenciamento do desempenho de equipes, grupos e setores de trabalho.

Remuneração, reconhecimento e incentivos

Estes três aspectos são importantes para mobilizar o potencial das pessoas; mais uma razão para vinculá-los às práticas de avaliação do desempenho e à busca da excelência.

Só o aumento da produtividade faz uma pessoa, organização ou país crescer economicamente. Logo, não há como uma organização perdurar e realizar bem a sua missão se não apresentar aumentos de produtividade, ou seja, fazer mais com menos recursos. Aumento de produtividade, portanto, tem de receber reconhecimento e incentivos.

Remuneração é a soma do total recebida pela pessoa em troca do seu trabalho (salário, remuneração variável e benefícios). Reconhecimento é quando a organização legitima contribuições significativas prestadas pela pessoa. Incentivos são instrumentos utilizados para estimular a apresentação de contribuições significativas. Podem ser utilizados vários enfoques de incentivos: premiação e recompensa, monetárias ou não, formais e informais, e individuais e/ou em grupo.

7.7.2 Educação, treinamento e desenvolvimento das pessoas

O treinamento é fundamental para a excelência gerencial como método de capacitação e desenvolvimento das pessoas para apoiar a obtenção das estratégias do hospital.

Sem investimentos em treinamento dificilmente se alcançará excelência gerencial; não há como escamotear este fato.

O treinamento se faz ao introduzir um novo serviço ou procedimento; para reforçar as práticas já assimiladas, mas que sempre precisam ser revistas em um contexto educativo, para sedimentar domínio do conhecimento; para preparar pessoas para assumirem novas funções dentro da organização; ou para readaptação funcional de pessoas por quaisquer razões que sejam.

É preciso destacar que, além da preocupação em treinar as pessoas, as organizações também devem, por suas práticas, ter em conta a necessidade de educá-las em práticas cidadãs, de civilidade e respeito aos valores da ordem constituída, de disciplina e empenho no alcance dos objetivos da organização.

Neste item, o gestor deverá definir como a educação e o treinamento são projetados, aplicados, reforçados e avaliados, incluindo como as pessoas contribuem ou são envolvidas em determinadas e específicas necessidades de educação e treinamento; como a educação e o treinamento são aplicados; como o conhecimento e a habilidade são reforçados no trabalho; e como a educação e o treinamento são avaliados e aperfeiçoados.

São questões importantes a serem analisadas em relação à educação, desenvolvimento e treinamento:

- alinhamento da educação e do treinamento aos principais planos e às necessidades de desempenho da organização, incluindo os objetivos de desenvolvimento de longo prazo da força de trabalho;
- envolvimento das pessoas na identificação das necessidades específicas e na elaboração do projeto de educação e treinamento;
- aplicação e reforço das habilidades e conhecimentos recém-adquiridos na prática do trabalho.

Educação e treinamento implicam conhecimento e habilidades desenvolvidas, contribuindo para os objetivos definidos no planejamento estratégico. Podem incluir direção, habilidades, comunicação, trabalho em equipe, resolução de problemas, interpretação e utilização de dados, atendimento a pacientes, uso de novas tecnologias, prática de diretrizes, pontos críticos, análise de processos, simplificação dos processos, redução de gastos, redução de ciclos de implantação de condutas ou serviços, ou de ciclos de melhorias, dados referentes ao custo e ao benefício de alguma atividade e outros treinamentos que influenciem as pessoas com eficácia e segurança.

Treinamentos podem levar ao enriquecimento do trabalho e à rotatividade em funções para aumentar as oportunidades de carreira e empregabilidade. Isso pode incluir também a habilidade básica de escrita, leitura, linguagem e aritmética, requerendo contínua educação profissional para as pessoas. Educação, treinamento e desenvolvimento de pessoas baseiam-se no fato de que a capacitação delas precisa estar alinhada às metas da organização, e que estas atividades devem ser permanentes para que possam se adaptar continuamente às mudanças do ambiente.

Também devem ser avaliados: a existência de um programa formal de integração das pessoas que ingressam no hospital; treinamentos específicos para as pessoas do serviço de higiene; alinhamento das necessidades de treinamento com as diretrizes definidas no planejamento estratégico; identificação de necessidades específicas de treinamento; e avaliação do impacto dos programas de treinamento no hospital.

Identificação das necessidades capacitação e desenvolvimento

Não se pode começar programas de capacitação e desenvolvimento sem conhecer as reais necessidades da organização. Na área de saúde são comuns ações desprovidas de relação de causa e efeito para capacitar alguém, em algum curso disponível, em algum lugar (congressos, seminários etc.), sem relação com as reais necessidades da organização. Isto, na maioria das vezes, significa desperdício de recursos. Para começar, é bom fazer uma distinção entre capacitar e desenvolver:

- **capacitar** significa dotar a pessoa dos conhecimentos e habilidades necessários para a correta realização das tarefas sob sua responsabilidade;
- **desenvolver** significa proporcionar evolução contínua para que ela seja capaz de executar atividades cada vez mais complexas, proporcionando condições para a evolução profissional.

Existem várias formas para identificar as necessidades de capacitação e desenvolvimento de pessoas:

- sistemáticas de avaliação de desempenho, para identificar lacunas na capacitação quando objetivos não são atingidos; devem também ser usadas para identificar potencial para desenvolvimento;
- estratégias da organização podem apontar para mudanças, novidades ou expansões que repercutem na capacitação da força de trabalho;
- análise das não conformidades pode mostrar a necessidade de melhoria na capacitação das pessoas.

Compatibilização das necessidades

Em seguida à identificação das necessidades, é preciso compatibilizá-las:

- necessidades operacionais têm a ver com a execução dos processos atuais da organização. Elas podem ser baseadas no desempenho das pessoas ou no dos processos;
- necessidades estratégicas têm a ver com as necessidades futuras, baseadas nos planos da organização para novos serviços, instalações ou métodos;
- necessidades das pessoas têm a ver com novos passos na carreira, identificados com base no perfil e aspirações individuais de cada um dentro da organização.

Cultura da excelência e aprendizado organizacional

Os programas de capacitação e desenvolvimento devem visar à criação de uma cultura de excelência na organização baseada no que a FNQ denomina de os "fundamentos da excelência". Esses fundamentos são a base para as práticas de gestão, influenciando a forma como as pessoas se comportam no dia a dia; devem começar a ser compartilhados desde o programa de integração e seguir, depois, em todos os programas institucionais.

Forma de realização dos programas de capacitação e desenvolvimento

Educação e treinamento podem ocorrer dentro ou fora do hospital; no local de trabalho, em sala de aulas ou em outros locais, podendo, inclusive, envolver módulos de educação a distância, com o uso de teleconferências, telemedicina, internet etc.

Avaliação da efetividade

Os ciclos de avaliação do treinamento devem medir a eficiência do formato; conhecimento, habilidade, atitudes ou comportamentos adquiridos ou modificados; satisfação dos participantes (eficácia); transferência e aplicação de treinamento a uma situação de trabalho; impacto no desempenho da unidade de trabalho e custo-efetividade das alternativas disponíveis de treinamento (efetividade).

Um programa de desenvolvimento e capacitação só terá alcançado seus objetivos se resultar em mudança de conduta entre os que foram submetidos ao programa, causando impacto no ambiente de trabalho.

Desenvolvimento pessoal e profissional

O sucesso das pessoas depende das oportunidades que elas têm para aprender e de um ambiente favorável ao pleno desenvolvimento de suas potencialidades. Estas podem ser exploradas com apoio da organização ou individualmente; ultimamente virou moda denominar essas práticas de *coaching* seguindo a influência dos países de língua inglesa. Devem-se identificar alguns conceitos que são importantes para o entendimento deste tópico:

- desenvolvimento pessoal significa o alcance de níveis cada vez maiores de satisfação e bem-estar por meio da conquista continuada de objetivos pessoais;
- desenvolvimento profissional significa o crescimento na carreira ocupando postos com complexidade crescente;
- métodos de orientação ou aconselhamento são práticas voltadas a apoiar a escolha dos próximos passos na carreira;
- métodos para aumentar as possibilidades de colocação profissional;
- métodos de desenvolvimento de carreiras, comparando o perfil e o potencial da pessoa com as oportunidades existentes.

O conceito de empregabilidade tem crescido nas organizações; alguns até prognosticam como futuro para a relação de trabalho remunerações baseadas nessa condição.

Independentemente do que aconteça no futuro, hoje pessoas com maior empregabilidade podem ser realocadas internamente com mais facilidade ou têm mais facilidade nos processos de realocação externos. Mesquinhos poderão argumentar: por que investir no desenvolvimento de pessoas que depois serão recolocadas externamente? Ora, tal lógica não prevalece nos grandes números, uma vez que aqueles que foram treinados aqui poderão ser reaproveitados ali e vice-versa; ademais, a luta pelo desenvolvimento pessoal e profissional traz uma dinâmica positiva para o ambiente de trabalho.

7.7.3 Bem-estar e satisfação das pessoas

Aqui se está falando de qualidade de vida ou de condições de trabalho. Investir no bem-estar e satisfação das pessoas que trabalham em um hospital, além de ser uma convicção ideológica, humanista ou ética, tem implícita uma lógica econômica muito clara e específica: pessoas satisfeitas com a organização em que trabalham produzem mais, com mais qualidade, com menos desperdício e sem ressentimentos nem sabotagens.

O fundamento deste item é a importância que o clima organizacional tem sobre os resultados institucionais, ou seja, como o desempenho da organização é afetado pelo nível de comprometimento profissional das pessoas, que, por sua vez, sofrem o impacto de variáveis relacionadas com o ambiente físico e interpessoal de trabalho. O hospital sempre deverá ter retorno do dinheiro investido no bem-estar e satisfação do seu pessoal. Este item lembra ao gestor como o hospital pode garantir um ambiente de trabalho seguro, saudável e propício ao desenvolvimento pessoal e profissional das pessoas, ao bem-estar, motivação e satisfação delas. Para garantir o bem-estar e a satisfação, devem ser levados em consideração os seguintes aspectos:

- definição adequada de indicadores e metas de melhoria nos níveis existentes;
- noção de que diferentes grupos de pessoas podem estar sujeitos a ambientes de trabalho muito diferentes; e
- consciência de que podem coexistir no hospital diferentes vínculos com a organização, inclusive terceirizados.

A preocupação com a qualidade de vida no ambiente de trabalho pode ser manifestada pelas práticas apresentadas a seguir.

Saúde ocupacional, segurança e ergonomia

Ações que podem contribuir para a manutenção de um ambiente seguro e saudável no hospital e para a qualidade de vida das pessoas:

- monitoramento biológico das pessoas expostas a riscos de infecção;
- controle hematimétrico e de dose de radiação nos técnicos da radiologia;

- avaliação hematológica e sorológica das pessoas que tenham contato permanente com sangue e secreções dos doentes;
- controle de doenças pulmonares, especialmente tuberculose, no corpo clínico e enfermagem;
- avaliação de níveis de estresse nas pessoas em todas as áreas;
- acompanhamento dos afastamentos por tipo de doença de todos os membros da força de trabalho;
- acompanhamento ergonômico dos projetos de engenharia realizados no hospital;
- exames médicos admissionais, demissionais e para mudança de função;
- acompanhamento das pessoas com problemas crônicos;
- avaliação ergonômica dos móveis e equipamentos;
- programa 5'S em todas as áreas do hospital;
- treinamento da brigada de incêndio;
- checagem e execução dos procedimentos de segurança de acordo com o mapa de risco de cada área;
- orientação quanto a utilização de EPIs;
- avaliação das causas dos acidentes de trabalho;
- cuidados para reduzir a exposição da força de trabalho a ruídos excessivos;
- contaminação por parasitas;
- contaminação radioativa, por gases e poeiras nocivos;
- cuidados com iluminação adequada;
- atuação da CIPA e outros.

Deve-se avaliar o grau de maturidade da aplicação do modelo com indagações sobre:

- o uso sistemático dos equipamentos de proteção individual;
- o monitoramento de doenças profissionais e acidentes de trabalho;
- a existência e exposição de mapas de risco;
- a imunização ativa dos profissionais em atividades de risco;
- se existem condições de conforto para as pessoas que trabalham no hospital;
- se há estímulo formal à participação e à criatividade das pessoas por meio de mecanismos que reconheçam essas iniciativas;
- se os exames previstos no Programa de Controle Médico de Saúde Ocupacional (PCMSO) são feitos;
- se existe um Programa de Prevenção de Riscos Ambientais (PPRA) etc.

Bem-estar, satisfação e motivação

É importante que preocupações com satisfação, bem-estar e motivação sejam levadas em consideração quando das definições de prioridades e focos estratégicos.

Um aspecto importante para o aumento da satisfação é a seleção dos serviços e benefícios colocados à disposição da força de trabalho, visto que devem ser buscados os alinhamentos às práticas do mercado e a satisfação dos anseios de todos.

A maior parte das organizações, independente do porte, pode disponibilizar serviços destinados a aumentar a satisfação da força de trabalho, tais como:

- aconselhamento pessoal e de carreira;
- atividades culturais ou recreativas;
- educação não relacionada com o trabalho;
- creche;
- ambulatório;
- licença especial para tratar de responsabilidades familiares e/ou serviços à comunidade;
- planos especiais de aposentadoria;
- segurança fora do trabalho;
- horários flexíveis;
- realocação e recolocação;
- planos de saúde;
- planos de seguro;
- programas de conscientização antitabagismo;
- prevenção da AIDS;
- programas de recuperação de drogas e alcoolismo;
- transporte e refeições subsidiados;
- outros.

Esses serviços podem também incluir atividades para desenvolvimento de carreira, com testes vocacionais (avaliação de habilidade), ajuda no desenvolvimento de objetivos e planos de aprendizado e avaliação da empregabilidade (grau de preparação para o mercado de trabalho).

Palestras de orientação sobre estilo de vida, hábitos alimentares e práticas de exercícios físicos são algumas das formas que as organizações podem utilizar para promover o bem-estar da força de trabalho. Nesta área, incluem-se melhoria das condições de trabalho que permitam oferecer o melhor aos pacientes, levando satisfação às pessoas por poderem realizar bem suas tarefas.

É importante destacar que ninguém motiva ninguém. O que a organização pode fazer é criar condições para que a motivação que existe dentro de cada um aflore e o indivíduo possa realizar todo o seu potencial pessoal e profissional no ambiente da organização.

Manutenção do clima organizacional

Instrumento poderoso para avaliar o grau de satisfação das pessoas que trabalham em um hospital é a pesquisa de clima organizacional, cada vez mais presente nas organizações de saúde.

O ideal é que seja feita por empresa contratada para garantir isenção no processo; porém, na impossibilidade de contratação de empresa externa, também pode ser realizada com recursos internos bem orientados de maneira eficaz e a contento.

Para o tamanho e amplitude dessa pesquisa, deve-se sempre levar em conta o porte da organização. Três aspectos são importantes:

1. A definição de indicadores e metas adequados;
2. O reconhecimento de que diferentes grupos de pessoas podem estar sujeitos a tipos de ambientes muito diferentes; e
3. O reconhecimento de que, no mesmo ambiente de trabalho, podem conviver pessoas com diferentes tipos de vínculo com a organização.

Melhoria da qualidade de vida

A melhoria da qualidade de vida pressupõe que a organização informe e acompanhe os esforços de sua força de trabalho para manter-se saudável dentro e fora do ambiente de trabalho.

Trata-se de cuidar dos cuidadores; as organizações de saúde existem para prevenir doenças, promover ou recuperar a saúde das pessoas que utilizam seus serviços, bem como reabilitar possíveis sequelas; é de todo justo que faça o mesmo com sua força de trabalho para que ela esteja em condições de bem atender aos usuários.

Avaliação do bem-estar, satisfação e motivação

São apresentados a seguir alguns indicadores e metas que podem ser utilizados para monitorar o grau de segurança no hospital:

- taxa de doenças ocupacionais e não ocupacionais ocorridas com a força de trabalho: menos de 30 para cada grupo de 1.000 pessoas;
- número de dias perdidos por afastamento por doença: menos de 1,55 dia por pessoa/ano;
- taxa de acidentes de trabalho durante o ano: menos que 6% em relação ao total da força de trabalho;
- número de dias perdidos por acidentes de trabalho: menos de 0,5% dos dias trabalhados.

Esses indicadores e informações devem dar ao hospital condições para determinar a adequação e a eficácia das práticas utilizadas para o bem-estar e satisfação e, com base nessa avaliação, verificar a necessidade de melhorias.

Além desses indicadores, podem ser incluídas informações qualitativas para exercitar o ciclo de avaliação dos processos de bem-estar:

- reclamações e sugestões;
- estratégias do hospital;
- comentários feitos durante as entrevistas de desligamento; e
- práticas de outras organizações.

É importante notar que a motivação é algo que vem de dentro das pessoas, cabendo à organização criar condições para que ela aflore; ninguém motiva ninguém.

Estudo de caso: Gestão de pessoas

O caso da CI

1 Sistemas de trabalho

1.1 Definição, execução e controle das práticas de gestão

A força de trabalho da CI é composta por médicos, biomédicos, técnicos de radiologia, enfermeiros, auxiliares de enfermagem, auxiliares de radiologia, pessoal das áreas de apoio e serviços terceirizados. Especificamente em relação aos médicos, dez são sócios proprietários e os outros trinta são contratados por meio de uma cooperativa. A gestão de pessoas na CI tem como objetivo:

- manter a integração horizontal e vertical na organização, facilitando a troca de informações e o aprendizado contínuo;
- capacitar os profissionais com a finalidade de desenvolvimento no diagnóstico por imagem; e
- garantir que as pessoas tenham todas as condições para realizar o trabalho com eficácia.

O organograma apresentado mostra como estão organizados os cargos na estrutura formal da clínica, que contempla quatro níveis hierárquicos: Conselho, Diretoria, Gerências e os membros das equipes. O sistema de trabalho da clínica está estruturado de acordo com um modelo de competências:

- comportamentais: contempla atitudes e comportamentos esperados de todos os membros da força de trabalho; essas competências comportamentais estão baseadas nos valores da CI;

- genéricas: são as requeridas de todos os membros da força de trabalho, por função, contemplando as habilidades para atender a clientela diferenciada;
- específicas: são as habilidades necessárias para as atividades específicas da área em que a pessoa esteja atuando.

O modelo de competências mostra-se importante no processo de contratação, garantindo a seleção dos candidatos mais apropriados ao cargo; como já foi dito anteriormente, dá-se preferência aos que estejam fazendo curso universitário (80% da força de trabalho). O processo de seleção é rigoroso e escolhe os melhores candidatos em todos os níveis.

O sistema de remuneração da CI é diferenciado em relação ao mercado. Além do salário, são distribuídos, semestralmente, bônus para pessoas escolhidas pelos líderes imediatos, como reconhecimento à participação ativa nos resultados da empresa; o valor distribuído somado equivale a 0,5% da folha de pagamento.

1.2 Aprendizado

A avaliação das atuais práticas de gestão de pessoas na CI acontece por meio de pesquisa de clima organizacional, nos resultados referentes ao sistema de trabalho e informalmente pelo livre acesso que qualquer pessoa da organização tem à área de recursos humanos. As oportunidades de melhoria levantadas nessas ocasiões são analisadas pela diretoria e levadas como propostas para o Conselho, que as aprova, se for o caso, e define um cronograma de implementação.

Os principais indicadores utilizados para avaliar os processos relativos ao sistema de trabalho são aqueles presentes na pesquisa de clima, pois contemplam, além da avaliação, um meio de comparação com o mercado.

Entre as principais melhorias implementadas, pode-se destacar o modelo de competências implantado em todos os níveis da organização e a revisão das práticas de reconhecimento do trabalho, incorporando bônus por desempenho.

2 Capacitação e desenvolvimento

2.1 Definição, execução e controle das práticas de gestão

O processo de capacitação na CI tem como objetivo ser uma ferramenta que auxilie o desenvolvimento pessoal e profissional de todos, impulsionando a implementação dos planos de ações estratégicas da organização. Para tanto, são utilizados diversos métodos de treinamento, como autoestudo monitorizado pelos supervisores, treinamento em serviço e outros, visando sempre propiciar um programa de desenvolvimento mais adequado às necessidades individuais.

Constantemente os médicos da CI participam de congressos e seminários fora da organização e mesmo no exterior; são muito frequentes as atividades de treinamento conduzidas no CECI.[40]

A análise e priorização das necessidades de treinamento fica a cargo da área de recursos humanos após aprovação pela diretoria. O desenvolvimento é realizado em função de dois fatores principais:

- plano de ações estratégicas; e
- nível de desempenho verificado em relação às competências e ao cumprimento de metas e objetivos individuais e da organização.

O processo de desenvolvimento tem um ciclo anual que define o Programa de Treinamento e os Planos Individuais de Desenvolvimento, levando em consideração os seguintes aspectos:

- planejamento estratégico;
- análise e priorização das necessidades genéricas de treinamento;
- definição do Plano de Desenvolvimento Individual (PDI);
- análise e priorização das necessidades setoriais de treinamento;
- consolidação das necessidades de treinamento;
- definição do programa anual de treinamento;
- aprovação do programa anual de treinamento;
- divulgação do programa anual de treinamento; e
- revisão do PDI.

Para os novos membros da força de trabalho, é realizado um programa de integração, cujo conteúdo básico é composto por:

- palestra para apresentação da CI, sua história, valores, missão, visão e políticas básicas;
- visita a todas as áreas e apresentação para chefias de setores; e
- treinamento sobre procedimentos de segurança.

Em seguida, são realizadas atividades localizadas de acordo com as necessidades específicas de cada membro da força de trabalho.

[40] Centro de Estudos da Clínica de Imagenologia.

2.2 Aprendizado

Os processos de capacitação e desenvolvimento na CI são avaliados e melhorados por meio de:

- processo de avaliação de desempenho 360º, que compara os resultados de um ano para outro, para avaliar a eficácia do processo;
- avaliação de reação realizada logo após cada programa de treinamento, para avaliar se os métodos utilizados estão adequados às necessidades das pessoas;
- avaliação do treinamento de retenção para avaliar o treinamento em relação aos resultados obtidos na aplicação dos conhecimentos adquiridos;
- pesquisa de clima organizacional nos itens relativos a capacitação e treinamento.

O setor de recursos humanos analisa os dados levantados nas atividades citadas e define ações de melhoria para o próximo ciclo, que são discutidas com a diretoria. Os principais indicadores utilizados para avaliação dos processos de capacitação são:

- investimento em programas de treinamento de pessoas ($/membro da força de trabalho);
- resultados da pesquisa de avaliação de retenção dos treinamentos; e
- resultados da pesquisa de clima organizacional, nos itens relativos aos programas de desenvolvimento de pessoas.

3 Qualidade de vida

3.1 Definição, execução e controle das práticas de gestão

Para zelar por um bom ambiente de trabalho e garantir as melhores condições a todas as pessoas que trabalham na clínica, existe a Cipa, que articula as preocupações com medicina e segurança do trabalho e a prevenção de riscos ambientais. A CI mantém contrato com uma empresa de medicina do trabalho que faz acompanhamento dos afastamentos por tipo de doença para todos os membros da força de trabalho, exames médicos admissional, periódico, para mudança de função e demissional.

Existe um programa de manutenção preventiva de equipamentos, principalmente os da radiologia e medicina nuclear, por meio do qual tem se conseguido um baixíssimo número de ocorrências. Foi investida nesse programa uma grande quantidade de recursos, incluindo treinamento para o pessoal da manutenção, realizado no país e no exterior, e um convênio com universidades.

As questões ergonômicas são permanentemente avaliadas, tanto para o pessoal administrativo como para o corpo técnico. Para reforçar ainda mais o bem-estar e a satisfação dos membros da força de trabalho, a CI tem as seguintes instalações:

- sala de descanso com televisão a cabo, videocassete, jornais do dia e as principais revistas; essa sala também é utilizada para treinamentos;
- biblioteca que, além de livros e revistas técnicas, tem uma seção apenas para literatura, incluindo livros sobre administração, romances etc.;
- videolocadora e videoteca, com aulas técnicas e títulos de lazer;
- sala de estudo com disponibilidade de computadores para exercícios de autoinstrução.

A CI oferece, ainda:

- convênio médico-odontológico extensivo aos dependentes;
- convênio com ótica, farmácia e academia de ginástica;
- seguro de vida em grupo (opcional);
- vale-refeição;
- cesta básica; e
- auxílio-educação.

Foi feita vacinação contra gripe em todas as pessoas que solicitaram.

3.2 Aprendizado

Os fatores que afetam a satisfação foram identificados na CI por meio de um trabalho realizado para avaliar dados de mercado e dados coletados em entrevistas com os membros da força de trabalho. Com base nessas informações, foram definidos os fatores que são continuamente avaliados na clínica, por meio dos seguintes mecanismos:

- pesquisa de avaliação da satisfação com o ambiente de trabalho, realizada anualmente pelo setor de recursos humanos em áreas escolhidas;
- pesquisa com o corpo clínico que origina subsídios para o planejamento estratégico; e
- levantamentos informais por meio de um canal aberto de comunicação entre a diretoria, setor de RH e toda a força de trabalho.

Como consequência desses mecanismos, foram implementadas as seguintes melhorias:

- intensificação do envolvimento das lideranças com as equipes;
- treinamento sobre a abordagem em relação aos clientes;
- promoção de eventos de integração das equipes de trabalho; e
- estudo ergonômico para a área de recepção.

7.8 Gestão por processos[41]

Na sequência de elementos do modelo vistos anteriormente, todas organizações são iguais (até na gestão de pessoas): todas têm preocupações com liderança, planejamento, relação com clientes e com a sociedade, com a gestão das informações, de pessoas e com os resultados. O que diferencia as organizações são os processos, pois prestar assistência a pacientes em um hospital é diferente de atender hóspedes em um hotel, fabricar porcas e parafusos, ou automóveis, ou refrigerantes. Portanto, as organizações diferenciam-se pela gestão de seus processos de transformação de insumos em resultados.

Para fazer a gestão de processos, é preciso pensar em padronização. Na saúde, a padronização de processos está relacionada com protocolos clínicos e procedimentos operacionais padrão.

A gestão de processos vale-se muito de uma ferramenta padronizada, cuja finalidade é tornar mais claros e ágeis os processos envolvidos na execução da gestão, chamada de ciclo PDCA, em que:

- **P** significa planejar – antes da execução de qualquer processo, as atividades devem ser planejadas, com as definições de onde se quer chegar (meta) e do caminho a seguir (método);
- **D** significa desenvolver – é a execução do processo, com o cuidado do registro de dados que permitam o controle posteriormente;

[41] FUNDAÇÃO NACIONAL DA QUALIDADE. *Cadernos de excelência*: processos. São Paulo: FNQ, 2007d. Também referenciado em GOMES, Hélio. *Qualidade total na escola*: padronização. Belo Horizonte: LE Pitágoras TEC, 1994.

- **C** significa controlar – fase de monitoração e avaliação, na qual os resultados da execução são comparados com os dados do planejamento (metas e métodos) e registrados os desvios encontrados (problemas);
- **A** significa agir corretivamente – definição de soluções para os problemas encontrados com contínuo aperfeiçoamento do processo.

O PDCA foi introduzido no Japão após a Segunda Guerra Mundial e depois disseminado pelo mundo ocidental; idealizado por W. A. Shewhart, foi divulgado por W. E. Deming, que efetivamente o aplicou.

Inicialmente foi usado para estatística e métodos de amostragem, e por isso também é chamado de ciclo de Deming (que era estatístico). Alguns autores hoje sugerem a substituição do A por L, querendo significar que, nessa fase, a empresa precisa aprender (*learning*) com a informação e com o conhecimento por ela gerado de acordo com os resultados; neste caso, o ciclo seria PDCL. As informações representam a inteligência da organização, permitindo que com elas se façam as análises de desempenho e a execução das ações necessárias.

Padronização é a atividade sistemática de estabelecer e utilizar padrões. Padrão é o produto do consenso para a realização de um método ou procedimento, com o objetivo de unificar e simplificar de tal maneira que, de forma honesta, seja conveniente e lucrativo às pessoas envolvidas. É um conjunto de políticas, regras, normas e procedimentos para os principais processos que serve de linha mestra a todos para possibilitar executar o trabalho com êxito.

Padrão, enfim, é qualquer atividade reconhecida como correta pelo consentimento geral, pela aprovação na prática ou por aqueles mais competentes para decidir.

Os padrões são estabelecidos em consenso pelas próprias pessoas que irão executá-los. Se não for possível reunir todos os operadores responsáveis por um determinado processo, o padrão pode ser elaborado por um grupo representativo da equipe. A busca do consenso aprofunda a análise de um método de trabalho, resultando geralmente em melhorias da tecnologia utilizada. Padrões efetivos de trabalho só podem ser elaborados por aqueles que fazem o trabalho. Quem tem maior competência para decidir sobre a melhor maneira de realizar um determinado trabalho é o conjunto de profissionais que executam e mantêm a qualidade desse processo no dia a dia. É a equipe que vai para a linha de frente e sabe o que funciona ou não, onde termina a teoria e começa a prática; eles têm a competência para decidir o que é melhor.

A padronização é um processo de alta seletividade, não se aplicando a qualquer processo. A padronização é reservada aos processos repetitivos relevantes. A coincidência de três atributos é o critério para definir a elegibilidade de padronização. Os três critérios têm de ficar bem claros para não se padronizar as atividades erradas. Alguns exemplos de processos repetitivos relevantes em hospitais são apresentados a seguir:

- Processos principais do serviço de nutrição:
  - compra e recebimento de gêneros;
  - preparo dos alimentos;

    - distribuição dos alimentos; e
    - avaliação nutricional de pacientes.
- Processos principais do serviço de enfermagem em unidade de internação:
    - recepção do paciente na unidade;
    - processo de cuidados com o paciente; e
    - alta do paciente da unidade.
- Processos principais de atendimento médico (padronizáveis por meio de protocolos clínicos):
    - diagnósticos;
    - terapêuticos;
    - reabilitadores;
    - preventivos de doenças/sequelas; e
    - promotores da saúde.
- Processos principais no SAME:[42]
    - abertura de prontuários;
    - guarda de prontuários;
    - arquivamento de prontuários; e
    - confecção de estatísticas.

Cada um desses processos principais são desdobrados em subprocessos integrados, nos quais um processo ora é cliente do processo anterior, ora é fornecedor do processo posterior, formando, assim, uma cadeia cliente-fornecedor, sempre se levando em consideração a relevância e a repetição de cada um deles. Qualquer processo tem uma razão de ser e, para ser bem-sucedido, deve oferecer produtos ou serviços que:

- correspondam a uma necessidade, utilização ou aplicação bem definida;
- satisfaçam as expectativas dos clientes; e
- atendam às normas e especificações aplicáveis.

É preciso que haja textos explicando a tecnologia de maneira que todos entendam e possam aplicá-la. Esses textos detalham as condições e procedimentos de trabalho e são conhecidos como manuais de procedimentos.

A importância dos manuais está principalmente na sua confecção, quando são feitas as definições dos padrões a serem seguidos, permitindo a revisão das diferentes atividades executadas em cada unidade: a relevância, a repetição, os pontos de estrangulamento e/ou retrabalho etc. Daí se depreende que manuais não podem ser comprados ou elaborados por consultores, por melhores que sejam. O processo de elaboração do manual serve como aprendizado; os consultores, no máximo poderão ajudar como facilitadores do processo, mas nunca como elaboradores do manual.

[42] Serviço de Arquivo Médico e Estatística.

Obviamente que não se pode nem falar na compra de jogos de manuais feitos a granel para consumo de qualquer empresa, por mais parecidas que elas possam ser. Uma vez confeccionado, o manual servirá para dirimir dúvidas, treinar as pessoas da unidade e, periodicamente, ser revisto quando ocorrem o controle e aprendizado dos processos, com a aplicação do ciclo do PDCA(L).

Um componente particularmente útil dos manuais é o fluxograma. Seguindo a sequência de um ciclo de PDCA, os fluxogramas permitem a visualização, em um relance, das principais etapas e providências que devem ser tomadas para atingir o objetivo de um processo.

O fluxograma é a representação gráfica das atividades que integram um processo, sob a forma sequencial de passos, de modo analítico, caracterizando as operações e os agentes executores. Existem vários tipos de fluxogramas, cada um com sua simbologia e método próprio. Os símbolos usados na confecção de um fluxograma traduzem cada passo da rotina, representando não só a sequência das operações, como também a circulação de dados e documentos. Pelo uso dessa simbologia observa-se que:

- o fluxograma visualiza cada rotina integrante do processo, na sua forma mais completa, e torna mais claros fatos que poderiam passar despercebidos em outra forma de representação;
- os passos da rotina são ordenados de acordo com a sequência lógica de sua execução;
- os símbolos e as técnicas utilizadas na elaboração do fluxograma identificam os setores ou as pessoas responsáveis pela ação;
- a elaboração da representação gráfica tem como ponto de partida o levantamento da rotina em seus aspectos de:
  - identificação das entradas e de seus fornecedores;
  - definições de padrões de entrada;
  - identificação das operações executadas no âmbito de cada setor ou pessoa envolvida;
  - identificação das saídas e dos seus clientes; e
  - definição dos padrões de saída.

Há três tipos de processos em qualquer organização: os processos principais do negócio e os de apoio; os processos de relacionamento com os fornecedores; e os processos econômico-financeiros. É importante fazer uma ressalva aos leitores da área de gestão de serviços de saúde quanto ao uso da palavra “negócio” neste contexto. Ela se refere à atividade principal da organização, nada tendo a ver com a substantivação do verbo negociar no sentido de comercializar; trata-se daquilo que a empresa faz de mais importante na sua missão.

7.8.1 Processos principais do negócio e processos de apoio

Processos principais do negócio são aqueles que agregam valor diretamente aos clientes e estão diretamente relacionados com a missão da organização; são também chamados de processos fim ou primários. Podem ser classificados em cinco tipos básicos, que são mais facilmente entendíveis em indústrias de transformação, mas também se aplicam aos serviços:

- de logística de entrada ou recebimento de insumos;
- de operação ou produção dos bens ou serviços;
- de logística de saída ou expedição de produtos ou resultados;
- de relação com clientes ou marketing;
- de vendas ou serviços de pós-venda.

Processos de apoio são os que apoiam os processos principais do negócio e a si mesmos, fornecendo produtos, serviços e insumos adquiridos, equipamentos, tecnologia, *softwares*, manutenção de equipamentos e instalações, recursos humanos, informações e outros próprios de cada organização. Podem ser classificados em quatro tipos básicos:

1. Suprimentos;
2. Desenvolvimento de tecnologia;
3. Gerenciamento de pessoas;
4. Gerenciamento de infraestrutura organizacional ou dos processos organizacionais.

A gestão desses processos é feito por meio de manuais de rotinas e procedimentos, procedimentos operacionais padrão e outras formas de padronizar condutas gerenciais dentro de uma unidade. Para isso, é preciso levar em consideração uma série de atividades; veja a seguir.

Identificação dos processos

É fundamental a identificação dos processos, principalmente daqueles que agregam valor para a organização, gerando benefícios aos clientes, ao negócio e às outras partes interessadas. Qualquer processo tem de agregar valor, ou seja, as saídas do processo têm de ser mais valorizadas do que as suas entradas. O processo é uma atividade de transformação que trabalha ou processa as entradas no sistema, agregando principalmente a mão de obra, o que faz que a saída do sistema tenha maior valor do que a entrada. Qualquer processo que não agregue valor nem contribua com a missão deve ser considerado desnecessário para a organização e sua existência questionada.

Determinação dos requisitos

A próxima etapa é a determinação de requisitos dos processos que são definidos pelos pacientes em uma organização de saúde e pelas demais partes interessadas. Esses requisitos podem ser prazos de entrega de exames, tempo de espera para o atendimento etc.

Projeto dos processos

O projeto de processos significa o conjunto de atividades executadas em uma sequência planejada, com o objetivo de estabelecer ou criar novos serviços que atendam às necessidades das partes interessadas traduzidas na forma de requisitos. Esse processo deve se dar na seguinte sequência:

1. Planejamento;
2. Entradas;
3. Saídas;
4. Análise crítica do projeto;
5. Verificação;
6. Validação;
7. Alterações necessárias antes de oferecer o serviço projetado.

Organizações de saúde, com frequência, negligenciam essas etapas do processo de introdução de novos serviços. É necessário garantir que os projetos sejam desenvolvidos considerando a tecnologia e o conhecimento disponíveis na organização. Para tanto, recomendam-se as seguintes precauções:

- participação das pessoas envolvidas com os processos que serão afetados pelo novo serviço;
- compartilhamento interno com outros setores da organização que serão envolvidos;
- padronização que assegure o registro, guarda e preservação dos conhecimentos adquiridos e desenvolvidos.

Gerenciamento dos processos

Esta é uma das fases mais importantes para o sucesso de uma organização, pois será por meio dessa gestão que se chegará a bom termo com a realização dos processos da organização. Significa a adoção de ações que vão assegurar o cumprimento dos requisitos definidos pelas partes interessadas e, portanto, os resultados esperados para o sucesso da ação. Para isto, é preciso que haja:

- padrões de trabalho (5 W's e 2 H's) definidos: responsabilidades na execução do trabalho; frequência com que é executado; agentes que vão executá-lo; como será executado; por que será executado; quanto custará sua execução;
- um mecanismo de controle que permita monitorar a execução do processo, garantindo que os padrões de trabalho estejam sendo cumpridos. Aqui são identificadas possíveis não conformidades, ou seja, o não atendimento a um requisito do processo. Quando ocorre uma não conformidade, é preciso tratá-la adequadamente para prevenir sua recorrência, buscando conhecer e eliminar a causa. Deve-se sempre procurar a causa e os efeitos de uma não conformidade para poder corrigi-los.

Análise dos processos

A análise dos processos tem o o objetivo de identificar oportunidades para promover melhorias e a efetiva implementação destas ou de inovações. A variabilidade com relação ao esperado é inerente ao próprio processo, estando relacionada com diversos fatores, e a prática continuada dele pode levar a uma acomodação dentro da organização. A análise dos processos visa detectar esses fatores negativos e promover as correções possíveis e necessárias. Reuniões específicas para análise de processos visam identificar oportunidades de melhoria e o estabelecimento de planos de ação para a sua efetiva implementação. Como práticas para melhoria dos processos, podem ser sugeridos *benchmarking*, análise de valor, diagnósticos em relação aos modelos de gestão e análise de novas necessidades das partes interessadas.

7.8.2 Processos de relacionamento com os fornecedores

Um hospital, dependendo do porte, pode comprar entre 2 e 4 mil itens dos mais variados tipos e procedências; logo, a gestão dos processos relacionados aos fornecedores é fundamental para o sucesso financeiro e operacional da organização.

Pode-se imaginar a complexidade que seja fazer chegar todos estes itens na hora e local certos para que os procedimentos médico-hospitalares possam ser conduzidos de maneira apropriada. Também aumenta a importância dos fornecedores na medida em que serviços terceirizados progressivamente são incluídos no dia a dia das organizações. A melhor forma de fazer boa gestão de processos com fornecedores que atuam dentro de uma organização é por meio de um contrato bem elaborado, negociado e gerenciado. Neste caso, o contrato faz aquilo que um manual de rotina e procedimentos faria na gestão dos processos principais e de apoio. Diz-se que o que é negociado não é caro; portanto, bons contratos resultam em boa gestão da relação com fornecedores, com menos conflitos.

O fornecedor é qualquer pessoa física ou jurídica que fornece produtos e serviços à organização. A cadeia de suprimento consiste no fluxo de produtos, serviços e informações do fornecedor ao cliente e vice-versa. Neste item do modelo, estão contemplados:

- o desenvolvimento da cadeia de suprimento;
- a seleção e qualificação dos fornecedores;
- a disponibilidade do fornecimento;
- o atendimento aos requisitos da organização; e
- o envolvimento dos fornecedores com os valores e princípios organizacionais.

Identificação de fornecedores e desenvolvimento da cadeia de suprimento

Este seria um primeiro passo da gestão dos serviços relativos aos fornecedores para que a organização pudesse dispor das informações necessárias sobre eles, bem como de suas características.

Assim, a organização poderá desenvolver a cadeia de suprimentos, bem como o contrafluxo financeiro que deverá ser estabelecido para remunerar os fornecedores. Para isso, devem-se considerar três situações:

1. Cadeia de suprimentos total, que envolve todas as relações entre clientes e fornecedores do ponto de vista estratégico;
2. Cadeia de suprimentos imediata, que envolve os fornecedores com os quais a organização negocia diretamente por meio do departamento de logística e compras;
3. Cadeia de suprimentos local, que envolve diretamente os fornecedores com os departamentos ou setores do hospital, como no caso do serviço de enfermagem, que entra em contato direto com os fornecedores para definir detalhes dos materiais, equipamentos e medicamentos que poderão ser usados pelo serviço.

A identificação dos fornecedores deve levar em consideração critérios como:

- saúde financeira;
- conceituação no mercado;
- referências de clientes atuais;
- histórico de relacionamento com organizações similares;
- instalações;
- tradição;
- regularidade fiscal etc.

Uma vez identificados os fornecedores, passa-se para a próxima fase.

A seleção e qualificação de fornecedores

A seleção e qualificação desenvolve um processo de escolha entre os potenciais identificados. Essa escolha está relacionada com a cultura organizacional, porte e outros fatores, e alguns hospitais exigem, entre outros, certificações e demonstração de atuação responsável perante a sociedade. Para a seleção são utilizados critérios compostos de requisitos que o fornecedor deve cumprir para ser elegível à qualificação na organização. Esses critérios podem envolver:

- proximidade em relação à organização;
- tempo de atuação no mercado;
- número de funcionários;
- outros, de acordo com as peculiaridades do produto, material ou serviço a ser fornecido.

Para passar da condição de selecionado para qualificado, o fornecedor deve também seguir alguns critérios:

- preço;
- cumprimento de prazos;
- qualidade;
- assistência técnica ou pós-venda;
- outros, de acordo com as peculiaridades do produto, material ou serviço fornecido.

Para análise e avaliação do cumprimento desses critérios, é sempre bom solicitar ao fornecedor que indique alguns dos seus clientes atuais para que possam fornecer informações pertinentes.

Atendimento aos requisitos da organização

O atendimento aos requisitos da organização deve ser assegurado por uma adequada sistemática de compras que englobe:

- especificação dos produtos;
- lista dos serviços, materiais e equipamentos a serem adquiridos;
- comunicação ao fornecedor das necessidades da organização;
- acompanhamento de todo o processo de compra.

Para assegurar o atendimento aos requisitos da organização por parte dos fornecedores, é preciso que existam mecanismos de comunicação ou canais de relacionamento entre eles, que podem ser visitas, telefonemas, internet etc.

Várias organizações hospitalares organizam conferências ou encontros de meio dia ou mais para o fornecedor poder interagir com as equipes de usuários de seus serviços ou produtos na organização. Esses encontros permitem compatibilizar as expectativas, promover o conhecimento pessoal mútuo, apresentar detalhes com relação aos produtos ou serviços ofertados e o entendimento quanto às necessidades reais dos compradores e potencial dos fornecedores.

A avaliação do desempenho dos fornecedores

A avaliação é feita por meio da satisfação ou não dos requisitos mínimos previamente utilizados na seleção e qualificação. Para isto, é preciso que os fornecedores sejam monitorados durante o fornecimento por meio de indicadores de desempenho. Com base nesses indicadores pode-se estabelecer uma lista por ordem de importância de fornecedores para a organização, definir punições aos menos cumpridores de seus contratos e acordos, estabelecer padrões mínimos para o relacionamento futuro etc.

Como exemplos desses indicadores podem ser citados:

- atrasos na entrega;
- percentual de itens entregues com defeito;
- tempo de resposta à uma solicitação do cliente;
- tempo para instalação de equipamento;
- qualidade do treinamento oferecido;
- acompanhamento no pós-venda etc.

A minimização dos custos

A minimização dos custos associada ao fornecimento é conseguida com várias ações; entre elas, são importantes:

- conferência cuidadosa dos produtos entregues;
- inspeção dos produtos comprados;
- adoção de portais de compras na internet;
- participação em grupos de compra associados;
- programas de desenvolvimento de fornecedores;
- fidelização com fornecedores conhecidos e de confiança.

O comprometimento dos fornecedores

O comprometimento é conseguido com a fidelização, para promover relações de participação dos fornecedores nas atividades da organização e ele conhecer perfeitamente o cliente: seus valores, sua missão, sua visão, suas políticas básicas, diretrizes e estratégias.

7.8.3 Processos econômico-financeiros

A gestão econômico-financeira trata de todas as atividades coordenadas para dirigir e controlar as finanças de uma organização. Ela engloba aspectos relacionados com:

- sustentação econômica (orientação de como fazer escolhas diante de recursos escassos e as relações entre os diversos agentes econômicos);
- recursos financeiros para atender as necessidades operacionais (capacidade de endividamento ou de autossustentação da organização);
- definição dos investimentos;
- avaliação do risco financeiro;
- elaboração e acompanhamento de orçamentos etc.

É desnecessário destacar a importância deste item, uma vez que nenhuma organização, nem ninguém, vive sem dinheiro. Os processos relativos à gestão econômico-financeira ajudam a minimizar os riscos empresariais que podem afetar diretamente os resultados econômico-financeiros das organizações.

A contabilidade é o principal processo econômico-financeiro do qual todos os demais são derivados. A contabilidade também é, possivelmente, o procedimento de gestão padronizada mais antigo do mundo e com poucas mudanças ao longo de sua história, o que comprova a força da padronização para a gestão e o fazer as coisas sempre da mesma forma; o princípio das partidas dobradas (basilar para a contabilidade) é o mesmo há milênios. A contabilidade pode ter se sofisticado ultimamente com a incorporação de ferramentas digitais ao seu processamento, mas os princípios básicos permanecem imutáveis.

Com relação aos processos econômico-financeiros, devem-se estudar os pontos destacados a seguir.

Impacto na sustentabilidade econômica do negócio

Os aspectos que causam impacto na sustentabilidade econômica do negócio devem ser monitorados por indicadores adequados que mostrem a saúde financeira da organização (receitas garantidas, despesas equilibradas), de maneira que haja sustentação econômica. Esses indicadores econômico-financeiros, que aparecerão também nos resultados da organização, podem ser resumidos da seguinte forma:

- Estrutura:
  - endividamento – passivo circulante mais o exigível de longo prazo dividido pelo patrimônio líquido;
  - composição do endividamento – passivo circulante dividido pelo passivo circulante mais o exigível de longo prazo;

- endividamento oneroso – recursos onerosos divididos pelo passivo circulante mais o exigível de longo prazo;
- imobilizados – ativo permanente dividido pelo patrimônio líquido.

- Liquidez:
  - corrente – ativo circulante dividido pelo passivo circulante;
  - geral – ativo circulante mais o realizável de longo prazo dividido pelo passivo circulante mais o exigível de longo prazo.
- Atividade:
  - prazo médio de recebimento pelos serviços prestados;
  - prazo médio de renovação de estoques nos depósitos da organização;
  - prazo médio de pagamento das compras efetuadas pela organização;
  - ciclo financeiro, que é uma mistura das anteriores, pois compreende o prazo médio de recebimento pelos serviços prestados mais o prazo médio de renovação dos estoques, menos o prazo médio do pagamento das compras efetuadas.
- Rentabilidade:
  - giro do ativo – receita líquida dividida pelo ativo;
  - rentabilidade do patrimônio líquido – lucro líquido dividido pelo patrimônio líquido;
  - margem bruta – receita pelos serviços prestados menos o custo de produzi-los, dividido pela receita dos serviços;
  - vendas – receita da venda dos serviços dividida pela receita prevista;
  - crescimento da receita – total de receitas pela venda de serviços no ano dividido pelas receitas no ano anterior.

Esses indicadores são de amplo conhecimento do pessoal da área financeira, que deverá reunir-se periodicamente com a cúpula da organização a fim de discutir, analisar e encaminhar decisões e ações necessárias a serem tomadas, definidas e implantadas.

Recursos para atender as necessidades operacionais

O fluxo financeiro é equilibrado quando as entradas suplantam as despesas, permitindo à organização manter um saldo positivo no seu caixa.

Uma gestão adequada assegura os recursos para atender às necessidades operacionais e manter em equilíbrio o fluxo financeiro. A busca por recursos financeiros externos, bem como a concessão e recebimento de créditos são recursos válidos, devem ser adotados com prudência apenas para assegurar a manutenção do fluxo equilibrado. Neste caso, fatores como taxa de juros, prazos para pagamentos e garantias podem ser utilizados com critérios para a decisão e forma de buscar esses recursos.

Recursos financeiros para manter estratégias e planos de ação

Trata-se dos recursos necessários para os investimentos que permitirão a implementação das estratégias e dos planos de ação da organização. É aconselhável que, já na etapa de formulação das estratégias e no seu desdobramento, a organização identifique e defina os recursos financeiros necessários e suas fontes, para poder realizar seus investimentos. Quando são usados recursos externos, é importante definir critérios e metodologias para avaliar e definir os investimentos e as formas adequadas de captação. No caso de organizações de saúde, as instituições financeiras públicas e privadas têm disponibilizado linhas especiais de crédito. Recentemente, tem-se tornado frequente as organizações de saúde abrirem o capital para buscar em bolsa de valores os recursos; o sucesso dessas operações ainda está para ser avaliado definitivamente. No caso brasileiro, ainda não se permite o afluxo de capitais estrangeiros diretamente em organizações de saúde nacionais.

Identificação e monitoramento de riscos financeiros

Riscos financeiros indicam a probabilidade de ocorrência de um evento não desejado e das suas consequências.

Os riscos financeiros de uma organização devem ser monitorados para prevenir a sua ocorrência ou diminuir as consequências. É importante levar em consideração as possíveis deficiências existentes na estrutura de controles internos da organização. Para monitorar, prevenir e gerenciar riscos, devem-se considerar a volatilidade do mercado, oscilações inerentes à atividade econômica, mudanças no ambiente regulatório e a atuação da concorrência.

O mercado privado de saúde brasileiro, nos últimos anos, tem observado uma série de fusões e incorporações, em uma tendência para constituição de poucos grandes grupos na área de exames de diagnóstico, de operadoras de planos de saúde e mesmo de hospitais. Nesse processo observa-se a absorção daqueles que, talvez, tiveram mais dificuldades no monitoramento de seus riscos financeiros.

Gerenciamento do orçamento

O orçamento é peça fundamental para registro e cálculo dos gastos a fazer com a operação da organização, incluindo a previsão de receitas e despesas; o fluxo financeiro distribui ou aloca as receitas e despesas ao longo do período considerado.

Recomenda-se que organizações públicas e privadas procurem anualmente definir seus níveis de receitas, despesas e, também, de investimentos previstos e acompanhem a realização dessas previsões, corrigindo, na medida do possível, eventuais distorções surgidas ao longo do período. Um orçamento pode ser composto de diferentes peças, como orçamento de venda de serviços, de produção dos serviços, de gastos gerais e de investimentos. Pode também incorporar planos diretores para setores específicos da organização, como: obras, informática etc. Embora a base dos orçamentos seja o ano fiscal, é comum organizações de grande porte disporem de orçamentos plurianuais, cobrindo períodos mais longos de tempo. Geralmente os orçamentos acompanham os ciclos de planejamento da organização.

Estudo de caso: Gestão de processos

O caso da CI

Os principais processos da CI são:

- recepção;
- desenvolvimento de novos serviços;
- atendimento aos pacientes (realização dos exames);
- análise e elaboração dos laudos;
- processamento dos laudos;
- entrega dos laudos aos pacientes; e
- processos de apoio administrativo.

A CI tem um programa para melhoria contínua de seus processos organizacionais denominado Programa de Melhoria da Qualidade (PMQ), que envolve toda a organização e tem como objetivo geral desenvolver uma cultura organizacional que garanta a busca permanente da excelência gerencial e assistencial por meio de:

- atendimento aos requisitos dos clientes;
- melhoria da qualidade no trabalho; e
- prevenção de erros.

O PMQ materializa-se por meio de projetos que passam por todos os setores da organização e visam conseguir melhores resultados para ela como um todo; toda a ênfase está na integração do atendimento aos clientes. Consiste basicamente de equipes de melhoria da qualidade que atuam no âmbito de projetos criados de acordo com necessidades ou oportunidades organizacionais bem definidas, com metas estabelecidas pela alta direção. Para garantir a melhoria da qualidade, é necessário atuar no componente metodológico, instrumentos e recursos humanos. Disto derivam os componentes conceituais do PMQ:

- estabelecimento de metas;
- treinamento e desenvolvimento das pessoas;
- trabalho em grupo;
- melhoria dos processos;
- avaliação de desempenho dos processos; e
- reconhecimento dos esforços.

1 Gestão de processos relativos ao produto

1.1 Definição, execução e controle das práticas de gestão

Os processos principais, fins ou básicos da CI, são aqueles que acontecem onde há o encontro da organização com os clientes, para prestação dos serviços:

- recepção dos pacientes;
- realização dos exames;
- análise e elaboração dos laudos;
- processamento dos laudos;
- entrega dos laudos aos pacientes; e
- desenvolvimento de novos serviços.

Na gestão dos processos fins da CI, o PMQ sugere que sejam seguidas as seguintes regras:

- começar pelos processos que causam maior impacto (agregam mais valor) nos clientes;
- satisfazer as necessidades e expectativas dos clientes;
- começar revisando processos já existentes antes de implantar novos;
- não se deve tentar melhorar processos que, já se sabe, serão modificados brevemente.

Outra prática recomendada para diminuir riscos na gestão dos processos, especialmente dos mais complexos, é aplicar o conceito experimental de processo piloto. Deve-se projetar um processo piloto em pequena escala e trabalhar com ele até que esteja sob controle; então ele deve ser padronizado, elaborando-se a documentação da rotina obtida e implementando-o de maneira global.

Requisitos e indicadores de desempenho dos processos fins da CI

Processo	Requisitos	Indicadores
Recepção	Rapidez	Tempo de cadastramento
	Qualidade	Taxa de erros no cadastro
Exame	Rapidez	Tempo de realização de exame
	Qualidade	Taxa de complicações
	Custo	Custo médio por exame
	Utilização do recurso	Taxa de uso do equipamento
	Confiabilidade	Exame por paciente
		Desperdício de filmes
		Cancelamento de exames
		Aceitação médica
Laudo	Rapidez	Tempo de espera para emissão
	Qualidade	Aceitação médica

A principal ferramenta para o gerenciamento dos processos de prestação de serviços é o sistema de informações da CI. Esse sistema informatizado controla e registra todos os eventos relacionados ao paciente, desde a entrada na clínica até a saída com o exame ou encaminhamento do resultado ao médico solicitante, assegurando integridade e confiabilidade das informações. O sistema consiste de cinco módulos:

1. Captura da imagem;
2. Transmissão da imagem;
3. Processamento e visualização de imagens;
4. Impressão de imagens;
5. Armazenamento e recuperação de imagens.

Com esse sistema, o radiologista pode analisar simultaneamente imagens de ultrassom e tomografia computadorizada de um mesmo paciente em uma mesma tela, e ver os resultados dos seus exames anteriores. Além de aumentar a precisão diagnóstica, o sistema permite ao médico radiologista dedicar maior tempo ao paciente. Os exames podem ser entregues aos pacientes em filmes convencionais, disquetes ou impressos em papel. O sistema permite, ainda, que um radiologista analise exames provenientes de outros centros remotos integrados, por meio de telerradiologia. Essa aplicação permite que radiologistas especializados possam analisar, em tempo real, exames realizados em qualquer das unidades da empresa.

A CI incentiva fortemente o uso de ferramentas como meio de controle estatístico do processo, gráficos de tendências e planilhas. Quando são detectados pontos fora dos limites definidos pelos padrões de trabalho, outros sinais de instabilidade ou qualquer problema com relação ao desempenho dos processos, a equipe responsável faz uma análise para entendimento do problema e tomada de ações. Nesses casos, utilizam-se metodologias e ferramentas que servem como roteiro para as ações de melhoria:

- Metodologia de Análise e Solução de Problemas (MASP), para problemas específicos que se originam no processo e precisam ser solucionados; e
- Metodologia de Gestão de Processos (MGP), nos casos em que se busca um nível de desempenho superior.

1.2 Aprendizado

A cada três meses, a diretoria e os respectivos responsáveis pelos diferentes setores envolvidos nos processos fins reúnem-se para analisar a execução dos planos de ação quanto ao sistema de gestão de processos e levantar os pontos fortes e as oportunidades para melhoria. Em seguida, se necessário, é desenvolvido um plano de ação contingencial com alternativas de solução para os problemas. Durante essa reunião, o grupo analisa detidamente os seguintes indicadores:

- índices de produção e produtividade;
- taxa de repetição de exames;
- tempo médio para execução dos exames;
- ociosidade dos equipamentos;
- tempo médio para elaboração dos laudos;
- grau de satisfação dos pacientes; e
- grau de satisfação dos clientes médicos.

Como resultado dessas análises, já foram implementadas várias melhorias na gestão dos processos relativos aos serviços da clínica.

2 Gestão de processos de apoio

2.1 Definição, execução e controle das práticas de gestão

São considerados neste item os seguintes processos de apoio:

- comercial;
- administrativo-financeiro;
- manutenção predial;
- limpeza e copa;
- almoxarifado; e
- informática.

As bases para a gestão dos processos de apoio são definidas anualmente. As equipes responsáveis por esses processos realizam uma negociação junto aos clientes internos para levantar as necessidades previstas para o próximo ano. Realiza-se um acordo entre cada área de apoio e seus clientes, considerando:

- definição dos requisitos, indicadores e metas de qualidade, prazo e quantidade;
- métodos de acompanhamento;
- levantamento dos recursos necessários; e
- critérios para alocação dos custos dos serviços de apoio.

Os processos de apoio estão interligados aos processos finalísticos pelo sistema de informação CI. Esse sistema é fundamental para garantir a integridade da gestão dos processos e acompanhamento dos indicadores de desempenho.

As equipes responsáveis pelos processos reúnem-se mensalmente para analisar a evolução dos indicadores de desempenho e avaliar o cumprimento dos compromissos assumidos com os clientes internos. Quando são identificados desvios, a equipe envolve o seu cliente interno para definição das medidas necessárias e solução do problema. Metodologias como MASP e MGP são usadas pelas equipes para ajudar na solução desses problemas e melhoria dos processos de apoio.

2.2 Aprendizado

Da mesma forma como acontece com os processos fins, também aqui os processos de apoio são avaliados a cada três meses em uma reunião da diretoria com os responsáveis dos setores envolvidos. Os principais indicadores de desempenho dos processos de apoio analisados são:

- tempo de atendimento das ordens de serviço na manutenção;
- índice de conformidade no recebimento das mercadorias no almoxarifado;
- tempo de fechamento da contabilidade; e
- percentual de acerto na avaliação dos itens de limpeza.

A principal melhoria implementada na gestão dos processos de apoio foi a entrada de dados relacionados com esses processos no sistema de informação da CI. Isto foi facilitado com a introdução do padrão XYZ para imagens médicas e o desenvolvimento de programas e computadores específicos para processamento integrado de imagens provenientes dos diversos equipamentos com os dados clínicos e administrativos.

3 Gestão de processos relativos a fornecedores

A CI considera os fornecedores como uma extensão do seu próprio negócio, principalmente com a terceirização da cooperativa médica, da segurança e de parceria importante desenvolvida com os fornecedores de equipamentos, que permanecem na empresa após a entrega, com contratos de manutenção.

3.1 Definição, execução e controle das práticas de gestão

A CI seleciona, avalia e qualifica seus fornecedores em três grupos de acordo com o impacto dos serviços e dos produtos fornecidos nos resultados da empresa:

- produtos e serviços críticos que impactam diretamente nos resultados da empresa, entre os quais podem ser citados os equipamento de radiologia, tomógrafos, ressonância magnética e o serviço dos médicos cooperados;
- produtos e serviços semicríticos que têm impacto médio nos resultados da empresa, como os medicamentos usados na clínica de um modo geral, filmes, contrastes etc.;
- produtos e serviços não críticos que têm impacto apenas marginal nos resultados da organização, como material de limpeza e de escritório.

Os fornecedores em geral são avaliados em função do alinhamento de suas práticas com os conceitos básicos para a cultura de excelência da clínica, seu comprometimento com políticas de meio ambiente, segurança e saúde ocupacional, bem como não utilização do trabalho de crianças.

As aquisições de materiais e medicamentos são feitas de acordo com uma lista padronizada, seguida rigorosamente. A entrada ou saída de produtos dessa lista dependem de decisão da comissão de compras. A comissão é formada pelo assistente da diretoria, pelo supervisor de atendimento geral, por um médico radiologista e pelos responsáveis pelos setores de compras e almoxarifado. Os fornecedores são periodicamente avaliados pelos usuários internos dos serviços com relação ao atendimento dos requisitos e das especificações. A CI define metas específicas para os indicadores de desempenho de cada produto e serviço. Essas metas são sempre negociadas com os fornecedores, buscando um alto desempenho, e definidas de acordo com o produto ou serviço e o tipo e duração do contrato.

Todos os equipamentos radiológicos são padronizados há muitos anos com produtos da marca Boa, o que facilita a manutenção, reposição de peças e atendimento de pedidos novos.

3.2 Aprendizado

Anualmente a diretoria, a comissão de compras e os responsáveis pelas áreas operacionais da CI se reúnem com os fornecedores em um almoço de congraçamento que serve também para rever as relações da empresa com seus parceiros e fornecedores. Como resultado desse almoço, levantam-se as oportunidades de melhoria nesse relacionamento. As principais melhorias implementadas na gestão de processos dos fornecedores e parceiros incluem:

- forte envolvimento da força de trabalho da CI com os serviços fornecidos de maneira que é garantido o alinhamento com os requisitos globais da empresa;
- inclusão de aspectos relativos ao meio ambiente, segurança e saúde ocupacional como características a serem consideradas na qualificação de prestadores dos serviços e vendedores de produtos; e
- intensificação de contratos de médio e longo prazos como resultado do aumento da confiança mútua nas relações com os fornecedores.

4 Gestão financeira

4.1 Definição, execução e controle das práticas de gestão

Os principais objetivos dos processos relativos a finanças e contabilidade estão relacionados ao planejamento, elaboração e controle dos orçamentos da clínica e à correta orientação na utilização e manutenção dos recursos da empresa. As atividades envolvem, entre outras, o controle de receitas e despesas, a evolução dos custos e a elaboração de relatórios econômico-financeiros. A principal ferramenta utilizada nesses processos é o sistema de custos e contabilidade, que integra os dados dos diversos sistemas de contabilidade da clínica. Afora eventos não previsíveis, o fluxo de caixa da clínica está planejado para 180 dias em termos diários e 12 meses em termos anuais. O desempenho econômico-financeiro tem correspondido ao planejado, podendo-se destacar a evolução do retorno dos acionistas de 20% para 21% no último ano, oriundo basicamente do aumento da margem operacional, o que significa qualidade nos processos de gestão operacional. A empresa também adota, desde o ano passado, na sua contabilidade de custos, o sistema ABC (*Activity Based Costing*) de custeio por atividade, que permite a determinação dos custos de todas as atividades realizadas, com a eliminação daquelas que não agregam valor ao cliente.

4.2 Aprendizado

O sistema de controle de custos tem sido muito eficiente e permitiu o aumento do lucro operacional da empresa. A adoção do sistema ABC também fez reduzir o tempo de giro de estoques para apenas cinco dias, o que faz a clínica atuar praticamente *just in time*. Da mesma forma, melhorias nos sistema de informações e contábil melhoraram a gestão do capital de giro, reduzindo os prazos das contas a receber, aumentando os das contas a pagar.

Flags na hematologia

O laboratório de hematologia processa amostras para fazer a contagem das células sanguíneas e apresentar, como produto desse processamento, hemogramas com contagens diferenciais de células da série branca, da série vermelha e contagem de plaquetas. Esse processamento, que já foi totalmente manual, hoje é automatizado com a utilização de contadores de células sanguíneas. Esses contadores de células são capazes de definir de 28 a 32 parâmetros dependendo do modelo e do fabricante. Alguns modelos são capazes de realizar milhares de exames em espaços de tempo relativamente curtos, porém, existem alguns parâmetros suspeitos (*flags*) acusados pelo contador de célula, os quais devem ser confirmados ou não por meio de uma revisão manual das lâminas de sangue da amostra acusada, por microscópio. O aparelho não tem uma precisão exata em relação a esses *flags*.

Dessa maneira, a velocidade de liberação dos resultados dos exames depende da capacidade do serviço de contar manualmente as lâminas de sangue. Um técnico de laboratório treinado leva em média de 2 a 5 minutos para fazer a leitura manual de uma lâmina, com microscópio. O contador de células aspira sangue de um tubo contendo até 5 mililitros da amostra a ser analisada. Esse tubo está em uma bandeja (*rack*) que é introduzida no equipamento. Para a análise da amostra no equipamento, são utilizados diversos tipos de reagentes, calibradores, controles de qualidade e impressoras.

Dependendo do ajuste do equipamento, ele acusará quais os parâmetros (*flags*) devem ser revistos pela análise manual (com microscópio) das lâminas contendo as amostras "suspeitas". Laboratórios de grande porte, com alto nível de complexidade (hospital de grande porte), realizarão contagens manuais de células em 30%-35% das amostras; laboratórios menos complexos, em 10% das amostras; e laboratórios mais especializados (ex.: onco-hematologia, queimados, UTIs) em 90%-100% das amostras. Cada laboratório ajusta seus parâmetros de *flags* para revisão de lâminas de acordo com a complexidade e/ou nível de especialização. Na maioria dos laboratórios complexos, vão para contagem manual:

- praticamente todas os *flags* da série branca (ex.: presença de blastos, linfócitos atípicos etc.);
- na série vermelha, depende dos ajustes requeridos (ex.: presença de reticulócitos, anemia etc.);
- nas plaquetas, todas os *flags* que acusam contagem abaixo de 100 mil ou acima de 1 milhão/mm^3, ou na suspeita de agregação plaquetária.

Após serem analisados e revistos manualmente, os resultados das amostras ainda devem ser digitados e/ou liberados por uma pessoa responsável por essa função. Nesse processo, pode haver erros de digitação, por isso em certos locais há a checagem "dupla" (por dois profissionais diferentes) antes de liberar o resultado para o sistema. Amostras que não são acusadas pelos *flags* não precisam ser digitadas, pois são liberadas diretamente por meio de interfaceamento dos sistemas do contador das células com o de gestão do laboratório.

Pela complexidade e variabilidade da tarefa, pode-se imaginar a quantidade de problemas que podem surgir no desenvolvimento desse processo. Este é um bom exemplo de como serviços de saúde podem ser mais ou menos eficientes no uso dos recursos, compatibilizando com as necessidades dos profissionais por exames eficazes e efetivos. Esses problemas podem significar atrasos na entrega dos resultados dos exames.

Considerando que esses atrasos possam estar acontecendo em determinado serviço que trabalha conforme detalhado anteriormente, solicita-se que, por meio de uma reunião de *brainstorming*, se definam possíveis causas para esse efeito (atraso), dispondo o achado em um diagrama de causa e efeito ou de Ishikawa.

7.9 Resultados[43]

Resultado, no fim das contas, é o que interessa, pois as organizações existem para gerar valor, assegurando sua perenidade de forma sustentada e para todas as partes interessadas. É preciso valorizar a perenidade e a sustentabilidade das organizações para avaliar seus resultados; eles não podem ser medidos com a visão de curto prazo, pois as organizações são feitas para durar. Não se deve sacrificar o futuro para garantir um sucesso momentâneo e efêmero. Portanto, um resultado econômico-financeiro retumbante em um ciclo não significa sucesso duradouro se as outras partes interessadas não estiveram satisfeitas e essa insatisfação se refletir nos ciclos vindouros.

Para avaliar o grau de sucesso ou insucesso de uma organização, deve-se medir o grau de satisfação de todas as partes interessadas ou de seus grupos de interesse. São eles que vão dizer se a organização está cumprindo a missão conforme o esperado ou não. Avaliar resultados de uma organização fica mais fácil na medida em que se tem um padrão de análise; é isto que o modelo de gestão dá.

43 FUNDAÇÃO NACIONAL DA QUALIDADE. *Cadernos de excelência*: resultados. São Paulo: FNQ, 2007e.

Toda organização tem, basicamente, cinco grupos de interesse:[44]

1. Clientes;
2. Donos, cotistas, acionistas ou o estado, nas organizações governamentais (que tem interesse em saber se os recursos financeiros investidos na organização estão dando os retornos esperados e, portanto, querem avaliar indicadores econômico-financeiros);
3. Pessoas que trabalham na organização;
4. Fornecedores;
5. A sociedade como um todo que tem interesse em que os processos executados pela organização o sejam com o máximo de eficiência, não gastando mal os recursos que foram colocados à disposição. Mesmo que uma organização tenha todo o dinheiro necessário para comprar esses recursos, a sociedade estará interessada em que os recursos sejam utilizados com o máximo de seu potencial, sem desperdiçá-los.

O grau de satisfação das partes interessadas é medido por meio de indicadores (relações numéricas entre duas grandezas), gráficos, tabelas, quadros, ou seja, com números que comprovem que a missão da organização está sendo atendida de acordo com as expectativas dos grupos de interesse. É importante salientar as relações de causa e efeito existentes neste elemento; os resultados devem ser decorrentes da aplicação adequada de práticas gerenciais implementadas pela organização. Resultados não surgem do nada; devem ser consequência de uma ação integrada, sistêmica e coerente da gestão. Isto não quer dizer que não existam resultados desarticulados de uma proposta gerencial mais abrangente e que pareçam não ter conexão com nenhuma ação gerencial da organização; esses resultados, contudo, não tendem a persistir e só acontecerão aleatoriamente. É preciso entender a relação direta que existe entre resultados com a gestão dos processos, pois aqueles são consequência direta destes. E também, que há relação dos resultados com a aplicação correta de todos os sete elementos vistos anteriormente. Ou seja, resultados não ocorrem num vazio organizacional.

Embora qualquer organização gere centenas de dados operacionais na base da pirâmide organizacional, estes devem "escalá-la" em direção ao topo, onde somente serão considerados os resultados relevantes e pertinentes para a consecução dos objetivos, de acordo com as estratégias e com o perfil da organização. Nessa escalada, os indicadores vão se condensando em alguns mais importantes para cada setor, de tal forma que, ao final, se terá um painel de controle com um número entre 30 e 50 indicadores (dependendo do porte e tipo) para serem analisados pelo nível estratégico da organização. Uma quantidade grande de indicadores dificulta a gestão; provoca desperdício de tempo e dificuldades para análise e pode escamotear os indicadores verdadeiramente importantes. Seguindo-se a famosa regra "80/20" de Pareto, conclui-se que

[44] A Santa Casa da Misericórdia de Porto Alegre definiu como partes interessadas: médicos, funcionários, pacientes e acompanhantes (clientes), fornecedores, instituições conveniadas, mercado e comunidade. (Relatório de gestão da SCMPA, *Prêmio Nacional da Qualidade*, 2002.)

os indicadores devem visar destacar 20% de pontos de medição que dão à organização os 80% de informações mais necessárias a ela. Os indicadores devem evidenciar o valor agregado às partes interessadas, e para isto precisam:

- ter fácil visibilidade;
- propiciar uma visão equilibrada da atuação da organização;
- facilitar o entendimento;
- apoiar as tomadas de decisão.

A Irmandade Santa Casa de Misericórdia de Porto Alegre trabalha com 84 indicadores no seu painel de bordo; a mineradora Belgo de Juiz de Fora, com 57 no seu painel de bordo e 98 indicadores setoriais.[45] É importante que, para todos os principais indicadores, se definam metas desafiadoras e factíveis no curto e longo prazos.

É necessário que se tenha o indicador bem identificado, definido e adequado para fazer parte de um painel de controle. É importante conhecer alguns aspectos do indicador para sistematizar a análise. Assim, os indicadores devem:

- refletir valor para uma ou mais partes interessadas;
- ter relação com, pelo menos, uma das estratégias;
- estar alinhado com outros indicadores usados pela organização;
- poder ser fácil e periodicamente mensurável;
- estar facilmente entendido nos diversos níveis da organização;
- permitir uma coleta acurada;
- poder ser objetivamente mensurado e comparado;
- poder ser apresentado em diferentes mídias e ser de fácil interpretação;
- poder ser comparado com referenciais.

Três dimensões são importantes para avaliação dos itens do elemento resultado:

1. Relevância – importância do resultado para a avaliação global, considerando-se as estratégias e o perfil da organização;
2. Nível atual – compara o desempenho atual da organização com informações comparativas pertinentes;
3. Tendência – reflete o comportamento de uma série histórica de resultados ao longo do tempo.

A seguir, apresentam-se exemplos de indicadores classificados pelos grupos de interesse que eles representam.

---

[45] Empresas ganhadoras do *Prêmio Nacional da Qualidade* em anos diferentes.

7.9.1 Resultados econômico-financeiros

Os resultados econômico-financeiros de organizações de saúde não diferem muito dos de organizações de outras indústrias, uma vez que visam informar se os recursos financeiros investidos estão dando os resultados esperados por aqueles que fizeram o investimento (dono, sócio, cotistas, cooperados ou o estado, em organizações estatais). Esses indicadores podem ser agrupados da seguinte maneira:[46]

- Estrutura: são os indicadores que possibilitam a análise da estrutura de capitais, como endividamento, composição do endividamento (passivo circulante dividido pelo passivo circulante mais o exigível a longo prazo), o chamado endividamento oneroso, imobilizados;
- Liquidez: são os indicadores que possibilitam a análise da capacidade de pagamento de dívidas, como liquidez corrente, liquidez geral.
- Atividade: são os indicadores que possibilitam a análise do nível de atividade, como prazo médio de recebimento de vendas, de renovação de estoques, do pagamento de compras, geração de caixa;
- Rentabilidade: são os indicadores que possibilitam a análise da rentabilidade das operações, como giro do ativo, rentabilidade do patrimônio líquido, margem bruta, vendas, crescimento da receita, valor econômico agregado (EVA); EBTDA (LAJIDA), índice de cobertura das despesas financeiras.

7.9.2 Resultados relativos a clientes e mercado

Podem ser também considerados indicadores aplicáveis a todo tipo de organização, sendo alguns adaptados às organizações de saúde. No primeiro caso, podem-se destacar:

- participação no mercado;
- grau de satisfação do cliente;
- índice de queixas etc.

No caso de um serviço de anestesiologia, por exemplo, podem ser considerados:

- o grau de satisfação do paciente com o ato anestésico em si;
- a ausência de dor e desconforto;
- o grau de satisfação do cirurgião com o ato anestésico (relaxamento, sangramento, acidentes e interrupções, variações do ato anestésico em função do tipo de cirurgia etc.);
- grau de satisfação do paciente ou familiares com a pós-anestesia (náuseas, vômitos, cefaleias, hematomas, parestesias, paralisias, queimaduras, alergias etc.).

[46] O leitor encontrará os conceitos e definições desses indicadores na maioria dos livros de gestão financeira disponíveis.

7.9.3 Resultados relativos a sociedade

Aqui podem ser considerados os seguintes números:

- inserções na mídia de mensagens visando esclarecer a opinião pública com relação aos perigos, segurança e características dos procedimentos cirúrgicos ou de outra natureza executados em um hospital;
- participação voluntária em pesquisas científicas;
- apresentação voluntária de trabalhos científicos em congressos ou revistas;
- procedimentos médico-hospitalares realizados gratuitamente etc.

Também estão nesta categoria os dados que demonstrem controle sobre os consumos de água e energia relacionados com o número de leitos, altas, leitos-dia ou pacientes-dia; reciclagem de papel de uso comum ou específico; dados relativos à preocupação com resíduos hospitalares contaminados, radioativos etc.; número de pessoas da comunidade beneficiadas por programas sociais desencadeados pela organização.

7.9.4 Resultados relativos a pessoas

Neste caso, podem ser considerados:

- indicadores de números de horas de treinamento;
- investimento em treinamento dividido pela receita;
- indicadores de doenças atribuídas às atividades profissionais;
- frequência e gravidade dos acidentes de trabalho;
- percentual variável sobre a remuneração total.

Absenteísmo, registro de demandas trabalhistas e rotatividade podem ser indicadores indiretos do grau de satisfação das pessoas que trabalham na organização, embora ela possa ser avaliada formalmente por meio de pesquisa de clima organizacional, que pode ser mais ou menos sofisticada, dependendo do porte da organização.

7.9.5 Resultados dos processos principais do negócio e dos de apoio

Para os processos principais de um serviço específico como anestesiologia, podem ser considerados (para cada tipo de anestesia ou de anestésico):

- número de acidentes dividido pelo total de anestesias feitas ou pelo número de horas de anestesia;
- número de acidentes com óbito;
- número de reações alérgicas atribuíveis ao ato anestésico;

- tempo de recuperação pós-anestésica;
- tempo para indução anestésica;
- tempo médio de cirurgia dividido pelo tempo médio de anestesia;
- tempo de anestesia com monitoramento cardiocirculatório etc.

Com relação aos processos de apoio, podem ser apresentados:

- número de ações preventivas divididos pelo número de ações corretivas feitas sobre qualquer equipamento;
- percentual de planos, orçamentos ou escalas executados sobre os cumpridos;
- custo real de um procedimento dividido pelo seu custo ideal;
- percentual de correção no preenchimento das folhas de débito;
- tempo de cadastramento na recepção;
- índice de glosas sobre faturas emitidas para planos de saúde ou outros prestadores;
- tempo de espera para emissão da fatura;
- espera para preparo da sala cirúrgica etc.

Outros indicadores de processos fins:

- Os ligados com a ocupação dos leitos: taxa de ocupação hospitalar; tempo médio de permanência geral e por clínica; índice de renovação; índice de intervalo de substituição; média de pacientes-dia e média de leitos-dia;
- Indicadores de mortalidade: institucional geral e por clínica; no prazo de 30 dias após alta;
- Indicadores de ocupação do centro cirúrgico: cirurgias realizadas por sala; tempo de espera para preparo da sala; taxa de cirurgias suspensas por razões não clínicas;
- Taxa de readmissões pela mesma causa e não programadas: até 15 ou 30 dias da alta hospitalar; das UTIs (durante a mesma internação, após tratamentos específicos);
- Indicadores de atendimento materno-infantil: taxa de utilização de UTI e CTI neonatal; taxa de atendimento ao RN na sala de parto; taxa de internações por gravidez terminada em aborto; taxa de internações por transtornos maternos na gravidez; índice de internações por complicações no período de puerpério; taxas de cesarianas gerais e em primíparas; taxa de parto normal;
- Todas as taxas ligadas aos controles da infecção hospitalar: geral e por clínicas; de densidade de infecção hospitalar; distribuição percentual das infecções por clínica; localização topográfica e agente causal; uso de antimicrobianos;
- Taxas ligadas ao uso dos diferentes exames auxiliares de diagnóstico: por clínica; por pacientes; e por pacientes-dia;
- Indicadores que avaliam a efetividade dos serviços específicos, como de obstetrícia (neonatos de baixo peso).

Na avaliação dos processos principais, também podem ainda ser utilizados indicadores que avaliam fatores clínicos como:

- tempo decorrido para receber tratamento tromboembolítico após chegada de paciente com suspeita de infarto do miocárdio a um pronto-socorro;
- porcentagem de pacientes com câncer que começam tratamento com menos de 30 dias após o diagnóstico etc.;
- mortes ocorridas 30 dias após revascularização do miocárdio;
- readmissão de emergência após alta hospitalar para tratamento de agravos específicos: acidente vascular cerebral; cirurgia de colo de fêmur etc.;
- complicações de tratamentos, de flebotomia, do uso de cateter venoso central, do uso de alimentação parenteral;
- paradas cardíacas ocorridas nas dependências do hospital, com ou sem êxito na ressuscitação;
- lesões indesejáveis causadas aos pacientes durante a internação (chamados de eventos sentinela): quedas de cama ou mesa cirúrgica; queimaduras; ulceras de pressão; grandes hematomas ou "soromas";
- aplicação de medicação errada ou de procedimento em local errado.

7.9.6 Resultados relativos a fornecedores

Aqui podem ser considerados:

- o tempo de espera para manutenção ou reparo de carrinhos de anestesia, equipamentos de raios X, equipamentos de laboratório de análises clínicas etc.;
- demora na entrega de medicamentos;
- percentual de não conformidades na entrega de medicamentos ou materiais;
- percentual de fornecedores que participaram de eventos promovidos pelo serviço;
- percentual de acidentes ou efeitos adversos por causa de material entregue por determinado fornecedor;
- atrasos ou complicações no fornecimento de sangue;
- incompatibilidades clínicas com resultados de exames de laboratório;
- diferenças no controle de psicotrópicos etc.

1 Resultados relativos aos clientes e ao mercado

1.1 Níveis, tendências e conclusões

Os resultados das pesquisas de satisfação dos clientes demonstram uma tendência positiva ao longo do período analisado.

Itens da pesquisa/ano	**1999**	**2000**	**2001**
Satisfação dos pacientes (%)	89	90	92
Satisfação dos acompanhantes (%)	94	95	96
Satisfação dos médicos (%)	97	98	98
Retorno dos pacientes (%)	35	36	38
Adesão dos médicos (%)	80	83	85

2 Resultados financeiros

2.2 Níveis, tendências e conclusões

O desempenho econômico-financeiro corresponde ao planejado, podendo-se destacar a evolução do retorno aos acionistas, que evoluiu de 19% para 21% no período, por causa, basicamente, do aumento da margem operacional.

Resultados financeiros em R$ 1.000,00

Item/ano	**1999**	**2000**	**2001**
Receita líquida	1.400	1.500	1.700
Custo total	1.000	1.100	1.200
Lucro operacional	450	500	600
Lucro líquido	150	160	170
Margem líquida (%)	8	9	10
Margem operacional (%)	30	33	35
Desp. adm./rec. líquida (%)	7	7	7
Impostos/rec. líquida (%)	3	3	3
Ret. acionistas LL/PL (%)	19	20	21
Taxa retorno/invest. (%/ano)	15	17	19
Faturamento/funcionário	7	7,5	9,1

3 Resultados relativos às pessoas

3.1 Níveis, tendências e conclusões

Os investimentos em treinamento foram os principais motivos da redução da rotatividade do pessoal e do aumento da qualidade dos laudos. Da mesma forma, a vacinação contra a gripe pode ter contribuído para a redução do absenteísmo.

Resultados da gestão de pessoas

Item/ano	**1999**	**2000**	**2001**
Absenteísmo (%)	4	3	2
Rotatividade anual (%)	10	9	8
Treinamento/faturamento (%)	0,88	0,89	0,90
Horas de treinamento/pessoa/ano	85	86	87

4 Resultados relativos aos fornecedores

4.1 Níveis, tendências e conclusões

As análises para medição de fuga nos equipamentos de raios X foram realizadas a cada seis meses pelos fornecedores. No almoxarifado foi vista uma tendência positiva no percentual de entrega dos materiais comprados, e o tempo médio de resposta às solicitações de manutenção aos fornecedores também apresentaram tendência positiva.

Item/ano	**1999**	**2000**	**2001**
Medida de fuga de radiação	6m	6m	6m
Entregas conforme requisitos	89%	90%	92%
Média resposta manut. equip.	3h	2,45h	2,40h

5 Resultados dos processos relativos aos produtos

5.1 Níveis, tendências e conclusões

Pesquisa

Item/ano	**1999**	**2000**	**2001**
Qualidade dos exames (%)	100	100	100
Qualidade dos laudos (%)	99	98	100
Nitidez do raios X de tórax (%)	100	99	100
Índice de repetição de exames (%)	4	4	4
Índice de perda de filmes (%)	7	6	5

6 Resultados relativos à sociedade

6.1 Níveis, tendências e conclusões

Curso de interpretação de laudo

Itens/ano	**1999**	**2000**	**2001**
Participantes	32	35	40
Satisfação (%)	90	95	98
Trabalhos aceitos em congressos	5	10	12
Participação em pesquisas científicas	3	2	4

7 Resultados dos processos de apoio e organizacionais

7.1 Níveis, tendências e conclusões

Percentual de ótimo e bom na avaliação do usuário

Item/ano	**1999**	**2000**	**2001**
Tempo de espera na recepção	89	90	94
Tempo para entrega de exame	90	92	95
Cordialidade na recepção	88	89	90
Satisfação com respostas	85	88	89

8 A importância do planejamento[1]

Planejamento não é panaceia, mas ajuda na gestão; e ajuda na busca da excelência também. Com ele, podem-se evitar problemas de retrabalho, desperdícios e outras anomalias gerenciais que contribuem em direção oposta à qualidade.

Em ambiente competitivo, a falta de planejamento diminui as chances de chegar em algum lugar, e a possibilidade de ir à falência é muito grande. Porém, não se deve fazer planejamento por fazer, sem saber como usá-lo na prática. Nem tampouco se deve perder tempo em sessões intermináveis de planejamento estratégico que não levem a nada na prática. A mensagem que deve ficar deste capítulo é a importância da visão estratégica ou, como querem alguns, da gestão estratégica, que permite à organização orientar seu futuro, saber aonde quer chegar e orientar a ação nessa direção. É preciso entender também a importância de a cultura organizacional aceitar o planejamento.

Algumas organizações são mais ou menos voltadas a acreditar no planejamento; outras, mais improvisadoras, acreditam na intuição, acham que ela as ajudará a resolver os problemas quando estes se apresentarem. Estas pensam que não adianta planejar muita coisa em um ambiente tão cambiante quanto a complexidade que o mundo moderno impõe. De que adianta planejar, se tudo muda a todo instante? Mas é necessário estar preparado para saber se posicionar corretamente quando os ventos mudam.

Vários fatores contribuem para aumentar a necessidade de planejamento estratégico nas organizações. Dentre eles podem ser destacados o aumento da exigência dos clientes, a pressão governamental e a crescente concorrência das organizações

[1] Veja também o item 7.3 (Planejamento estratégico) do Capítulo 7.

que atuam no mesmo setor. Quanto maior a instabilidade no ambiente externo e a competitividade entre organizações, maior a necessidade de elas se empenharem nos seus planejamentos estratégicos. O conceito de estratégia, portanto, está ligado ao ambiente no qual está inserida a organização. É importante destacar essa relação do conceito de estratégia com o ambiente no qual a organização está inserida. Isto é tão verdadeiro que é comum ver estratégia definida como a adequação das forças e fraquezas da organização às ameaças e oportunidades do ambiente externo. Note também o uso constante que foi feito da palavra organização, querendo com isto universalizar o conceito de estratégia para organizações em geral, inclusive hospitais, lucrativos ou não; de fato, o conceito tem sido cada vez mais assimilado por organizações de todos os ramos de atividade econômica, inclusive do terceiro setor.

A estratégia está relacionada com a capacidade de utilizar bem os recursos, para minimizar as ameaças e maximizar as oportunidades existentes no ambiente. A partir daí são definidos caminhos para utilizar os pontos fortes e melhorar os fracos. Dessa avaliação, deve resultar uma postura estratégica, ponto de partida para o caminho voltado aos objetivos definidos e escolhidos entre as opções estratégicas identificadas preferencialmente ou as mais indicadas para aquele momento na vida da organização e que podem variar em outros momentos da vida.

Existem várias definições diferentes para estratégia, inclusive que pode ser um truque, isto é, uma "manobra" específica para enganar um oponente ou concorrente. Um bandido em fuga pode pular uma cerca para atrair o policial que o persegue para seu quintal, onde os comparsas estão emboscados à espera dele. Analogamente, uma cadeia de hospitais pode adquirir terras para dar a impressão de que planeja expandir a capacidade, para desencorajar um concorrente de construir no mesmo local. Neste caso, a verdadeira estratégia (como plano, isto é, a intenção real) é a ameaça, e não a expansão em si; portanto, trata-se de um truque. Essas observações são importantes para conceituar estratégia. Para entender melhor o conceito, talvez seja também importante saber como diferentes autores a definiram ao longo do tempo, de modo que consagraram, pelo uso, algumas definições:

- conjunto de objetivos e políticas importantes;
- maneira de conduzir as ações estabelecidas pela empresa, tal como um maestro rege a orquestra;
- conjunto de decisões que determinam o comportamento a ser exigido em determinado período de tempo;
- conjunto de objetivos, finalidades, metas, diretrizes fundamentais e de planos para atingir esses objetivos, postulados de forma que definem em que atividades se encontra a empresa, que tipo de empresa ela é ou deseja ser;
- conjunto de objetivos da empresa e a forma de alcançá-los;
- plano uniforme, compreendido e integrado, estabelecido para assegurar que os objetivos básicos da empresa serão alcançados;

- modo pelo qual a empresa procura se distinguir de maneira positiva da concorrência, usando os pontos fortes para atender às necessidades dos clientes;
- forma de pensar no futuro, integrada no processo decisório, com base em um procedimento formalizado e articulador de resultados e em uma programação;
- plano ou curso de ação, de vital, intensa e continuada importância para a empresa em sua totalidade;
- busca de uma posição competitiva favorável em uma indústria, a arena fundamental onde ocorre a concorrência; e a escolha dessa estratégia competitiva está baseada no nível de atratividade da indústria e nos determinantes da posição competitiva relativa dentro dessa indústria;
- regras e diretrizes para decisão, que orientam o processo de desenvolvimento de uma empresa;
- padrão ou plano que integra os objetivos maiores de uma empresa, suas políticas e sequências de ações em um todo coeso;
- programa amplo para definir e alcançar as metas de uma empresa; resposta da empresa a seu ambiente através do tempo.

Em suma, estratégia pode ser considerada como o ajustamento da organização ao seu ambiente; logo, a implantação e o acompanhamento das estratégias acontecem em contexto de constante mudança. Desenrola-se dinamicamente, sendo o processo de implantação tão importante quanto o conteúdo; é preciso dizer, não apenas aonde se quer chegar, mas também como se quer fazê-lo. Para saber como fazê-lo é preciso ter sempre em mente as necessidades das partes interessadas na organização. No caso dos hospitais, as partes interessadas são: pacientes, familiares, médicos, planos de saúde conveniados, órgãos públicos de saúde ou não (secretarias, agências etc.), fornecedores e pessoas que trabalham na organização, entre outros que têm ou sofrem impacto das estratégias da organização. Em um bom planejamento está implícito que o nível estratégico da organização seja capaz de identificar as necessidades desses grupos e estabelecer um equilíbrio entre eles. Esse equilíbrio deve indicar o que a organização quer ser e aonde quer chegar.

Podem-se definir os grupos de interesse (*stakeholders*) ou as partes interessadas como pessoas ou grupos que têm impacto e são direta ou indiretamente afetados pelas estratégias de uma organização. Assim, a identificação desses grupos e de suas reais necessidades é uma etapa fundamental para a formulação das estratégias e objetivos corporativos.

Vários grupos terão objetivos gerais diferentes para a empresa. Cada grupo – proprietários (cotistas, acionistas, cooperados etc.), membros do conselho de administração, administradores, médicos, planos de saúde, fornecedores, credores, distribuidores e clientes – enxerga o hospital de uma perspectiva diferente. A racionalidade sugere que os grupos devem estabelecer objetivos gerais da perspectiva do seu próprio interesse. Em virtude da diversidade desses interesses, a alta administração enfrenta a difícil tarefa de tentar conciliar e satisfazer cada grupo, ao mesmo tempo perseguindo o próprio conjunto de objetivos gerais. Como os interesses de vários grupos são muito diversos, um exame detalhado de alguns deles pode ser esclarecedor.

Quem tem a maior influência sobre os objetivos gerais do hospital e quem determina o que ele deve fazer? A visão tradicional é de um hospital voltado aos interesses de seus proprietários, sejam eles acionistas cotistas etc., ou do estado, no caso de hospitais públicos. Nessa perspectiva, a alta administração é primeiramente comprometida com esses proprietários. Ela é responsável por aumentar o valor (financeiro, social etc.) do hospital, e os conselhos (de administração, deliberativo, ou qualquer outro nome que tenham) têm a tarefa de supervisionar as decisões da alta administração, garantindo que aumentem o valor do hospital.

Em uma perspectiva mais ampla, reconhece-se que, como os hospitais são organizações complexas e dependem de recursos ambientais, não podem maximizar os interesses de um único grupo de interesse. Em vez disso, o hospital deve ser orientado para os grupos de interesse de uma forma ampla, tentando equilibrar os desejos de todos eles. A maximização dos interesses de qualquer um desses grupos em detrimento dos interesses de outros pode colocar em sérios riscos a sua eficácia. Um hospital não pode enfatizar os interesses financeiros dos acionistas em detrimento das necessidades monetárias dos funcionários, por exemplo, sem alienar os funcionários e, por fim, colocar em risco os retornos financeiros do hospital como um todo.

Como os vários grupos de interesse podem entrar em conflito, a administração deve resolver essas demandas opostas. Felizmente, porém, alguns grupos podem ter mais que um interesse pessoal e unidimensional. Por exemplo, embora alguns acionistas possam desejar altos retornos financeiros, podem não estar dispostos a atender determinado tipo de convênio ou não comprar mais barato produtos que prejudicam o ambiente. Idealmente, a alta administração reconhece que o hospital deve ser administrado para equilibrar essas demandas diversificadas dos vários grupos. O foco da alta administração deve estar orientado para o aumento do retorno sobre o investimento (monetário ou social), ao mesmo tempo em que satisfaz os interesses de outros grupos.

Fica evidente, muitas vezes, que os objetivos gerais da alta administração, dos conselhos e dos credores nem sempre são congruentes com os dos acionistas e de outros grupos de interesse no hospital. Em termos genéricos, é claro que os objetivos gerais de todos os grupos ficam mais bem servidos quando o hospital funciona como uma organização viável e legitimada.

Deve-se perceber, no entanto, que um hospital viável tem o poder de beneficiar cada grupo de interesse de formas diversas. Por exemplo, uma negociação intensa com fornecedores pode transferir os benefícios destes para os acionistas, administradores e clientes. Furtar-se à responsabilidade pelo controle da poluição ambiental transfere os benefícios da sociedade (porque o público em geral arca com os custos da poluição) para apenas alguns grupos de interesse que se beneficiam com a economia feita. Oferecer compensações extremamente generosas para a alta administração transfere benefícios de acionistas, funcionários e clientes para os administradores de nível mais alto.

Todas as organizações têm estratégias que podem ou não estar explícitas. É vantajoso que todos na organização conheçam com algum detalhe aonde a organização quer chegar; isto pode, às vezes, ser limitado por necessidades de sigilo. Porém, é importante que haja e seja reconhecido o nexo causal entre o que se faz e o que se queria fazer. O que não é possível é a organização não saber aonde quer chegar ou como conseguiu chegar aonde chegou; se isto acontece, fica difícil saber quais estratégias foram responsáveis pelo sucesso ou fracasso da organização. Isto pode ser razão para o fracasso delas; por outro lado, o sucesso sustentado acontece em condições de domínio das causas e efeitos. Porém, não se pode se iludir com a ideia de que muitas coisas acontecem à revelia dos melhores planos. Uma coisa é o que se quer fazer e outra, o que de fato acontece no dia a dia. Essa incerteza está ligada ao fato de que as estratégias levam a acontecer o que é possível e não o que é provável; estratégias trabalham com possibilidades e não com probabilidades. O risco, portanto, é inerente ao processo de decisão estratégica.

A palavra estratégia existe há bastante tempo. Gerentes usam-na livre e corriqueiramente; ela também é considerada por alguns como o ponto alto da atividade dos executivos. Acadêmicos vêm estudando estratégia há alguns anos, e as faculdades geralmente têm uma disciplina de planejamento estratégico para coroar um curso de administração. A palavra estratégia tem muita força, mas o que ela realmente significa? Literalmente, "general" (*strategos* na língua grega); na Grécia antiga, significava tudo que o general fazia. Peter Drucker dizia que, no princípio de sua vida profissional, não gostava da expressão planejamento estratégico pela conotação militar do termo, mas que, pouco a pouco, foi aceitando o conceito à medida que assimilava mais e mais a importância do planejamento na vida das organizações.[2]

Estratégia é uma dessas palavras (como qualidade, beleza e tantas outras) que se define de uma forma, mas frequentemente se usa de outra. Estratégia é um padrão, isto é, consistência em comportamento ao longo do tempo. Um hospital que sempre cobra os preços mais altos segue a chamada estratégia extremidade superior de cobrança; outro que sempre aceita os maiores desafios pode ser descrito como seguindo uma estratégia de alto risco. Ambas as definições parecem válidas: organizações desenvolvem planos para o futuro, mas também extraem padrões do passado. Pode-se chamar uma de estratégia pretendida e outra, de realizada. Logo, uma pergunta que se impõe é: as estratégias realizadas devem ser sempre as pretendidas? (Na prática, as estratégias pretendidas nem sempre são as realizadas.) Há uma maneira simples para descobrir de que forma isto acontece. Pergunte a alguém que relatou as estratégias realizadas por seu hospital nos últimos cinco anos quais foram as estratégias pretendidas cinco anos antes. Elas eram as mesmas? Alguns poderão afirmar que suas intenções foram perfeitamente realizadas; suspeite da sinceridade deles. Outros poderão responder que aquilo que realizaram como estratégias nada tinha a ver com o que pretendiam; também suspeite da sinceridade deles. A maioria das pessoas dá uma resposta que fica entre os dois lados – um pouco disto, um pouco daquilo, dizem elas. Elas não se desviaram

[2] Comunicação pessoal feita durante o *Salzburg Seminar*, na Áustria, em julho de 1992.

de suas intenções, mas também não as realizaram completamente. Realização perfeita significa previsão brilhante, o que seria elogiável; mas também deve se considerar a necessidade de se adaptar a eventos inesperados, ao passo que a não realização pode sugerir certo descaso com a estratégia. O mundo real exige pensar a frente, mas com a possibilidade de alguma adaptação ser necessária durante o percurso.

As intenções plenamente realizadas podem ser chamadas de estratégias deliberadas. As não realizadas, de irrealizadas. Há um terceiro caso, chamado de estratégias emergentes – no qual um padrão realizado não era expressamente pretendido. Foram tomadas providências, uma a uma, que convergiram com o tempo para algum tipo de consistência ou padrão. Por exemplo, em vez de perseguir uma estratégia (leia-se plano) de diversificação para tornar-se um centro médico, um laboratório de análises clínicas pode tomar decisões, uma a uma, para diversificar, testando o mercado. Primeiro compra um serviço de imagem; a seguir, um banco de sangue, com estacionamento; depois outro laboratório menor; então, outro com estacionamento; até que tenha emergido uma estratégia (padrão) de diversificar para centros médicos com estacionamento.

Como se pode depreender, poucas estratégias (ou talvez nenhuma) são totalmente deliberadas, ou totalmente emergentes. Enquanto uma está relacionada com aprendizado zero, a outra, com controle zero. Todas as estratégias na vida real precisam ser, de alguma forma, uma mescla das duas: exercer controle fomentando o aprendizado. Por exemplo, uma grande estratégia geral pode significar que as linhas gerais são deliberadas (estar no percentil superior do mercado de convênios), ao passo que os detalhes são deixados para emergir no percurso (quando, onde e como isso vai acontecer). É bom lembrar que as estratégias emergentes nem sempre são más, assim como as deliberadas, nem sempre são boas; os estrategistas experientes devem saber misturá-las de maneira que reflitam as condições existentes, especialmente quanto à capacidade de prever, assim como de reagir a eventos inesperados.

É importante destacar que a estratégia de médio e longo prazo deve ser parte de uma proposta mais abrangente de planejamento da organização. Esta deve incluir: o planejamento operacional ou operativo para as ações do dia a dia da organização; o planejamento orçamentário, financeiro e de investimentos; e o planejamento diretor para diferentes partes da organização (de obras, informática, de equipamentos e outros).

9 A importância do uso de indicadores

Neste capítulo, terá relevância o conceito de epidemiologia hospitalar, sua definição, desdobramentos e limites. A vigilância epidemiológica é uma atividade de monitoramento de ocorrências e ações no setor de saúde. O seu conceito vem, progressivamente, sendo ampliado e hoje compreende:

> "um conjunto de ações que proporcionam o conhecimento, a detecção ou prevenção de qualquer mudança nos fatores determinantes e condicionantes de saúde individual e coletiva, com a finalidade de recomendar e adotar as medidas de prevenção e controle das doenças ou agravos."[1]

O sistema de vigilância epidemiológica deve detectar mudanças no comportamento das doenças, para que qualquer alteração na estrutura epidemiológica possa ser logo identificada e investigada e se tomem as providências necessárias de controle nas fases iniciais de possíveis epidemias, sendo capaz de identificar novos agravos ou o recrudescimento de agravos antigos, supostamente sob controle.

Os hospitais são parte do sistema de saúde que atende um grande número de casos, envolvendo grandes somas de recursos e desafios, entre os quais o acúmulo de dados nem sempre transformados em informação que possa subsidiar a tomada de decisão. Tradicionalmente a vigilância das infecções hospitalares é um dos componentes mais destacados nesse contexto, mas o papel da epidemiologia hospitalar como um todo vem sendo alvo de crescente discussão.

---

[1] Lei n. 8.080/1990.

A epidemiologia hospitalar deve integrar ações de vigilância epidemiológica, educação continuada e pesquisa clínico-epidemiológica e epidemiologia aplicada à avaliação dos serviços de saúde. A criação de núcleos de epidemiologia hospitalar tem incorporado técnicas epidemiológicas aplicadas aos serviços de saúde na investigação e na análise sistemática da situação de saúde da população atendida, viabilizando um maior e melhor uso dos dados hospitalares, permitindo a identificação de prioridades nos serviços e possibilitando a avaliação da qualidade da assistência prestada. Possibilita uma mais rápida operacionalização da vigilância entendida como informação para ação, e ação ágil desde o primeiro nível de sua demanda.

Aos núcleos de vigilância hospitalar, em alguns casos, foram atribuídos o gerenciamento de comissões de infecção hospitalar, a revisão de prontuários, a análise de óbitos, entre outros. Esses núcleos devem ser integrados por equipes multidisciplinares para a melhoria contínua dos processos de trabalho e desenvolvimento assistencial do hospital, por meio de incorporação de técnicas e conceitos advindos da epidemiologia, do planejamento, das ciências sociais em geral e especificamente da administração, sem falar da tecnologia da informação. É fundamental o papel da epidemiologia como ferramental para o gerenciamento da informação produzida.[2] Para que faça esse papel, é necessário que os dados sejam coletados e trabalhados a fim de serem constituídos indicadores que permitam seu uso para planejamento e tomada de decisões.

A seguir será apresentada a maneira de trabalhar com as informações nas organizações, seguindo o modelo de gestão proposto pelo CQH e adotado neste livro.

9.1 Informações e conhecimento[3]

A gestão das informações e do conhecimento constitui um dos fatores críticos para o sucesso, tanto de um modesto empreendimento comercial como na administração de complexos sistemas de saúde modernos. A informação, no âmbito da prestação de serviços e cuidados de saúde, sua análise e utilização, pressupõe um conjunto de dados derivados da comunicação que se estabelece entre as seguintes partes interessadas:

- paciente (ou familiar) com instituição de saúde (cobertura de plano de saúde, atendimento pelo SUS ou não e outros);
- paciente com profissional de saúde (queixa, história clínica);
- profissionais de saúde entre si (médicos, enfermeiros, fisioterapeutas, auxiliares e outros);
- comunicação de informações administrativas (financeiras ou securitárias);

[2] ESCOSTEGUY, C. C.; MEDRONHO, R. A. A importância dos núcleos de vigilância hospitalar. *Cadernos de saúde coletiva*. Rio de Janeiro, 2005; 13(3): 583-584.

[3] DUARTE, I. G. et al. *Terceiro caderno de indicadores*. São Paulo: CQH, 2009. Reprodução autorizada, com modificações no texto original.

- comunicação de informações epidemiológicas (SIM, Sinasc, Sinan, CIH, SIH, SIA e outros);
- informações gerenciais, ambientais e de mercado; entre outros.

Por isso, torna-se necessário o estabelecimento de estratégias para obtenção, processamento, análise, armazenamento e utilização desse conjunto de dados e informações, de forma organizada e sistematizada, como elemento fundamental no planejamento e na implementação de sistemas de saúde que satisfaçam às necessidades dos financiadores, gestores, profissionais, sociedade e, principalmente, do cidadão (cliente ou usuário).

A assistência à saúde em geral e a prática médica em particular modificaram-se substancialmente ao longo dos tempos. Atualmente, observa-se um crescimento extraordinário da quantidade e complexidade do conhecimento médico, numa velocidade que dificulta a atualização do profissional das áreas ligadas à saúde. Uma consequência natural desse progresso foi o aumento de quantidade, intensidade e complexidade dos serviços prestados ao paciente e à população em geral e, em consequência, gerou uma grande quantidade de dados e informações.

O Serviço de Arquivo Médico e Estatística (SAME), no âmbito das organizações de saúde, tem sido o principal depositário dos dados e informações sobre assistência prestada a paciente, ou seja, sobre a atividade-fim dessas organizações. As anotações do médico e os relatórios de enfermagem, por outro lado, contêm a informação essencial sobre a evolução clínica do paciente, sendo os elementos fundamentais do seu prontuário; somam-se a essas as anotações dos demais profissionais de saúde que, ao longo do tempo, têm sido incorporados à equipe de assistência ao paciente. Diante disso, pode-se afirmar que o prontuário do paciente constitui a principal fonte de informações referentes às atividades assistenciais e é o principal documento de uma organização de saúde sob aspectos administrativos, assistenciais e jurídicos.

Com a modernização e sofisticação da organização hospitalar, na medida em que novas estruturas foram surgindo, a necessidade de novas informações aumentou, e nem sempre os dados coletados sob a ótica da assistência têm sido suficientes ou adequados para satisfazer às necessidades de informação dessas novas áreas. Isto fez que novos instrumentos de coleta e armazenamento fossem desenvolvidos e introduzidos nas organizações de saúde, causando, muitas vezes, redundância e inconsistência dos dados, além de desperdício de recursos.

O sucesso dessas organizações, sejam públicas ou privadas, cada vez mais, depende da capacidade de captar e processar as mais variadas informações dos ambientes interno e externo, promovendo a organização, integração e divulgação às partes interessadas, de modo sistematizado e oportuno, tornando-as em instrumentos importantes do processo decisório.

9.2 Gestão das informações da organização

As organizações de saúde manipulam e processam uma grande quantidade de dados e informações decorrentes de sua estrutura, seus processos e resultados que apresentam, bem como dados e informações referentes ao segmento e ambiente em que atuam. Essas informações formam o conjunto de indicadores utilizado para monitorar o desempenho da organização e o alinhamento das atividades do núcleo operacional com as diretrizes estratégicas.

O Programa CQH procura avaliar de que modo as informações da organização são selecionadas, obtidas, armazenadas, utilizadas e atualizadas, como instrumento para atingir as metas institucionais. As informações podem se referir a qualquer uma das perspectivas que determinam o desempenho da organização, como aos seus processos fins (incluindo medidas do resultado da assistência), aos aspectos financeiros (incluindo custos operacionais, custo do produto hospitalar por grupos diagnósticos), aos clientes (perfil epidemiológico e socioeconômico, universo potencial e universo atingido, níveis de satisfação e insatisfação), à força de trabalho, por exemplo: dados sobre perfis profissionais, desempenho individual e de equipe, vínculo funcional, treinamentos, capacitação, admissão, evolução funcional, demissão ou, ainda, aos demais processos de apoio, como acompanhamento das compras, serviços gerais e manutenção. Importante ressaltar a necessidade de atualização dos cadastros gerais da organização nos quais costumam repousar as informações referentes à estrutura organizacional, tais como:

- organograma;
- plantas físicas e mapas das instalações;
- regimentos da diretoria e do corpo clínico,
- alvarás e mapas dos leitos em operação;
- fichas e manuais dos principais equipamentos; em resumo, cadastro atualizado da estrutura hospitalar e dos seus equipamentos.

A lista apresentada é apenas um exemplo, pois quem define a relevância das informações, determinando quais serão coletadas e como serão utilizadas, é a própria organização. O importante é que estejam relacionadas com todas as partes interessadas da organização, bem como abordem todos os aspectos relevantes dessa organização. É fundamental que os mecanismos de seleção, coleta, registro e armazenamento das informações sejam confiáveis, seguros e, principalmente, permitam a fácil utilização por todos os usuários que deles necessitem. Para isso, é importante que as bases de dados de naturezas diferentes estejam integradas e consistentes, possibilitando a troca de informações entre si, permitindo o cruzamento de dados armazenados em diversas plataformas e em diversos setores do hospital, bem como sua importação automática.

A preocupação com a integração de bancos de dados e adoção de tecnologias que permitam reduzir o problema da múltipla coleta de dados deve ser uma constante. Um aspecto a ser avaliado refere-se aos procedimentos e tecnologias utilizados para satisfazer as necessidades dos usuários das informações, em relação a confidencialidade, integridade, acessibilidade e disponibilidade, além do grau de atualização.

O uso de recursos de tecnologia de informação (*hardware* e *software*) tem facilitado significativamente a comunicação e a disponibilidade de informações pelas unidades internas da organização, além de promover o seu relacionamento com clientes, fornecedores, sociedade e governo. O recurso geralmente empregado nas organizações é o uso de redes internas que permitem a comunicação e a transmissão de dados entre técnicos e gestores, alcançando todos os níveis da organização, além da utilização da internet para ampliar o acesso a informações sobre os serviços oferecidos pela organização hospitalar, bem como outros assuntos de interesse das várias partes interessadas.

Na avaliação dos sistemas de informação e da tecnologia utilizada, deve-se lembrar de todos os aspectos éticos e legais que envolvem as informações em saúde. As organizações e os profissionais de saúde devem estar atentos às discussões e questionamentos sobre o tema, assim como observar a Resolução CREMESP[4] n. 097/2001, de 20 de fevereiro de 2001, que dispõe sobre a idealização, criação, manutenção e atuação profissional em domínios, sítios, páginas ou portais sobre medicina e saúde na internet. Além dessa resolução, profissionais que atuam na área da saúde, devem conhecer também duas outras importantes resoluções publicadas em 2002:

- Resolução CFM[5] n. 1.638/2002, que define prontuário e torna obrigatória a criação da Comissão de Revisão de Prontuários nas instituições de saúde;
- Resolução CFM n. 1.639/2002, que aprova as "Normas Técnicas para o uso de sistemas informatizados para a guarda e manuseio do Prontuário Médico", que dispõe sobre tempo de guarda dos prontuários, estabelece critérios para certificação dos sistemas de informação e dá outras providências. Estabelece o prazo mínimo de 20 anos, a partir do último registro, para a guarda de prontuários.

9.3 Uso de indicadores

Uma dimensão relevante na gestão de um serviço de saúde é o uso efetivo dos dados qualitativos e quantitativos disponíveis, como os relativos ao desempenho dos processos, satisfação de clientes, aplicação de recursos, entre outros; são os indicadores de qualidade e produtividade.

Pode-se definir indicador como "dados ou informações numéricas que quantificam as entradas (recursos ou insumos), saídas (produtos) e o desempenho de processos, produtos e de uma organização como um todo".[6] Constitui a representação quantificada da qualidade de um produto ou serviço. Os indicadores e informações devem representar o conjunto de requisitos utilizados pela organização para

4 Conselho Regional de Medicina do Estado de São Paulo.

5 Conselho Federal de Medicina.

6 FUNDAÇÃO NACIONAL DA QUALIDADE. *PNGS: Rumo à Excelência. Critérios para avaliação do desempenho e diagnóstico organizacional. Rede Nacional de Prêmios.* São Paulo: FNQ, maio 2005.

- determinar a adequação e a eficácia das práticas utilizadas na gestão da organização e, de acordo com essa avaliação, verificar a necessidade de melhorias. Importante destacar as qualidades esperadas em um bom indicador, tais como:
  - simplicidade: quanto mais simples e clara for a relação matemática do indicador, menos distorções apresentará;
  - inteligibilidade: de fácil entendimento pelos usuários e respectivos analistas;
  - objetividade: não depender da interpretação do observador;
  - estabilidade: seus elementos (numerador e denominador) são constantes ao longo do tempo;
  - especificidade: capta eventos bem definidos;
  - sensibilidade: capaz de captar pequenas flutuações ou variações no requisito estudado;
  - rastreabilidade: conhecimento e controle de suas variáveis; fundamental para a avaliação da qualidade;
  - baixo custo de obtenção: utiliza os relatórios e boletins rotineiros da instituição. Evita a criação de novos instrumentos de coleta de dados paralelos aos existentes, bem como a construção de modelos sofisticados e complicados.

Como exemplos de indicadores incluímos aqueles relacionados à estrutura, aos processos organizacionais, resultados gerais da organização, e às melhorias geradas. Incluem-se entre os indicadores aqueles relacionados ao grau de atualização e confiabilidade dos sistemas de informação, tempo para disponibilizá-la, quantidade, adequação dos recursos alocados à tecnologia da informação e do sistema de indicadores às necessidades da organização.

O valor de um indicador será tanto melhor quanto mais fidedigno for seu resultado. Porém, mais importante do que o resultado isolado de um indicador é a construção da série histórica desse indicador, capaz de apontar tendências. O folclórico exemplo do copo com água até a metade diante do qual as pessoas discutem se está meio cheio ou meio vazio reforça esse sentido. O relevante é saber se o copo está enchendo ou esvaziando; em outras palavras, qual a tendência.

A Fundação Nacional da Qualidade define tendência como o comportamento conjunto de resultados ao longo do tempo, indicando que, para sua análise, os critérios de excelência requerem a apresentação de um conjunto de, pelo menos, três resultados consecutivos.

9.4 Gestão das informações comparativas

Um dos fundamentos para a gestão de informações é o de que os conceitos de eficiência são relativos, ou seja, reportam-se sempre a padrões estabelecidos. Sendo assim, a organização moderna – pública ou privada –, para o cumprimento dos seus objetivos, precisa ter claramente definidos os padrões de eficácia e eficiência para, com isso, avaliar objetivamente o seu desempenho. Para tanto, precisa estar sempre sintonizada com os acontecimentos do ambiente externo em que atua. Superado o paradigma burocrático da organização voltada para si mesma, impõe-se às organizações a identificação de referenciais externos pertinentes, que possam ser utilizados para fins de comparação do próprio desempenho, orientando o estabelecimento de metas que conduzam ao desenvolvimento institucional.

Conforme a Fundação Nacional da Qualidade, referencial de excelência é a prática ou resultado considerado o melhor da classe. O termo também pode designar uma organização, processo ou produto reconhecido como o melhor ou as melhores práticas disponíveis no setor, no mundo, país, região ou ramo de atividade. Essas informações e esses referenciais pertinentes podem ser obtidos nas organizações congêneres, que exercem funções correlatas em outras regiões do país ou em outros países, ou, ainda, nas organizações que atuam em setores diferentes, mas que mantêm processos com características convergentes.

A construção das curvas de distribuição de frequência de indicadores dos vários hospitais participantes do Programa CQH, estabelecendo referenciais comparativos, constitui um dos principais componentes do programa, conforme exemplos de curvas a seguir. Na Figura 9.1 pode-se ver uma distribuição de frequência do indicador "taxa de ocupação hospitalar" para uma amostra de hospitais participantes do programa que informaram esse indicador no quarto trimestre de 2011; cada barra no eixo horizontal significa o indicador de um hospital, e no vertical, as porcentagens de ocupação informadas. Como se pode ver, a tendência central da amostra está em 68,94%, com extremos entre 95% e 30%.

Figura 9.1 Taxa de ocupação hospitalar: hospitais gerais.

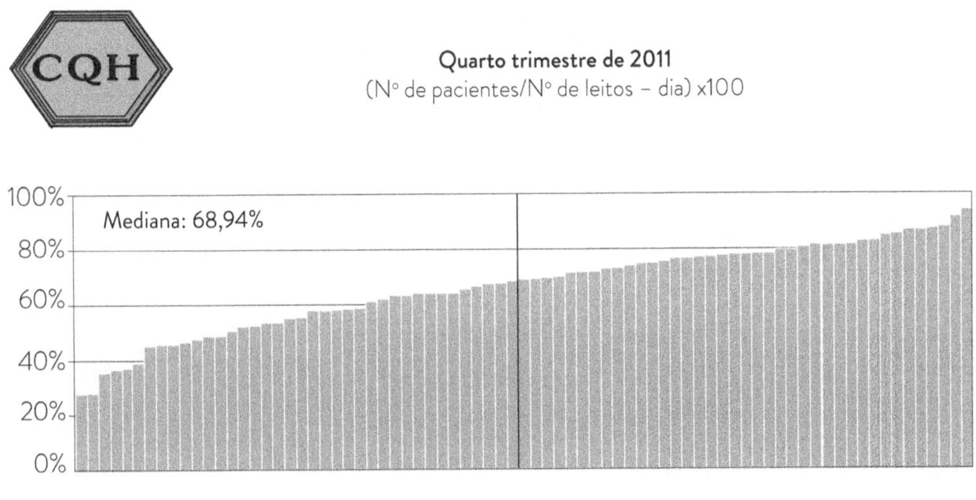

Na Figura 9.2 tem-se a série histórica desse mesmo indicador abrangendo 20 anos. Nela se pode notar uma ascendência dos valores em torno de 65% no início da série para 75% no seu final.

Figura 9.2 Taxa de ocupação hospital: série histórica.

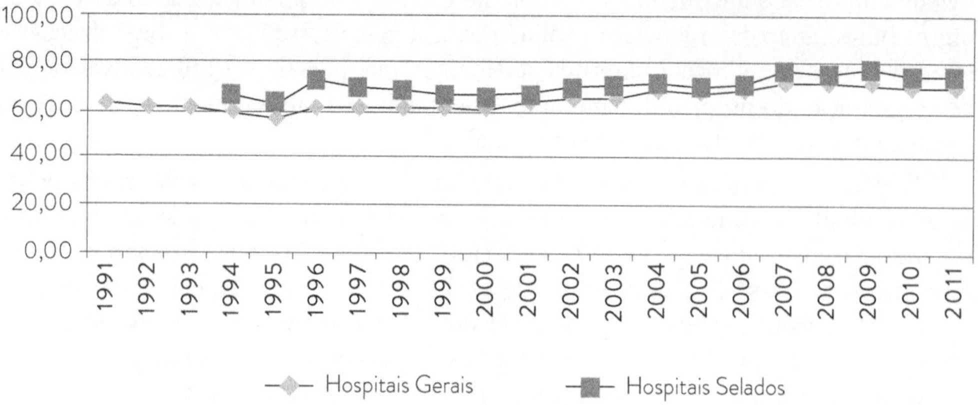

Na Figura 9.3 são apresentadas curvas de distribuição de frequência para o indicador "média de permanência", em dias, dos pacientes internados pelos hospitais da amostra no quarto trimestre de 2011. Da mesma forma, no eixo horizontal, cada barra representa o indicador informado por um hospital da amostra e, no vertical, estão as permanências em dias. Nela se pode ver uma tendência central da amostra de 4,12 dias, com extremos de 10 e pouco mais de 1. Já na série histórica (veja a Figura 9.4), a mediana situa-se em torno de quatro dias ao longo de todo o período de 20 anos com variações em torno da mediana.

Figura 9.3 Hospitais gerais: média de permanência.

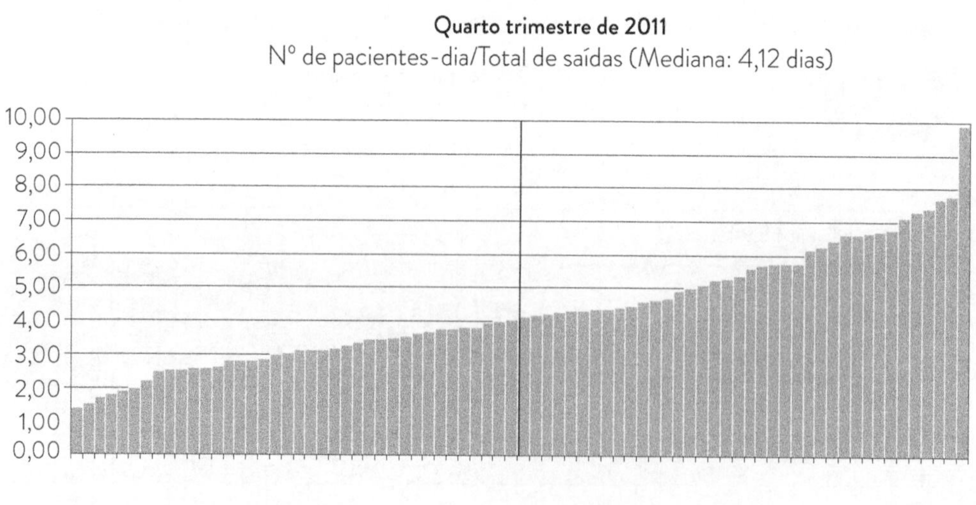

Figura 9.4 Média de permanência: série histórica.

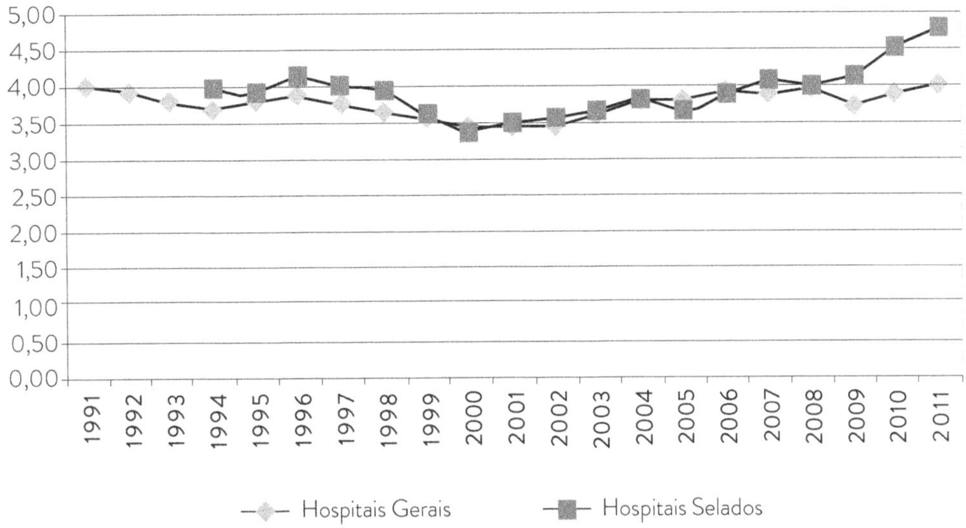

E na Figura 9.5 está representado o indicador "enfermeiro por leito", ou seja, o número de profissionais de enfermagem de nível universitário existentes no hospital comparado com o de leitos ofertados no momento da informação. Nota-se que a mediana no quarto trimestre de 2011 estava em 0,35 enfermeiros por leito e, na série histórica (veja a Figura 9.6), uma clara ascendência do indicador ao longo dos 20 anos da série.

Figura 9.5 Hospitais gerais: relação enfermeiro-leito.

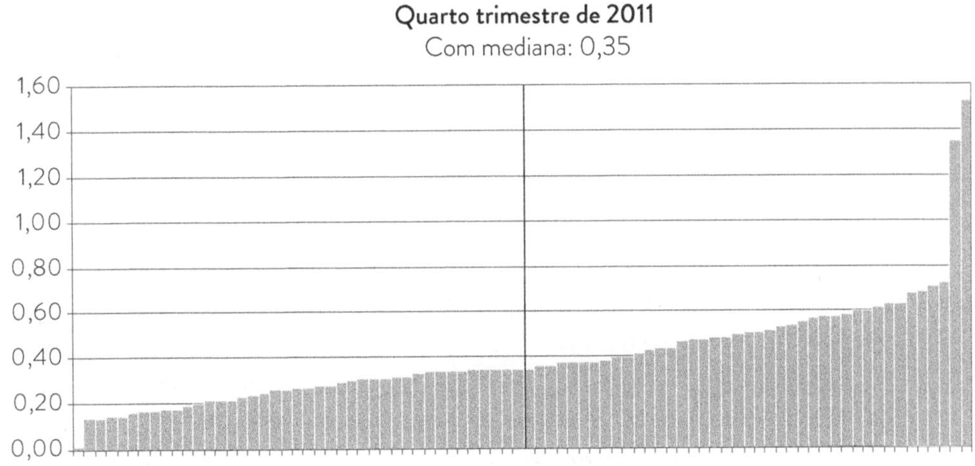

Figura 9.6 Relação enfermeiro-leito: série histórica.

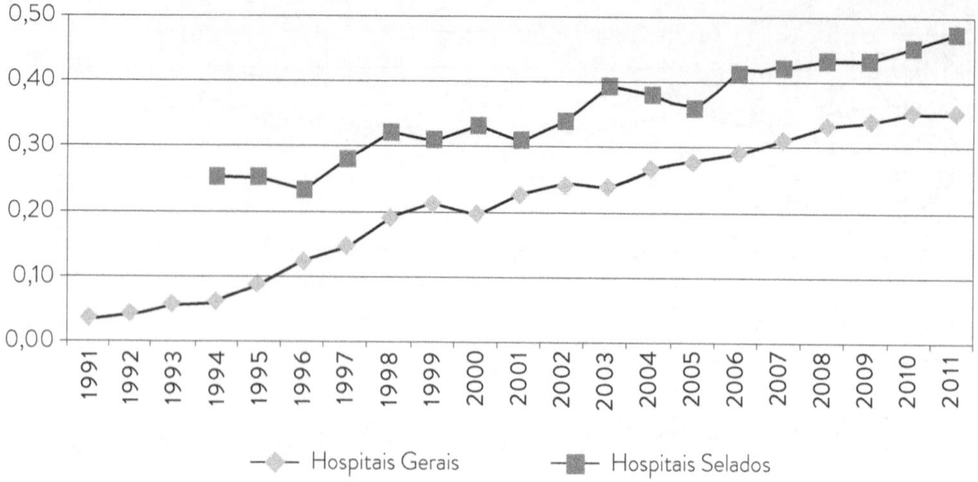

O modelo CQH aborda como as informações e os referenciais comparativos são classificados e gerenciados para serem utilizados no planejamento estratégico e na avaliação do desempenho global da organização. Avalia como são integrados em sistemas de indicadores de desempenho, organizados de forma que alinhem processos com planos estratégicos e para acompanhar e melhorar o desempenho. Avalia também a utilização de informações de organizações públicas e privadas com processos de trabalho similares que possam ser adotados como referenciais, possibilitando o *benchmarking*.

Um aspecto importante a ser destacado está relacionado com os critérios para a seleção das fontes adequadas dos referenciais comparativos. Essas fontes podem incluir boletins e revistas técnicas, seminários, congressos, associações de classe, empresas de consultorias, fóruns internacionais, *internet*, relatórios técnicos e de gestão, entre outros. Devem-se examinar também os métodos pelos quais as informações provenientes de todas as partes da organização são integradas e correlacionadas para avaliar o desempenho global, cobrindo vários aspectos fundamentais deste, como satisfação dos clientes, orçamento/finanças, servidores, fornecedores, serviços/produtos e processos organizacionais. Pode-se ver, a seguir, exemplos de gestão das informações comparativas:

- como a melhoria do desempenho dos serviços/produtos se relaciona com os principais indicadores relativos a clientes, por exemplo, satisfação, fidelização, retenção, participação no mercado;
- interpretação das mudanças na participação no mercado em termos de conquista e perda de clientes e de alteração na satisfação dos clientes;
- implicações na satisfação dos usuários decorrentes de melhorias nos principais indicadores de desempenho operacional, tais como: tempo de espera para atendimento, demora para efetivação da internação, intervalo de substituição,

tempo médio de permanência, giro do leito, redução de desperdício, perda de resultados e laudos de exames, iatrogenia e outras;

- benefícios financeiros decorrentes de melhoria na segurança, absenteísmo e rotatividade da força de trabalho, quando comparados com as médias do setor;
- alocação de recursos para projetos alternativos de melhoria, com base em implicações nos custos, na receita e introdução de novos serviços/produtos;
- tendências de custo, preço e produtividade em relação aos concorrentes.

Esses indicadores devem ser periodicamente avaliados pela organização para determinar a adequação e a eficácia das práticas utilizadas na gestão das informações comparativas e, com base nessa avaliação, verificar a necessidade de melhorias nos sistemas de informação e de indicadores.

9.5 Informações comparativas - *Benchmarking*[7]

Benchmarking é uma ferramenta para a melhoria dos processos organizacionais e se fundamenta na análise e comparação de processos similares, introduzida em meados dos anos 1980 por David Kearns, CEO da Xerox Corporation.

Benchmarking pode ser definido como uma abordagem racional e disciplinada que visa à melhoria contínua e ajuda a identificar, comparar e reproduzir a melhor prática onde quer que ela ocorra. Ou conforme Kearns, "*benchmarking* é um processo contínuo de medição dos nossos produtos, serviços e práticas, com os dos nossos concorrentes mais fortes e líderes em seus segmentos".

Essa ferramenta se baseia no estudo dos fatores críticos de sucesso da organização, no conhecimento dos processos organizacionais e na identificação de referenciais comparativos (*benchmark*). Neste caso, unidades descentralizadas de uma mesma organização podem servir de referencial umas para as outras para fins de comparação do desempenho. Além disso, existem processos desenvolvidos por organizações diferentes que guardam semelhanças quanto à natureza e que podem ser comparados para fins de *benchmarking*. Esquematicamente, pode-se classificar *benchmarking* nos seguintes tipos:

- Interno: realizado na comparação entre processos dentro da mesma organização; por exemplo: processo interno de limpeza mais eficiente nos vários departamentos da matriz; filial mais rentável (com os melhores processos);
- Competitivo: comparação de processos similares entre dois hospitais ou dois laboratórios concorrentes, por exemplo. Comparar com instituições de referência no seu ramo de atividade;

[7] Veja mais no Capítulo 5.

- Funcional: processos similares aos seus em empresas de outro ramo; por exemplo, comparações entre a hotelaria do hospital e de um hotel. Ou a comparação dos processos da lavanderia hospitalar com a lavanderia de um hotel;
- Genérico: instituições especializadas em algum processo da sua empresa, como comparar os processos da lavanderia hospitalar com os de uma lavanderia industrial. Usado para comparar processos que são atividade-meio no hospital com os de empresas que os tem como atividade-fim.

As informações obtidas de referenciais de excelência também podem apoiar as avaliações críticas e as decisões relativas às competências requeridas para o estabelecimento de parcerias e nos processos de terceirização, entre outras.

A definição de padrões éticos na busca de referenciais comparativos é um aspecto que deve ser levado em conta pela organização. As informações devem ser obtidas legalmente, com consentimento, sendo vedada a receptação ou divulgação de informações sigilosas. Deverá haver uma reciprocidade entre as instituições ou organizações envolvidas no processo de *benchmarking*.

As principais dificuldades na execução do *benchmarking* são a baixa adesão das partes envolvidas, a escolha de vários processos simultâneos, com a consequente perda de foco, a escolha de referenciais (*benchmark*) inadequados e, ainda, a falta de um coordenador que domine a metodologia e esteja bastante envolvido.

9.6 Painel de controle

Na área da saúde, as atividades administrativas não diferem significativamente das de outras organizações. Porém, na atividade-fim, nem todas as funções do nível operacional são passíveis de padronização (embora hoje já exista um grande esforço para chegar o mais próximo disto, com o desenvolvimento e a utilização de protocolos clínicos).

Na escolha dos indicadores para a construção de um painel de controle ou de bordo, devem-se observar os fatores críticos de sucesso da organização, em relação à sua operação (produção e recursos utilizados), à sua estratégia competitiva (mercado e concorrentes) e aos fatores vinculados ao meio ambiente (economia e demografia). Além disto, no processo de seleção dos indicadores mais adequados, devem-se procurar aqueles relacionados com os objetivos da organização e, também, os que possam comunicar de forma mais clara e objetiva as realizações da organização a todas as partes interessadas: clientes, força de trabalho, proprietários (acionistas, patrocinadores, governo ou contribuintes), fornecedores e parceiros, comunidade e sociedade.

Kaplan e Norton (1996) introduziram uma metodologia para a análise crítica e acompanhamento da organização denominada *Balanced Scorecard* (BSC), a qual mede o desempenho da organização por meio de quatro dimensões ou perspectivas, atendendo às partes interessadas: finanças, clientes e mercado, processos internos do negócio e aprendizado/crescimento organizacional, ou seja, a força de trabalho. A metodologia do BSC enfatiza que as medidas financeiras e não financeiras devem fazer parte do sistema de informações dirigido a todos os colaboradores (força de trabalho), em todos os níveis da organização. Aqueles que atuam na linha de produção devem compreender as consequências financeiras de suas decisões, bem como os da cúpula estratégica devem saber quais as consequências de seus atos, a médio e longo prazo, no produto final da organização.

O BSC não deve, portanto, ser visto apenas como um sistema de medida ou coleção de alguns indicadores, mas sim como um sistema de apoio ao gerenciamento da organização. Nesse sentido, ele é o modelo de gestão do CQH com diferentes dimensões de análise.

Os indicadores usados no BSC devem representar um balanço entre as medidas referentes aos financiadores e clientes (aspectos externos à organização) e seus processos internos, sua capacidade de inovação, aprendizado e crescimento.

Embora a metodologia tenha sido utilizada inicialmente em organizações lucrativas, vem sendo também empregada no gerenciamento de empresas governamentais e sem fins lucrativos. Nessas organizações, a perspectiva financeira geralmente não indica um objetivo, mas, sim, uma restrição. Elas precisam limitar os gastos a um determinado orçamento, porém executá-lo adequadamente ou, até mesmo, executar uma quantia menor do que a prevista, nada diz em relação a sua eficiência, eficácia ou efetividade. Por isso, o sucesso de organizações públicas ou sem fins lucrativos deve ser medido em função de sua capacidade de atender às necessidades e expectativas de seus clientes (cidadãos), cumprindo sua finalidade (missão).

9.7 Exemplos de critérios para a montagem do painel de controle

Conforme apontado anteriormente, cada dimensão ou perspectiva do BSC pode ser tomada como um critério para avaliação no modelo do CQH (clientes, finanças, processos internos e aprendizado & crescimento), desdobrando-se em critérios mais específicos.

9.7.1 Clientes

- Participação no mercado (*market share*);
- Percentual de pacientes residentes fora da área de referência do hospital;
- Satisfação de clientes e familiares;
- Satisfação dos médicos e dos financiadores;
- Aumento de clientes e fidelização;
- Índices de reclamação.

É fundamental para qualquer organização conhecer quem são seus clientes e sua distribuição dentro do mercado, segundo diversas formas de segmentação. Nas organizações de saúde privadas, é comum a segmentação dos clientes por operadoras de saúde ou por profissional que indicou a internação ou procedimento; na área pública, geralmente, a segmentação é feita por área geográfica ou nível de complexidade. Essas segmentações são feitas, em geral, para o acompanhamento de estratégias de mercado; para o planejamento e alinhamento de processos, utilizam-se segmentações por morbidade, aspectos demográficos etc. O perfil nosológico da clientela e da comunidade em que o serviço está inserido é essencial para a boa gestão.

9.7.2 Finanças

Nas organizações privadas, sempre existiram indicadores para o acompanhamento das finanças, mesmo que fossem referentes apenas ao critério de lucratividade. Na área pública, esses indicadores nem sempre são acompanhados sistematicamente. A colocação deles no painel de controle da organização, vinculados a outras dimensões, permite o acompanhamento do desempenho por todas as partes interessadas:

- retorno do investimento/valor agregado;
- crescimento das receitas operacional e total por período;
- porcentagem de clientes sus/planos de saúde;
- índices de glosas segundo a fonte pagadora;
- custo médio por internação por especialidade;
- custos – segmentado por área: por exemplo, custo de esterilização ou discriminado por produto; custo do quilo de roupa lavada, da limpeza do metro quadrado de piso, da refeição etc.

Além de lucratividade ou orçamento planejado e executado, são critérios também utilizados: retorno do investimento, custo de produção e diversificação das receitas.

9.7.3 Aprendizado & crescimento

A capacidade de aprendizado & crescimento da organização é medida por meio de sua força de trabalho. Além de critérios específicos em relação à capacitação e treinamento, é importante o acompanhamento da satisfação e retenção da força de trabalho, bem como da produtividade. Como exemplo, podem ser citados:

- taxa de acidentes do trabalho/taxa de absenteísmo/rotatividade da força de trabalho;
- capacitação da força de trabalho (horas de treinamento/funcionário/período);
- retenção da força de trabalho;
- percentual de médicos e/ou enfermeiros com título de especialista;

- disponibilidade e acesso ao sistema de informações;
- grau de satisfação da força de trabalho.

Até aqui, nessas três dimensões (clientes, finanças e aprendizado & crescimento), existem poucas diferenças significativas entre as organizações de diferentes setores, e vários dos critérios específicos listados aparecem ou podem aparecer em quase em todos os painéis de controle (BSC) desenvolvidos. Já na dimensão referente a processos internos da organização, que incluem os processos fins, processos meios e processos relativos aos parceiros e fornecedores, além da capacidade de inovação, pode-se encontrar uma grande diversidade de critérios específicos e nos respectivos indicadores.

9.7.4 Processos

Na área da saúde, muitos indicadores referentes aos vários processos organizacionais são bastante conhecidos e frequentemente utilizados; outros deverão ser construídos de acordo com as características e necessidades de cada organização. Exemplos de indicadores de processos largamente utilizados:

- taxa de infecção hospitalar;
- taxa de mortalidade institucional;
- taxa de ocupação hospitalar;
- tempo médio de permanência;
- giro do leito (intervalo de substituição);
- índice de renovação (rotatividade do leito).

Esses indicadores são parte de muitos outros descritos pelo Ministério da Saúde, e alguns foram revisados pela Portaria SAS n. 312, de 02.05.2002 (padronização da nomenclatura do censo hospitalar). A maioria deles é utilizada para medir a eficiência dos serviços prestados. Porém, são necessários também indicadores capazes de medir a qualidade intrínseca dos processos de assistência, ou seja, avaliar se os procedimentos ou condutas médicas adotadas levaram aos melhores resultados clínicos, associados aos melhores resultados financeiros.

Por fim, é necessário estabelecer uma sistemática para melhorar as práticas relativas à gestão das informações em geral e em particular das comparativas. Para que essa avaliação seja feita de forma estruturada e contínua, é necessário que existam responsáveis definidos e um período pré-determinado para a realização das avaliações. Esses indicadores e informações devem ser utilizados pela organização para determinar a adequação e a eficácia das práticas utilizadas para a avaliação crítica do desempenho da organização com base em comparações com organizações similares.

Para finalizar este capítulo, deve ser dito que a gestão das informações e do conhecimento constitui um dos fatores críticos para o sucesso tanto de um modesto empreendimento comercial como da administração de complexos sistemas de saúde modernos.

10 AVALIAÇÃO DA QUALIDADE HOSPITALAR

O último capítulo não poderia ser mais apropriado, ou seja, medir a qualidade que se almejou durante toda a evolução deste livro. Como fazer para medi-la? Para saber se, aplicando este ou aquele método ou modelo assistencial e de gestão, se conseguiu a pretendida excelência?

Uma das formas para fazer isto seria medir a efetividade hospitalar pelos resultados, por exemplo, acompanhando os índices de mortalidade da instituição, pois, no limite, eles indicariam a máxima falha do hospital, embora se saiba que a maioria dos óbitos que ocorrem em hospitais é inevitável.

Há muitos problemas metodológicos para medir um índice de mortalidade hospitalar específico que permita comparar diferentes hospitais; esses problemas se devem às diferenças no chamado *case mix* e na severidade dos casos tratados em cada hospital. Deve-se ter muito cuidado ao interpretar esses dados e no entendimento do que as possíveis diferenças signifiquem.

O índice de mortalidade hospitalar, como possível medida do sucesso ou fracasso de qualquer tratamento, pode ser usado para avaliar a efetividade de terapias específicas, bem como a adequação de determinados ambientes nos quais os cuidados sejam prestados. Índices de readmissão e alguns tipos de complicações também podem ser usados para avaliar a efetividade de determinado hospital. A severidade dos casos, pelo menos, em alguns *case mix*, pode ser medida, mas essa medição serve mais para condições crônicas. Se estas técnicas podem ser usadas para medir a evolução do paciente durante a internação, também podem ser usadas para avaliar o consumo de recursos usados durante o tempo no hospital e com a severidade da doença. Mas como se explicam grandes diferenças notadas entre cortes similares de pacientes submetidos às mesmas terapias em diferentes hospitais?

Medir os acertos nas indicações de internação pode ser uma forma de fazer essas avaliações. Os acertos nas indicações de admissões hospitalares podem ser inferidos, se não avaliados, usando-se técnicas baseadas no consenso de profissionais ou algoritmos, que detectam certos critérios, e também em análises que meçam os custos hospitalares *per capita* e a porcentagem de ocupação entre populações específicas e regiões mercadologicamente definidas.

As pesquisas epidemiológicas do atendimento médico, que já foram defendidas por Florence Nightingale na Inglaterra e por Codman nos Estados Unidos, há muitos anos, parecem agora próximas da realidade. Essas pesquisas estão se tornando rotina em alguns hospitais norte-americanos em que dados sobre as altas hospitalares e os relatórios das companhias de seguro estão disponíveis para o público e, em alguns casos, até os custos *per capita*. Em outros existe até a possibilidade de liberar dados sobre índices de mortalidade institucional.

Grandes variações no uso de índices de assistência observadas entre populações similares permitem levantar dúvidas quanto à validade dos consensos sobre adequação do uso. Essas questões parecem ficar reforçadas pela observação de que os critérios de adequação, pelo menos para alguns procedimentos clínicos, variam muito até para um mesmo médico. Estudos feitos com médicos do estado do Maine demonstraram que, mesmo que as discussões entre os clínicos pareçam indicar que os critérios para avaliar desempenho clínico sejam similares, o exame das informações registradas indicam que, na prática, existe grande variação. Na ausência de quantificação da *performance* real, não se podem medir as diferenças no limiar para ação dos médicos. Um estudo publicado pela Rand Corporation, que pretendia explorar a relação entre os índices de utilização geográficos e a adequação do uso, não levou em consideração o fato de que populações muito grandes estudadas por eles obscureceram a maioria das diferenças no processo decisório do clínico. Logo se conclui que a maioria das decisões clínicas tem um componente discricionário importante. Isso deixa espaço livre para influências de outros fatores que não os da própria doença.

Portanto, é preciso reunir conhecimento dos resultados do atendimento e melhorar o consenso dentro da medicina com relação aos melhores caminhos a serem seguidos para reduzir o grau de incerteza entre os médicos. Existem fatores externos não ligados à doença que podem influenciar decisões clínicas: o treinamento do profissional e seus vieses; incentivos econômicos; programas regulatórios ou de revisão; capacidade de resolver problemas do sistema de assistência a saúde; e o meio ambiente no qual os pacientes residem. Por exemplo, observam-se altos níveis de hospitalização em áreas com população predominantemente de baixa renda. A maioria desses casos é observada entre população adulta velha ou pediátrica, sem casos de maternidade nem cirúrgicos, nos quais as decisões com relação ao uso do hospital são mais discricionárias. Uma oferta abundante de leitos hospitalares, ausência ou inadequação de atendimento primário não hospitalar ou a situação de moradia dos pacientes que não permite tratamento em condições ambulatoriais podem contribuir para altos índices de utilização dos hospitais nessas populações. É preciso saber mais sobre as condições socioeconômicas em que esse atendimento se dá para determinar quais os fatores subjacentes aos altos índices de internação e, dessa forma, poder tomar as medidas necessárias com relação às políticas de saúde.

Para discutir avaliação da qualidade do atendimento médico-hospitalar, contudo, nada melhor do que ter uma rápida visão de cada um dos grupos de interesse neste atendimento.

10.1 Qualidade na visão do usuário

Com frequência argumenta-se que os pacientes não têm competência para avaliar a qualidade do atendimento que lhes é prestado, baseando-se no desconhecimento dos detalhes de um atendimento. Ora, a maioria das pessoas também não entende nada sobre o funcionamento de carros, geladeiras, computadores ou outro equipamento eletroeletrônico que adquiriram e isso não as desqualifica para saberem se estão satisfeitas ou não com a compra. Por que seria diferente com o atendimento médico-hospitalar? É óbvio que não se espera das pessoas uma avaliação valiosa e consubstanciada cientificamente além daquilo que o nível cultural e intelectual de cada um permita. Mas isso não invalida a capacidade de avaliar, principalmente com a pletora de informação disponível atualmente nas redes sociais informatizadas. Muitos dirão que não é válido comparar saúde com eletrodomésticos, o que é verdade. Mas o exemplo quer destacar a possibilidade de as pessoas entenderem seu grau de resposta a um serviço prestado ou bem adquirido; nesse aspecto, a comparação faz sentido.

Medir o componente acolhimento pode ser uma forma de avaliação do grau de satisfação do usuário. A satisfação dos pacientes pode ser medida por meio de técnicas de pesquisa para determinar, por exemplo, se alguns procedimentos cirúrgicos atendem às suas expectativas e se os sintomas desapareceram ou persistiram após o tratamento e, se persistiram, quanto incomodam ao paciente.

Critérios como tempo de espera em consultório, empatia com o médico ou outros cuidadores, assim como se os resultados do tratamento se coadunam com as expectativas dos pacientes, influenciarão a satisfação dos usuários e os aspectos econômicos da prática médica.

As preferências dos pacientes estão se tornando determinantes importantes de quais médicos ou planos de saúde vão ter mais ou menos serviço. A capacidade e interesse dos pacientes em desafiar o conhecimento médico se tornarão cada vez mais disseminados, da mesma forma como a informação registrada nos prontuários se tornará também disponível para o público em geral.

As preocupações atuais com as variações possíveis nas incidências de endarterectomia, histerectomia ou cesariana, ou outros procedimentos semelhantes, são apenas a ponta do *iceberg*; a base deste problema é a falta de consenso profissional quanto à eficácia desses procedimentos (diferentemente do que foi no passado o uso indiscriminado de apendicectomias ou amigdalectomias, de indicação permeada pelo conhecimento da época, mas hoje altamente questionadas). Mesmo que esses parâmetros quantificáveis de qualidade não cubram todo o espectro, representam uma porção respeitável. Talvez, pondo foco nesses elementos específicos poderiam acelerar os progressos na compreensão das melhores formas de medir qualidade.

É importante que o usuário pesquise sobre hospitais e médicos antes de consultá-los. Mesmo que esta possibilidade seja restrita pelos planos de saúde ou pela oferta de serviços públicos aos quais a pessoa tenha acesso, é sempre bom procurar saber algo sobre a instituição ou profissionais aos quais irá entregar o corpo para tratamento. Para tanto, algumas perguntas podem e devem ser feitas para avaliar a qualidade que possa ser esperada, antes de buscar ajuda:[1]

- Quais são as qualificações do médico? Uma boa indicação da competência do médico é se ele tem residência na especialidade e se passou por um exame para obtenção do título de especialista conferido pela sociedade da especialidade. Em virtude de resolução do Conselho Federal de Medicina, os médicos não podem divulgar a competência em mais de duas especialidades, por exemplo: ginecologia e obstetrícia; reumatologia e clínica geral, e assim por diante. O tempo de formado, a faculdade em que se formou e o hospital em que fez a residência são também bons indicativos de experiência e competência.
- Qual o nível de experiência do médico? De maneira geral, pode-se dizer que quanto maior a experiência do médico em tratar determinada condição, maiores são as chances de resultados positivos do tratamento. Vários estudos demonstram que médicos ou hospitais com maior volume de atendimento em determinado procedimento tem melhores resultados no tratamento desses procedimentos do que aqueles que tenham um histórico de pequeno número de atendimentos.
- Quais serviços estão disponíveis? Hospitais com amplo espectro de serviços geralmente estão mais bem equipados para atender condições médicas complexas, assim como responder melhor às complicações que possam surgir no transcurso do tratamento. Se for necessária a opinião de um especialista, possivelmente ele estará mais facilmente disponível, além do que as grandes instituições estão em condições de oferecer diferentes opções de tratamento para uma mesma patologia.
- Qual é a história de sucesso do médico ou do hospital? Que tipos de resultados o hospital ou o médico têm tido ao longo dos anos? Várias medidas podem ser utilizadas para comprovar esses resultados: podem-se revisar os índices de mortalidade. Em algumas situações, podem-se avaliar os índices de sobrevida a longo prazo, como no caso de receptores de transplantes. Nem sempre é fácil ter acesso a esses dados; é preciso que o paciente ou seus familiares usem suas redes sociais de informação e contatos para poder chegar com aproximação a eles.

---

[1] HOPKINS, Johns. *Quality and innovations in Johns Hopkins*: guide to evaluating quality. Disponível em: <http://www.hopkinsmedicine.org/quality/understanding/guide>. Acesso em: 21 nov. 2012.

- O hospital segue protocolos de atendimento baseados em evidências? Pesquisas demonstram que os estabelecimentos que seguem protocolos com diligência têm melhores resultados do que aqueles que não o fazem. De novo, o acesso a essas informações nem sempre é fácil; porém, a pessoa preocupada com os resultados de seu atendimento (quem não o é?) deverá envidar esforços no sentido de averiguar essas informações, seja com profissionais de sua confiança ou pesquisando nas redes sociais ou outros meios.
- Qual a opinião de outros pacientes sobre o hospital ou o médico? Praticamente todos os hospitais hoje fazem pesquisa do grau de satisfação de seus usuários; muitos deles tornam públicos os resultados dessas pesquisas. Claro que essas pesquisas têm um grau de subjetividade muito grande, uma vez que nem sempre os pacientes estão em condições de avaliar a qualidade real do atendimento, restringindo-se a aspectos superficiais dele, tais como: a polidez e educação das pessoas que lhes prestaram atendimento; o conforto, higiene e aparência das instalações; e outros não necessariamente relacionados com a qualidade do atendimento propriamente dito. Ainda assim, essa pesquisa tem sua validade.

Deve-se lembrar aqui também o papel doConselho Nacional de Saúde (CNS) e dos Conselhos Estaduais de Saúde (CES) como condutores da participaçãosocial na administração do SUS e atuando no controle da execução da política de saúde, estabelecendo estratégias de coordenação e gestão. Baseado na ConstituiçãoFederal, na Lei Orgânica da Saúde (Lei n. 8.080/1990) e na Lei n. 8.142/1990, o conselhoconsolida o controle social, por sua ação e por intermédio dosconselhos estaduais emunicipais. De um modo geral, observa-se que os conselhos são mais preocupados com políticas de saúde no nível macro, sendo a qualidade nos hospitais um assunto nem sempre muito analisado por eles. Embora, em muitos casos, os conselhos tenham se transformado em fóruns de enfrentamentos político-partidários e ideológicos, o que prejudica sua atuação, suas atribuições básicas seriam:[2]

- estabelecer estratégias e mecanismos de coordenação e gestão do SUS, articulando-se com os demais colegiados em nível nacional, estadual e municipal;
- traçar diretrizes de elaboração e aprovar os planos de saúde, adequando-se aos demais colegiados em nível nacional, estadual e municipal;
- propor a adoção de critérios que definam qualidade e melhor resolução do sistema de saúde;
- examinar propostas e denúncias, responder a consultas sobre assuntos pertinentes a ações e serviços de saúde, bem como apreciar recursos a respeito de deliberações do colegiado;
- fiscalizar a movimentação de recursos repassados ao fundo de saúde;
- estimular a participação social no controle da administração do SUS.

[2] FIOCRUZ. *Revista RADIS*, n. 81, maio de 2009. Edição especial sobre os conselhos de saúde e o controle social. Disponível em: <http://www.ensp.fiocruz.br/radis/revista-radis/81>. Acesso em: 21 nov. 2012.

- propor critérios para execução financeira e orçamentária do fundo de saúde, acompanhando a movimentação dos recursos;
- opinar sobre a criação de novos cursos superiores na área de saúde, em articulação com o Ministério da Educação e Cultura.

10.2 Como assegurar qualidade aos pacientes na visão dos profissionais da saúde

A visão dos médicos e de outros profissionais da saúde quanto ao que seja qualidade no atendimento frequentemente não se alinha com a do administrador do sistema ou dos usuários. Para os administradores, a variável custo é importante, enquanto para os profissionais ela é secundária. A verdade é que estes, sem o dinheiro controlado por aqueles, não poderão prestar serviços de qualidade. A avaliação da qualidade pelos profissionais também nem sempre é a mesma que a dos pacientes.

Até aproximadamente a década de 1960/1970, a medicina evoluiu como uma profissão altamente focada na sua autonomia e em incipiente sofisticação tecnológica. Como profissão, pareceu preocupar-se pouco com os aspectos econômicos de suas ações. As questões ligadas à produtividade e eficiência parecem ter ficado subordinadas às da segurança e eficácia e, ainda assim, os problemas ligados à eficácia somente foram percebidos de maneira muito restrita. Era uma profissão liberal e autônoma em que a relação médico-paciente era o mais importante para conseguir qualidade no atendimento, e nada podia ou devia interferir nela.

Definir produtividade médica era especialmente difícil porque não se conseguia consenso quanto aos resultados produzidos pelos sistemas de saúde, e a medição dos custos da assistência só começou a se tornar possível depois dessas décadas. Portanto, a solução para os problemas de produtividade e eficiência evoluíram, com algumas exceções, sem a participação das organizações médicas. Os médicos e outros profissionais da saúde, de modo geral, não gostam de ser monitorados ou ter suas ações medidas e, consistentemente, resistem a todas as tentativas feitas com essa finalidade. Apesar disso, informações descrevendo a prática médica abundam tanto junto aos compradores como aos prestadores de serviços. Essa informação foi usada primeiro pelos compradores tentando medir custos, qualidade e adequação dos serviços prestados. As decisões baseadas nessas informações - boas, ruins ou irrelevantes - interferem em decisões clínicas, tanto por meio das auditorias clínicas como de contas médicas.

Enquanto isso, os ventos da mudança também sopraram. A institucionalização do médico tornou-se cada vez mais um fato incontestável - aceito ou não. Ele necessita cada vez mais do apoio institucional para fazer seu diagnóstico e instituir sua terapêutica. As tentativas da sociedade de controlar o incremento dos custos médicos *per capita* tornaram-se naquilo que os profissionais entenderam como uma ameaça à autonomia das suas decisões clínicas.

Os médicos ressentem-se, cada vez mais, de necessitar de autorização de alguém na operadora do plano de saúde para internar um paciente ou solicitar um exame ou procedimento. Sentem-se bombardeados com uma variedade imensa – e às vezes inconsistente – de requisitos e formulários que lhes parecem irracionais e que eles consideram restritivos à sua capacidade de tomar as decisões que acreditam ser do maior interesse dos seus pacientes; ponderam que o tempo gasto no preenchimento de papéis poderia ser dedicado a mais atenção ao paciente.

As formas de convivência encontradas entre as partes, às vezes, trazem mais confusão. Os requisitos e formulários, cada vez mais, parecem aumentar por parte de compradores de serviço, tanto públicos quanto privados. Não parece haver um consenso quanto à forma de tornar os serviços mais eficientes. A preocupação parece ser ainda maior com o aumento das verbas destinadas à saúde do que em como usá-las eficientemente. Há uma polarização surda ou declarada entre aqueles que acham que o setor de saúde como um todo é perdulário e necessita mais controles e os que propugnam por mais verbas – públicas e privadas – para o setor.

A pergunta que interessa é quanto essa burocracia, atreladaou não a controle de custos, contribui ou prejudica na qualidade do atendimento. Seguramente as informações geradas pela burocracia contribuem de diversas formas. Da mesma maneira, pode-se dizer que, sem a participação dos médicos, as iniciativas de controle de custos serão dissonantes e arbitrárias. Todos parecem concordar que se necessita de respostas para algumas das perguntas apresentadas até aqui. E de abordagens construtivas que envolvam as entidades médicas, assim como compradores – públicos ou privados – de serviços para usar efetivamente a informação gerada no seio do sistema e desenhar estratégias de melhoria que contemplem os esforços por um uso eficiente dos recursos disponíveis e qualidade no atendimento.

Minimamente, pensa-se que os esforços dos profissionais do setor devem contemplar:

- análise de utilização dos serviços compatibilizando ofertas com demandas reais;
- análise de resultados concretos dos serviços em termos de melhoria dos níveis de saúde das populações atendidas;
- racionalização no uso dos recursos com maior aproveitamento daqueles serviços mais próximos das necessidades dos usuários;
- harmonização (e não enfrentamento) entre os interesses públicos e privados dos prestadores e usuários.

Para que esse envolvimento construtivo aconteça, talvez os profissionais de saúde devam abandonar uma postura de certa intransigência quanto aos esforços de controle de custos e começar a aceitar a legitimidade das preocupações públicas com o uso eficiente dos recursos disponíveis para a saúde. Não se está falando aqui da remuneração do profissional, mas, sim, da racionalidade nos encaminhamentos de pacientes e na solicitação de exames complementares para o diagnóstico. Parece ser dever das profissões de saúde contribuir com sua genuína capacidade para resolver os problemas de uso eficiente e racional dos recursos disponíveis e com isso atingir qualidade nos atendimentos.

Referências

ASSOCIATION OF AMERICAN PHYSICIANS AND SURGEONS. *White Paper on Information Risk Management for Health Care Organizations*, 2007. Disponível em: <http://www.thespecializt.com/documents/wp_rsa_protectingPHI.pdf>. Acesso em: 9 nov. 2012.

ATALLAH, A. N. Medicina baseada em evidências: uma nova maneira de ensinar e praticar a medicina. *Rev Diag Trat* 1996; 1(2):8-10.

________; CASTRO, A. A. Medicina Baseada em Evidências: o elo entre a boa ciência e a boa prática. *Revista da Imagem,* v. 20, n. 1, jan./mar. 1998.

AZEVEDO, A. C.; KORYCAN, T. L. *Transformar las organizaciones de salud por la calidad.* Santiago: Parnassah, 1999.

BERWICK, D. M. E. A. Codman and the rhetoric of battle: a commentary. *Milbank Quarterly*, 67(2): 262-267, 1989.

________; GODFREY, A. B.; ROESSNER, J. *Melhorando a qualidade dos serviços médicos, hospitalares e da saúde.* São Paulo: Makron, 1994.

BOGAN, C. E. *Benchmarking*: aplicações práticas e melhoria contínua. Rio de Janeiro: Makron Books, 1996.

BROCKA, B.; BROCKA,M.S. *Gerenciamento da qualidade.* São Paulo: Makron Books, 1994.

BURMESTER, H. *Manual de gestão hospitalar*. Rio de Janeiro: FGV Editora, 2012.

________. (Org.) *Manual de gestão hospitalar do CQH*: livro de casos práticos. São Paulo: Yendis, 2009.

________. Modelo de gestão para CCIH. *Revista de Administração em Saúde*. v. 3, n. 11, p. 17-24, abr./jun. 2001.

CAMP, R. C. *Benchmarking*: o caminho da qualidade. São Paulo: Pioneira, 1993.

CARDOSO, R. *Construção de modelos de gestão articulados por modelos de referência:* uma investigação sobre o uso dos modelos de referência de qualidade e excelência. 2008. Tese (Doutorado em engenharia da produção). COPPE/UFRJ, Rio de Janeiro, 2008.

COLLINS, James C.; PORRAS, Jerry I. *Feitas para durar:* práticas bem-sucedidas de empresas visionárias. São Paulo: Rocco, 1995.

COMPROMISSO COM A QUALIDADE HOSPITALAR. *Manual de orientação aos hospitais participantes*. 2. ed. São Paulo: Atheneu, 1998.

CONSELHO FEDERAL DE MEDICINA. *Código de Ética Médica*. 2009.

________. Resolução n. 1.638, de 10.07.2002, publicada no DOU n. 153, de 9.08.2002, seção 1, p. 184-185. Disponível em: <http://www.cremesp.org.br/library/modulos/legislacao/versao_impressao.php?id=3101>. Acesso em: 14 nov. 2012.

D'INNOCENZO, M. (Org.). *Indicadores, auditorias e certificações*: Ferramentas de qualidade para gestão em saúde. São Paulo: Martinari, 2006.

DE GEYNDT, W. Managing the Quality of Health Care in Developing Countries. *World Bank Technical Papers 258*, Washington, D.C., 1995.

DONABEDIAN, A. Explorations in quality of assessment and monitoring. v. 1. In: HARBOR, Ann. *The definition of quality and approaches to its assessment.* Michigan: Health Administration Press, 1980.

________. *The end results of health care*: Ernest Codman's contribution to quality assessment and beyond. Milbank Quarterly. 1989; 67(2): 233-256.

DONABEDIAN, A. *The seven pillars of quality*. Arch Pathol Lab Med, 1990 Nov; 114(11):115-118.

DRUCKER, Peter. *O gerente eficaz em ação.* Rio de Janeiro: LTC, 2007.

DUARTE, I. G. et al. *Terceiro caderno de indicadores.* São Paulo: CQH, 2009.

ELDIB, R. P. *Como praticar a medicina baseada em evidências.* J Vasc Bras, v. 6, n. 1, 2007.

ESCOSTEGUY, C. C.; MEDRONHO, R. A. A importância dos núcleos de vigilância hospitalar. *Cadernos de saúde coletiva.* Rio de Janeiro, 2005; 13(3): 583-584.

ESSLINGER, Ingrid. *O luto no contexto hospitalar*. Disponível em: <http://www.hospitalalemao.org.br/haoc/repositorio/0/documentos/pdfs/Como_eu_trato_Parte1.pdf>. Acesso em: 14 nov. 2012.

FERNANDES JR., H. *Bioética e comissões nacionais no estado brasileiro*. Dissertação (Mestrado em Ciências da Saúde). Universidade de Brasília. Disponível em: <http://www.ghente.org/bioetica/conep.pdf>. Acesso em: 14 nov. 2012.

FERREIRA, Aurélio Buarque de Holanda. *Novo dicionário Aurélio da língua portuguesa*. 4. ed. Curitiba: *Positivo, 2009*.

FIOCRUZ. *Revista RADIS*, n. 81, maio de 2009. Edição especial sobre os conselhos de saúde e o controle social. Disponível em: <http://www.ensp.fiocruz.br/radis/revista-radis/81>. Acesso em 21 nov. 2012.

FRANCO, L. M. et al. *Achieving quality through problem-solving and process improvement*. Bethesda, MD: Quality Assurance Project, 1992 (Quality Assurance Methodology Refinement Series).

FUNDAÇÃO NACIONAL DA QUALIDADE. *PNGS: Rumo à Excelência. Critérios para avaliação do desempenho e diagnóstico organizacional. Rede Nacional de Prêmios*. São Paulo: FNQ, maio 2005.

________. *Cadernos de excelência*: introdução ao modelo de excelência da gestão. São Paulo: FNQ, 2007a.

________. *Cadernos de excelência*: clientes. São Paulo: FNQ, 2007b.

________. *Cadernos de excelência*: pessoas. São Paulo: FNQ, 2007c.

________. *Cadernos de excelência*: processos. São Paulo: FNQ, 2007d.

________. *Cadernos de excelência*: resultados. São Paulo: FNQ, 2007e.

________. *Critérios Compromisso com a Excelência e Rumo à Excelência*. São Paulo: FNQ, 2009-2010.

FUNDAÇÃO PARA O PRÊMIO NACIONAL DA QUALIDADE. *Benchmarking*: relatório do comitê temático. São Paulo: 2007.

GILMORE, C.; NOVAES, H. M. *Manual de Gerência da Qualidade em Serviços de Saúde*. Série HSP/UNI Manuais Operacionais (n. 9). Washington, D.C.: Ed. Paltex Opas/OMS, 1995.

GOLDIM, J. R.; FRANCISCONI, C. F. *Os Comitês de ética hospitalar*. Disponível em: <http://www.bioetica.ufrgs.br/comitatm.htm>. Acesso em: 15 mar. 2012.

GOMES, Hélio. *Qualidade total na escola*: padronização. Belo Horizonte: LE Pitágoras TEC, 1994.

GREENFIELD, Michael A. (*Deputy Associate Administrator Office of Safety and Mission Assurance*, Nasa). *Risk Management Tools*. Apresentação feita no Langley Research Center, 02.05.2000. Disponível em: <http://fmea-fmeca.com/nasa-risk-management.pdf>. Acesso em: 08 nov. 2012.

HAAS, M.; HANSEN, M. T. Different knowledge, different benefits: toward a productivity perspective on knowledge sharing in organizations. *Strategic Management Journal*, 28:1133-1153, 2007.

HOPKINS, Johns. *Quality and innovations in Johns Hopkins*: guide to evaluating quality. Disponível em: <http://www.hopkinsmedicine.org/quality/understanding/guide>. Acesso em: 21 nov. 2012.

KANTER, R. M. On the frontiers of management. *A Harvard Business Review Book.* Boston: Mass: Harvard Business School Press, 1997.

KERCKHOFFS, M. C. et al. *Improving patient safety in the ICU using the bow-tie prospective risk analysis model.* European Society of Intensive Care Medicine, e-posters viewing. Disponível em: <http://poster-consultation.esicm.org/ModuleConsultationPoster>. Acesso em: 9 nov. 2012.

KOTLER, P.; FOX, Karen F. A. *Marketing estratégico para instituições educacionais.* São Paulo: Atlas, 1994.

LALONDE, Marc. *A new perspective on the health of Canadians.* May 1974, Library and Archives Canada, Acc. n. 1993-169-348.

MINISTÉRIO DO TRABALHO DO BRASIL. Norma Regulamentadora (NR) 32, de 16.11.2005.

MOTTA, F. C. P.; VASCONCELOS, I. F. G. *Teoria geral da administração.* São Paulo: Pioneira Thomson Learning, 2002.

NIGHTINGALE, F. Hospital Statistics and Hospital Plans. London: Emily Faithfull & Co., 1862. In: WRIGHT, J. et al. *Learning from death*: hospital mortality reduction programme. J R Soc Med 2006 June; 99(6): 303-308.

O'CONNOR, E. et al. Disclosure of patient safety incidents: a comprehensive review. *International Journal for Quality in Health Care.* Oxford University Press, 2010; 22(5):371-379.

PAGLIUSO, A. T. *Benchmarking*: relatório do comitê temático. Rio de Janeiro: Qualitymark, 2005.

PRONOVOST, P. J. et al. Improving the value of patient safety reporting systems. In: HENRIKSEN, K. Battles, J. B., KEYES, M. A. et al editors *Advances in patient safety: new directions and alternative approaches* (vol. 1 Assessment) Rockville (MD), Agency for Healthcare Research and Quality; 2008, Aug.

Report to Congress: National Strategy for Quality Improvement in Health Care. Disponível em: <http://www.healthcare.gov/law/resources/reports/quality03212011a.html>. Acesso em: 07 nov. 2012.

Resolução Cremesp n. 114, de 1.03.2005, publicada no DOE n. 55, de 23.03.2005. Disponível em: <http://www.cremesp.org.br/?siteAcao=PesquisaLegislacao&dif=s&ficha=1&id=3375&tipo=RESOLU%C7%C3O&orgao=Conselho%20Regional%20de%20Medicina%20do%20Estado%20de%20S%E3o%20Paulo&numero=114&situacao=VIGENTE&data=01-03-2005>. Acesso em: 14 nov. 2012.

RIBEIRO, R. C. Diretrizes clínicas: como avaliar a qualidade? *Rev Bras Clin Med* 2010; 8(4):350-355.

SBRAFH. *Farmácia hospitalar*, n. 15, out./nov. 2011.

SCOTT, W. R. et al. *Institutional change and healthcare organizations*. Chicago: The University of Chicago Press, 2000.

SEBRAE. Manual de Ferramentas da Qualidade. Disponível em: <http://www.sebraesp.com.br>. Acesso em: 12 nov. 2012.

SENGE P. *The fifth discipline*: the art and practice of the learning organization. Nova York: Doubleday, 1994.

SMITH, D. L. *FMEA: Preventing a Failure Before Any Harm Is Done*. Disponível em: <http://www.isixsigma.com>. Acesso em: 8 nov. 2012.

SOUZA, J. P. et al. Revisão sistemática sobre morbidade materna *near miss*. *Cadernos de Saúde Pública*, Rio de Janeiro, v. 22, n. 2, fev. 2006.

VIANA, A. L. A.; SILVA, H. P. Economia e saúde. In: *Política e gestão pública em saúde*. São Paulo: Hucitec/Cealag, 2011.

WEISSHEIMER, Vera Cristina. *Como eu trato a alma*. Disponível em: <http://www.hospitalalemao.org.br/haoc/repositorio/0/documentos/pdfs/Como_eu_trato_Parte1.pdf>. Acesso em: 14 nov. 2012.

WORLD HEALTH ORGANIZATION. *Guidelines for WHO Guidelines*. Geneva, Switzerland: Global Programme on Evidence for Health Policy. 2003.

________. *The conceptual framework for the international classification for patient safety version 1.1 - Final technical report*. Geneva: World Alliance for Patient Safety, 2009.

WIERENGA, P. C. et al. *Application of the bow-tie model in medication safety risk analysis*: consecutive experience in two hospitals in the Netherland. Drug Saf. August 2009; 32(8):663-673.

ZIMMERMAN, R. et al. Aiming for zero preventable deaths: using death review to improve care and reduce harm. *Healthcare Quarterly*, 13 (Sp) 2010: 81-87.